SSCE110PO

ORIENTACIÓN LABORAL Y EMPRENDIMIENTO

SSCE110PO

ORIENTACIÓN LABORAL Y EMPRENDIMIENTO

José María Carpintero Gómez

La ley prohíbe
fotocopiar este libro

SSCE110PO - ORIENTACIÓN LABORAL Y EMPRENDIMIENTO
© José María Carpintero Gómez
© De la edición: Ra-Ma 2025

Editado por:
RA-MA Editorial
Calle Jarama, 3A, Polígono Industrial Igarsa
28860 PARACUELLOS DE JARAMA, Madrid
Teléfono: 91 658 42 80
Fax: 91 662 81 39
Correo electrónico: *editorial@ra-ma.com*
Internet: *www.ra-ma.es* y *www.ra-ma.com*
ISBN: 979-13-8764-288-4
Depósito legal: M-5594-2025
Maquetación: Antonio García Tomé
Diseño de portada: Antonio García Tomé
Filmación e impresión: Safekat
Impreso en España en febrero de 2025

A Mauro Losa
Mi maestro.
Mi amigo.

ÍNDICE

PRÓLOGO

Conocí a José María Carpintero hace muchos años. En la organización en la que estaba buscaban una persona, con dos características, para hacerse cargo del control financiero: eficacia técnica y honestidad acrisolada. Las dos características confluían en José María. Era un experto contable y una persona fiable en todos los sentidos.

Mucho ha llovido desde entonces, era el año 1983. Luego hemos seguido derroteros diferentes.

Yo me dediqué a la academia y él siguió trabajando como experto en el mundo de la gerencia de empresas y organizaciones de todo tipo.

La verdad es que luego nos hemos visto pocas veces. La vida nos separa de quienes nunca debemos olvidar. Pero yo no me he olvidado de él y, cuando me pidió el prólogo de su libro, comprobé que él tampoco lo ha hecho conmigo. La amistad obliga y yo no podía, no debía, rechazar su petición, así que leí su libro para responder a su confianza. Después de leerlo, debo decir que ya no me ha hecho falta esforzarme en redactar este prólogo. Es fácil corresponder a una labor bien hecha.

El libro que tienen en sus manos es el de un profundo conocedor de la vida organizativa y sus vericuetos. Responde a un buen criterio técnico y, como no podía ser de otra forma, a la honestidad personal de su autor. Es un libro práctico, con una filosofía pegada a la realidad empresarial y con planteamientos por una parte sencillos y por otra, profundos. La claridad de lo simple permite que personas no familiarizadas con la empresa, y que se inician en el mundo de los negocios, lo puedan leer y sacar conclusiones inmediatas para aplicarlas en sus actividades empresariales cotidianas. También ver cómo las teorías complejas pueden presentarse de manera comprensible.

Es la elegancia de lo práctico.

En el libro hay conceptos muy útiles para el inicio de los negocios y también para su supervivencia. En la introducción del libro, José María establece la distinción entre previsión y provisión; esta distinción es uno de esos conceptos básicos para la supervivencia de la organización. Como dice el autor, el autónomo, el hombre de negocios, el empresario o el directivo debe prever riesgos. Sin previsión, cuando llegan algunos acontecimientos adversos, la nave zozobra. Pero como no todo se puede prevenir, conviene provisionar, tener reservas para los imprevistos. En la crisis pasada hemos visto como ambos conceptos eran necesarios y complementarios. Si hubiera habido más previsión y más provisión en los años anteriores a 2008, la crisis hubiera sido más llevadera.

El libro está lleno de consejos tan útiles y sensatos como estos.

José María ha asesorado y trabajado con PYMES y, por eso, sabe que, además del control de gestión, que aunque solo sea por razones fiscales es imprescindible, no se pueden olvidar los otros dos capitales necesarios en una empresa: los Recursos Humanos (las personas) y el comercial (el Marketing). En congruencia con ese convencimiento, aporta ideas, planes y orientaciones prácticas para ambos aspectos. Aspectos que autónomos y pequeños empresarios pueden descuidar obsesionados por el beneficio. Beneficio solo sostenible si estos dos capitales "no monetarios" crecen.

Así que, querido lector, tiene usted en sus manos un manual práctico y profundo, enraizado en la experiencia de una persona dedicada a estudiar y a chapuzarse en muchos tipos de organizaciones.

Como él dice, es la culminación de una larga carrera profesional y quiere dejar a sus lectores la esencia de lo que aprendió en una vida nada fácil, en un tiempo en el que España ha pasado por todo tipo de circunstancias: euforia y depresiones, inflación y estabilidad de precios, aumentos y reducciones de impuestos, gobiernos de centro, de derecha y de izquierda, periodos con la economía internacional fragmentada o con una globalización galopante.

Todas estas vivencias están destiladas en sus páginas de manera práctica. Por esta razón, guárdelo en el cajón de su escritorio y cuando tenga que hacer algo sobre Control de Gestión, Recursos Humanos, Marketing o Seguridad y Salud en el trabajo vuelva a consultarlo.

Le dará ideas que podrá aplicar enseguida. En su cuerpo y en sus anexos encontrará esquemas útiles para ello.

En resumen, es un libro de primera lectura, de reflexión sobre su contenido, pero también de consulta en el futuro.

Gracias José María por tu esfuerzo

José Ramón Pin Arboledas
Profesor del IESE

PREFACIO

Este libro de Consulting de Gestión Empresarial se ha hecho en colaboración con los colectivos a quienes va dirigido:

Emprendedores, autónomos y pymes

en su tarea de:

- Constituir una Sociedad de Capital, con los conocimientos suficientes de Gestión Empresarial.

- Realizar su trabajo con la idea de superación en su carrera profesional.

- Desarrollar la actividad de su empresa con los medios y recursos necesarios, respectivamente.

Este libro es eminentemente práctico en los temas que se consideran fundamentales en una empresa, sea cual fuere su dimensión y su actividad:

1. Capital Humano
2. Gestión de Marketing
3. Control de Gestión
4. Prevención de Riesgos Laborales

Es comprensible que, en la actual situación de crisis económica y social que padece, al menos, el mundo occidental (concretamente Europa, en particular, España), los colectivos mencionados no estén por la labor, ni siquiera en su pensamiento, de ocuparse de los conocimientos imprescindibles o, al menos, importantes para una Gestión Empresarial eficiente, sino que su mente está inmersa en la búsqueda de:

■ Mercado, productos o servicios vendibles, clientes con intención de comprar, usuarios o consumidores que necesitan usar o consumir y entidades financieras que puedan o quieran financiar a las empresas.

No sé si la frase "lo cortés no quita lo valiente" puede aplicarse a la idea del autor de este libro, que es:

■ Los emprendedores, autónomos y pymes, como cualquier persona en general, deben contemplar una escala de:

Pretensiones, actuaciones, compromisos, colaboraciones, dándoles el rango que les corresponda en función de sus posibilidades, lo cual no significa que unos u otros se abandonen, sino que pueden simultanearse o postergarse, pero no anularse.

Existe una compatibilidad clara entre las diferentes soluciones a los problemas y necesidades que sufren los colectivos que nos interesan en este documento de trabajo, solo es cuestión de hacerles frente, luchar por su viabilidad y confiar en sí mismo.

El autor

INTRODUCCIÓN

Este documento, que estimo práctico para los colectivos, a los cuales va dirigido, pretende aportar "un granito de arena" a la ardua tarea que van a acometer, o que ya están inmersos en ella.

No es la panacea, pues son los interesados los que deben desempeñar el papel de protagonistas, en la aventura de entrar, o estar presentes en un mercado hostil o, al menos, agresivo, con el fin de, en primer lugar, resistir y mantenerse y, a continuación, dominarlo, con la intención de alcanzar el objetivo deseado: **El Beneficio**.

Es de conocimiento general, y así está establecido por Ley, que sin Capital Social no hay Empresa, y sin **Capital Humano** es imposible emprender la aventura empresarial.

En consecuencia, se puede afirmar que la inversión en Capital Humano es **imprescindible** para el desarrollo de la actividad, cuyo fin es la obtención de beneficio.

Para conseguir beneficio es preciso vender.

No es suficiente la calidad de los productos, ni la competitividad de los mismos en el mercado para su comercialización.

Hay que saber vender.

Entra en escena la **Gestión de Marketing**, considerándola **necesaria** para que el desarrollo de la actividad comercial sea eficiente.

Si la Empresa ya dispone de **Capital Humano**, comercializa productos de calidad y se apoya en un **Plan de Marketing** para su introducción y posicionamiento en el mercado, con el fin de alcanzar los objetivos fijados en el mismo, solamente queda la **conveniencia** de disponer de un sistema de **Control de Gestión**, que permita el seguimiento de la actividad. Todo ello para verificar que se cumplen dichos objetivos y, si fuera preciso, tomar las medidas necesarias, para evitar o, al menos, paliar el riesgo de pérdidas en la explotación, a causa de los desvíos desfavorables que se pudieran producir sobre el **presupuesto** fijado en base al **Plan de Marketing**.

Hay dos conceptos clave a tener muy en cuenta si se pretende llegar a la meta del **Beneficio**:

1. **Previsión**: un buen sistema de **Control de Gestión** permite alertar, con tiempo de reacción, de la posible evolución negativa de la producción, de las ventas y, en consecuencia, de los resultados de la Empresa.

   Los índices que diagnostican el estado presente y futuro, a Corto Plazo, de la economía de la Empresa, permitirán adoptar las medidas correctoras necesarias y adaptar la política empresarial a los acontecimientos que se avecinan.

2. **Provisión**: siendo conscientes los empresarios de esta presunta situación, y su desfavorable evolución, tienen la obligación de constituir las reservas, tanto legales como voluntarias, pero efectivas, gracias a los beneficios obtenidos en épocas de bonanza, para su aplicación en tiempos de crisis y, de esta manera, "capear el temporal hasta que amaine".

El libro del Génesis ya nos enseñó cómo proceder ante una situación semejante:

"El Faraón de Egipto soñó con siete vacas gordas pastando, cuando aparecieron siete vacas flacas, que se comieron a las vacas gordas.

José, hijo de Jacob, interpretó que las siete vacas gordas representaban siete años de abundancia y prosperidad, y las siete vacas flacas, los siete años siguientes de carencia y hambruna.

La solución que José propuso al Faraón fue la de almacenar un quinto de las cosechas para paliar el hambre de los egipcios durante los siete años siguientes de escasez".

José fue un precursor del dirigente planificador, controlador de la gestión y administrador de los recursos, sobre todo, en situaciones adversas.

Existen otras razones de peso que influyen enormemente en los planes de la Empresa, y una prevalece sobre las demás: la **Seguridad y Salud de los Trabajadores**.

Las Pymes, en general, quizás porque sus objetivos van directamente dirigidos a la consecución del Beneficio, no prestan mucha atención a la satisfacción de sus empleados en su trabajo y, menos aún, a su seguridad y salud.

Para que estos objetivos se cumplan el Capital Humano debe estar a salvo de posibles situaciones de riesgo, que la Empresa debe evitar o reducir. Para ello, adoptará medidas de prevención y protección estableciendo un **Plan de Prevención de Riesgos Laborales**.

La Prevención de Riesgos Laborales, además de ser **obligatoria** por Ley, es prioritaria para el empresario; si afectara su falta de aplicación a la vida de los trabajadores, sería el principio del fin de la actividad de la Empresa.

Su coste no debe coartar su aplicación.

Capítulo 1

CAPITAL HUMANO

IMPRESCINDIBLE

El Capital Humano se desarrolla como valor potencial de obtención de Rentabilidad que poseen las personas, por su capacidad y talento innatos, así como por la inversión en formación aportada por la empresa contratante.

1.1 DEFINICIONES, INTERPRETACIONES Y CONCEPCIONES ACERCA DEL CAPITAL HUMANO

Capital Humano: conjunto de conocimientos, prácticas, habilidades y técnicas, poseídos por las personas, que las capacita para realizar tareas productivas, en distintos grados de complejidad y especialización.

Conjunto de conocimientos, aptitudes y experiencias de las personas, que las hace económicamente rentables, y cuanto más se invierta en su formación, atención a la salud y capacitación profesional, mayor será su productividad y rentabilidad en la Empresa.

Este término se usa para designar a un factor de producción dependiente de la cantidad y calidad, del nivel de formación y de la productividad en un proceso o actividad empresarial.

Es el conjunto de Recursos Humanos que posee la Empresa.

El término *Capital Humano* surge en el siglo XVIII, cuando teóricos de la economía plantearon tomar en consideración, en la valoración de las tareas productivas, no solo los elementos técnicos, sino los humanos, ya que estos son los responsables de su ejecución.

Así, cuanto más válido es el Capital Humano de una Empresa, es decir, cuanto más capacitado y preparado en sus conocimientos esté para las tareas específicas que tenga que desempeñar, mejores serán los resultados de la Empresa.

Hasta los años sesenta/setenta del siglo pasado, en países social y económicamente avanzados no se consideraba al trabajador, o plantilla de trabajadores, capital productivo de la Empresa, sino un medio de producción, a veces peor valorado que la maquinaria y equipos técnicos.

No se contemplaba el perfil del trabajador a la hora de su contratación para desempeñar determinadas tareas; bien es cierto que, sobre todo, tareas mecánicas, rutinarias y sencillas.

Se exigía más la cantidad que la calidad del trabajo. Para la calidad, ya disponía la Empresa de un directivo para que el trabajo se realizase en base a las normas que éste dictaba.

Pero en la Era tecnológica avanzada, en la Era del conocimiento, en la Era de la nueva economía, es cuando el perfil del trabajador ya no se considera prescindible y desconsiderado por el empresario, sino que, desde el momento de la contratación, es valorado en función de las tareas a desarrollar por el candidato al Puesto de Trabajo. Se exige creatividad, innovación, trabajo en equipo, alto nivel de motivación y que su interés por la Empresa sea total.

El C.H. se desarrolla como valor potencial de obtención de rentabilidad que poseen las personas por su capacidad y talento innatos, así como por la inversión en formación aportada por la Empresa contratante.

El transcurrir del tiempo ha permitido valorar el trabajo y la implicación del trabajador en la organización y evolución de la actividad empresarial, y su mejora por la aplicación de métodos, tecnología y conocimientos, en general, aportados por el C.H.

Esto ha conducido al empresario a considerar la inversión en formación del personal para la obtención de conocimientos, habilidades y destrezas como forma de Capital.

A partir de este momento empieza a cobrar gran interés y se revaloriza la actividad funcional de los RR.HH. en la Empresa, aportando índices o indicadores económicos y financieros que reflejen el impacto de la inversión realizada en la formación y preparación del personal.

A mayor acumulación de C.H., mayor crecimiento económico sostenido, aunque la retribución no avance en paralelo.

Concretamente, los índices (ratios) más apropiados para medir la eficiencia del C.H. pueden ser:

$$\text{Rentabilidad del C.H.} = \frac{\text{Beneficio}}{\text{N}^{\circ}\text{ de trabajadores}} = \text{Rentabilidad "Per Cápita"}$$

$$\text{Rentabilidad de la inversión en C.H.} = \frac{\text{Beneficio}}{\text{Coste salarial, social y de formación del C.H.}}$$

1.2 EL CAPITAL HUMANO Y SU RELACIÓN CON LA EMPRESA

El Capital Humano es el recurso básico de la Empresa, pues de él depende su producción. Es imprescindible para el objeto social de la Empresa, producción y comercialización.

La relación laboral y social del C.H. con la Empresa debe ser impecable para mantener armonía y satisfacción en la actividad.

La falta de atención al C.H. puede tener consecuencias graves para la buena marcha del negocio, productividad y rentabilidad. La Empresa debe aplicarse en el reclutamiento, selección, evaluación y contratación de su personal, pues supone la cimentación que asegura y fortalece su estabilidad y desarrollo.

Una buena administración del C.H. impulsa el rendimiento operativo generando valor en la Empresa, y ayudando en:

- Hacer más eficaces los sistemas y procesos de los Recursos Humanos para reducción del coste.

- Mejorar la productividad y, en consecuencia, el resultado de la explotación.

- Comprometer al personal en las metas y objetivos para dar más impulso a la rentabilidad del negocio.

- Asegurar la posición de la Empresa dentro del mercado.

1.3 RELACIÓN UNIVERSIDAD- EMPRESA EN LA EVOLUCIÓN DEL C.H.

El universitario, como futuro profesional, necesita una relación directa entre Universidad y Empresa, pues ésta contribuirá eficazmente en su formación práctica y en el desarrollo de su potencial teórico para el campo laboral existente en las mismas.

En el último período universitario, la empresa ofrece la posibilidad, de que el futuro integrante de su Capital Humano pueda realizar el servicio social, las prácticas profesionales y, a su vez, adecuarle e integrarle a la forma de trabajo de la Empresa, pues es muy diferente la forma en que se enseña a cuando se realizan las prácticas.

La cooperación más intensa está en las prácticas en las empresas mediante becas.

El becario es una inversión muy rentable para la Empresa por diversos motivos:

- La Empresa le instruye en los sistemas de gestión para que logren un mejor desempeño en la producción, en la calidad, en la mejora del nivel de competitividad en el mercado, aprovechando su creatividad, conocimientos teóricos, motivación e inquietud, con un coste cero, pero con un beneficio mutuo.

- La existencia de relaciones estables entre Empresa y Universidad sería beneficiosa por la investigación desarrollada por esta última y su aplicación en las empresas. Por lo tanto, la Universidad, además de proporcionar graduados a la sociedad y profesorado, que pueden servir de consultores y empleados, emerge como una fuente de conocimientos y tecnología para las empresas. Así, a las empresas les facilita la creación de equipos mixtos de investigación, lo que permite la obtención de sinergias y, en consecuencia, un avance más eficaz que si ambas trabajasen de forma independiente.

Esta relación permite a la Universidad profundizar en la identificación de las necesidades de Capital Humano en las empresas y, además, puede mejorar las oportunidades de empleo a los graduados. Así mismo, esta relación permite a la Universidad integrarse en el entorno económico y social en el que desarrollan su labor, y no es solo la Universidad la que se beneficia, sino las empresas:

- Permite el acceso a estudiantes cualificados.
- Reduce gastos de formación e investigación.
- Mejora la adaptación del C.H. a las necesidades empresariales.
- Favorece su imagen pública.

Actualmente, las universidades, de manera generalizada, cuentan con Cátedras de Patrocinio financiadas por empresas y otras instituciones públicas o privadas para la cooperación Universidad-Empresa.

1.4 LA INVERSIÓN DE LA EMPRESA EN CAPITAL HUMANO

La inversión más importante de la Empresa es en medios que produzcan, impulsen y mejoren su objetivo final: EL BENEFICIO.

La Empresa puede invertir en estructura, maquinaria y equipos de producción, en tecnología, en sistemas y planes de comercialización, en marketing, distribución de productos y servicios… pero la inversión más rentable será en Capital Humano, pues éste es, al fin y al cabo, el que dará impulso, aplicando su formación y conocimientos, a las demás inversiones, dedicadas al cumplimiento de los objetivos de la Empresa y, en consecuencia, al fin último: **EL BENEFICIO**.

1.4.1 La teoría del capital humano: fundamento de la inversión de la empresa

La Teoría del Capital Humano considera que el individuo, en el momento en el que toma la decisión de invertir o no en su educación (seguir estudiando o no), arbitra entre los beneficios que obtendrá en el futuro si continúa formándose: los costes de esa inversión (ejemplo: salario que deja de percibir por seguir estudiando) más los costes directos (gastos de estudios).

El individuo considera que en el aspecto económico tiene un comportamiento racional: invierte para sí mismo.

La formación puede ser general o específica. La primera está financiada por el propio individuo. La Empresa no tiene la certidumbre de que si financia este gasto de formación después el trabajador utilizará los conocimientos adquiridos al servicio de la Empresa o la abandonará para hacer valer estos en otras empresas, dispuestas a remunerarle con mayor salario (es lógico, no han invertido en su formación).

En cuanto a la formación específica, tiene sentido en el caso de una relación de trabajo duradera entre el trabajador y el empresario, su financiación por parte de la Empresa o compartida con el trabajador.

En principio, para entender y comprender esta Teoría, se deben definir los siguientes conceptos:

- Capital: cantidad de dinero o valor que produce interés o utilidad.

- Humano: relativo al ser humano, sus capacidades y potencial que le son propios.

- Capital Humano: aportación en la capacidad de producción del trabajo. Esta capacidad realzada se adquiere con el entrenamiento, la formación y la experiencia.

Las principales características en que se basa esta teoría son:

■ La inversión en conocimientos constituye un factor decisivo cuando se trata de asegurar el bienestar humano.

■ Las capacidades adquiridas por las personas (educación, experiencia, especialización, habilidades) son básicas para el progreso económico, y con ellas se logra considerar el C.H. como importante para la productividad y rentabilidad de la Empresa.

■ El conocimiento se adquiere en las universidades, en centros de enseñanza especializada y en las empresas.

■ El conocimiento se difunde por medio de la familia, los centros de educación y los puestos de trabajo, y finalmente es utilizado para producir bienes y servicios.

1.4.2 La calidad en el trabajo como fin de la inversión en C.H.

Objetivos

■ Concebir la formación como inversión en C.H.

■ Conocer las fuentes de información sobre educación y empleo, para toma de decisiones en contrataciones, con conocimiento de causa.

■ Estudiar la incidencia en beneficios mediante modelo de oferta y demanda de C.H.

■ Comprender la distribución de costes de la formación y su beneficio entre trabajadores y Empresa.

Contenidos

1. Conceptos y datos.
2. El modelo de C.H.
3. Inversión en C.H.
4. Formación en el trabajo.
5. Críticas a la teoría de C.H.

1.4.2.1 Conceptos y datos

Los gastos de educación y formación deben ser considerados como una inversión en C.H., exactamente igual que las inversiones en Capital Tangible, como equipos, instalaciones, maquinaria, etc.

El C.H. proporciona una rentabilidad, al igual que el Capital Tangible.

1.4.2.2 El modelo de C.H.

Ejemplo: posibilidad de estudiar en la Universidad.

Tomada la decisión de SI, comparar costes y beneficios de obtener una licenciatura.

Costes de ir a la Universidad, para la persona:

- **Costes directos (dinerarios)**: la matrícula, libros, material y otros.
- **Costes indirectos (de oportunidad)**: los ingresos a los que se renuncia mientras dure la permanencia en la Universidad.

1.4.2.3 Inversión en C.H.

La tasa de rendimiento marginal de la educación desciende a medida que aumentan los años sucesivos de estudios.

El aumento de conocimientos es cada vez menor.

La rentabilidad es decreciente porque los costes aumentan con el propio aumento de los años de estudio.

1.4.2.4 Formación en el trabajo

Costes y beneficios: la Empresa invertirá en formación en el trabajo, si el valor de los beneficios de la formación supera el valor de sus costes.

Los costes para la Empresa incluyen:

- **Costes directos**:
  - Cursos de formación general y específica:
    - Formación general: es la que proporciona cualificaciones que pueden utilizarse por igual en todas las empresas y sectores de actividad. Ej.: programas informáticos de contabilidad, nóminas, *office*, etc.
    - Formación específica: es la que solo puede aplicarse en la Empresa que la proporciona. Ej.: manejo de maquinaria para fabricación de un producto exclusivo de la Empresa.
  - Mayor supervisión de las actividades del trabajador.

■ **Costes indirectos**:

 − Reducción de la producción del trabajador mientras dura el proceso de formación.

El beneficio es la mayor productividad y rentabilidad del trabajador.

1.4.2.5 Críticas a la teoría de C.H.

a. **Inversión o consumo**:

No todos los gastos en formación pueden considerarse inversión, algunos de ellos son de consumo.

Lógicamente, durante el período de formación se producen gastos de consumo, tales como alojamiento, manutención, ocio, etc.

b. **Compensaciones no salariales**:

La comparación de los ingresos de los individuos con estudios secundarios o con estudios universitarios a veces no es correcta, pues no contempla aspectos importantes: con estudios universitarios reciben mayores compensaciones extrasalariales que con estudios secundarios.

Es decir, mayores costes en detrimento del beneficio.

Los individuos con estudios universitarios ocupan puestos de trabajo más agradables e interesantes que los que ocupan estudiantes de secundaria.

Es decir, discriminación de clases.

1.5 RECURSOS HUMANOS − CAPITAL HUMANO

El Departamento funcional de RR.HH. está en una encrucijada, vive su "hora de la verdad".

Es el momento en que la Gestión de personas gana importancia en las empresas, el departamento de RR.HH. está en jaque, con exigencias de mayor contribución en los resultados finales de la empresa.

Todavía a este departamento se le percibe con menos preparación y con menos protagonismo en la gestión empresarial que otras áreas y departamentos funcionales como Finanzas, Comercial, Operaciones, Marketing, Comunicaciones, Logística, etc.

RR.HH. necesita un nuevo escenario de actuación que le distancie de su función de administración de personal y que adquiera un papel más relevante para la Empresa. De lo contrario, los riesgos que corre son los siguientes: externalización de casi todas sus funciones, absorción en la línea de gestión o, inclusive, su eliminación del organigrama de la Empresa.

Por todo ello, se hace necesario y urgente reinventar el departamento de RR.HH. El cambio requiere un nuevo papel mucho más estratégico y generador de beneficio para la Empresa.

Precisa, en contrapartida, un nuevo perfil, más competencias y un nuevo modelo mental de los profesionales de RR.HH.

Existen cuatro razones esenciales para reestructurar el departamento de RR.HH.

■ Un nuevo emplazamiento: de la Era Burocrática a la Era del Conocimiento.

■ Radicales transformaciones en la naturaleza del trabajo.

■ Nuevos conceptos sobre Capital Intelectual.

■ Necesidad de autocrítica a fin de que sea juzgado más por su futuro que por su pasado.

La empresa moderna está en una Era de hipercompetitividad. Las empresas que quieran sobrevivir necesitarán cambiar de estrategia, adaptándola a los nuevos tiempos.

Hay oportunidades para el profesional de RR.HH. que pueden influir en resultados concretos

a. Consideración de los desafíos de Gestión de Personas en empresas "postprivatizaciones".

b. Atención a la fiebre de fusiones, absorciones y adquisiciones, que trae inevitables choques entre culturas, políticas y métodos empresariales distintos.

c. Estudio de la gestión de personas que están siendo forzadas a internacionalizarse, tanto por la globalización de los mercados como para competir con entidades extranjeras en el mercado doméstico.

Por si fuera poco, el nuevo clima de negocios también propicia radicales transformaciones en la naturaleza del trabajo

■ Del concepto de empleo al de trabajo.

■ Cambios en los conceptos de tiempo y lugar.

■ La venta electrónica amenaza la vida del vendedor tradicional y de los malqueridos, aunque todavía necesarios, intermediarios.

■ Las personas pasan a trabajar en casa u "*on line*".

- Los sistemas rígidos de organización son cada vez más volátiles.

- La profunda evolución de las tecnologías afecta el "día a día" en el trabajo.

- Los ciclos de vida de los productos en las empresas son cada vez más comprimidos.

Llegamos al fin de la "administración" tal como la conocemos hoy, sobre todo en el Departamento de RR.HH.

Los pilares consagrados por los conceptos de liderazgo, motivación, estructura, capacitación, entre otros, necesitan ser repensados y adaptados a las nuevas exigencias del mundo en el que se mueven las empresas.

En RR.HH. se necesita, además, ampliar el área de actuación más allá de las paredes de la Empresa y evitar las críticas y quejas de los empresarios por:

a. Desconocimiento del verdadero negocio de la Empresa.

b. "*Impasse*" entre la estrategia de la Empresa y los planes de RR.HH.

c. Mayor preocupación en actividades (medio) que en resultados (fin).

d. Cazadores de modismos y cerrados en sí mismos.

e. Poco estudiosos y lectores de libros de empresa y negocios.

f. Poca experiencia en otras áreas.

g. Resistencia a los intereses y a las necesidades de la línea directiva de la Empresa.

Considerar y asimilar estas críticas es un salto cualitativo.

Si antes se adoptó la transformación del *Departamento de Personal* en *Departamento de RR.HH.*, ahora es necesario que el Jefe de RR.HH. se transforme en Director de Capital Humano evolucionando, de proveedor de servicios y simple canalizador de procesos administrativos, hacia la posición de **coautor de estrategias corporativas**.

En conclusión, la disposición de las funciones del Departamento de RR.HH. podría resumirse así en el nuevo escenario de área de Capital Humano:

De	Hacia
1. Funcional, donde RR.HH. es un medio.	1. Empresarial, donde C.H. es un área estratégica.
2. Empleados internos.	2. Talentos internos y externos.
3. Énfasis en actividades.	3. Énfasis en resultados finales.
4. Canalizador de procesos.	4. Coautor de estrategias.
5. Postura pasiva.	5. Postura activa.
6. Búsqueda de un patrón.	6. Uso de la diversidad.
7. Preso de paredes internas de 8 a 18h (local).	7. Libre y disponible en cualquier hora y lugar (global).
8. Receptor de técnicas, ideas y modos.	8. Estudioso, investigador, lector y generador de ideas.

1.6 CAPITAL HUMANO CREADOR DE VALOR EN LA EMPRESA

Innumerables veces hemos leído o escuchado que ni la mejor tecnología, ni los procesos más sofisticados, son suficientes para lograr las principales metas de la Empresa (llámense crecimiento, productividad, rentabilidad, ventas, etc.) si no se cuenta con gente capacitada y motivada para hacer que las cosas sucedan. Del mismo modo, también se ha vuelto un eslogan el decir que el Capital Humano es el recurso más valioso, con el que cuenta una empresa u otra organización.

Pero, ¿hasta qué punto somos congruentes con estas ideas?, ¿hasta dónde llega el compromiso con nuestra gente?, ¿estamos haciendo los esfuerzos suficientes para su desarrollo y bienestar?, ¿sabemos la relación que existe entre el logro de las metas y el Capital Humano?

Con el fin de encontrar el común denominador de las empresas que prosperan en el actual contexto de complejidad creciente, Gallup (entre 1995 y 2001) llevó a cabo un estudio en el que incluyó entrevistas a más de 3 millones de empleados y 10 millones de clientes.

Dos principales conclusiones fueron:

■ Estas empresas crean vínculos emocionales con sus clientes.

■ Fomentan un ambiente de trabajo en el cual sus mejores empleados se dedican a lo que hacen mejor y están comprometidos emocionalmente con la Empresa.

El **PRIMER PASO** para lograr esto es identificar el talento del personal, encontrar la correspondencia justa entre cualidades de cada individuo y las competencias que el Puesto de Trabajo exige, ya que si una persona carece de condiciones innatas para cierta actividad, no alcanzará la excelencia por más capacitación que reciba.

EL **SEGUNDO PASO** consiste en que los empresarios incentiven el compromiso emocional de los empleados.

Las mejores empresas saben diferenciar perfectamente conocimiento, habilidades y talento. Teniendo en cuenta la definición de estos atributos:

- El conocimiento comprende la información relacionada con el cargo y funciones.

- Las habilidades representan el "cómo hacer".

- El talento es una predisposición natural que nos permite ser muy eficientes.

Los resultados del estudio realizado por Gallup encuentran aplicación práctica en las empresas para lograr un desempeño extraordinario de sus funciones. La clave es comprometer emocionalmente a los empleados, ayudarles a descubrir su talento y ubicarles en puestos donde puedan ejercerlos.

Los elementos de la cultura corporativa, que atraen más a los empleados y contribuyen al desarrollo del talento, fueron presentados por Gallup, y se les definió como Q12:

1. Saben qué se espera de ellos.

2. Disponen de los medios para desempeñar sus funciones.

3. Ponen en práctica lo que mejor saben hacer.

4. Reciben reconocimiento.

5. Tienen superiores que se interesan por ellos como personas.

6. Son estimulados constantemente.

7. Se sienten escuchados.

8. Se sienten importantes.

9. Se comprometen con la calidad.

10. Desarrollan relaciones de amistad.

11. Recibieron, al menos, un *feedback* en los últimos seis meses.

12. En el último año han tenido oportunidades de crecer y aprender.

Para lograr estas Q12 se requiere que los empresarios y directivos de Capital Humano:

1. Definan resultados esperados y den libertad de acción.

2. Pregunten a los empleados qué medios necesitan.

3. Definan el talento para cada Puesto de Trabajo.

4. Pongan el punto de mira en la fortaleza de la gente.

5. Les importe la gente que trabaja con ellos y les escuchen continuamente.

6. Den *feedback*.

7. Encuentren vínculos entre los objetivos de la empresa y lo que cada empleado valora.

Gallup diseñó una herramienta que mide el grado de compromiso de los empleados con la Empresa, denominada *Engagement Index* (Índice de compromisos).

En base a esta herramienta, se desprende que hay tres tipos de empleados:

1. **Los comprometidos**: usan su talento a diario.

2. **Los no comprometidos**: cumplen solo con lo básico.

3. **Los no comprometidos activos**: su reacción habitual es la resistencia.

Generalmente, la falta de compromiso no obedece a rasgos personales del empleado, sino a deficiencias de la organización; por ejemplo, los individuos con talento que trabajan para un dirigente que no es el adecuado.

En conclusión, los resultados de este estudio de Gallup prueban que las empresas más productivas y rentables cuentan con personal más comprometido, por lo que es indudable que el tiempo y los recursos económicos dedicados al Capital Humano no deben ser considerados gastos, sino inversiones, las más importantes de la Empresa.

1.7 EL VALOR DEL CAPITAL HUMANO EN LA EMPRESA

Cuando se constituye una empresa, en cualesquiera de sus formas (anónima, limitada, unipersonal, etc.), la primera inversión de los emprendedores y, además, obligatoria, es el Capital Social.

Previo a la constitución, es el período necesario para determinar los fundamentos en que se apoya el emprendedor "para lanzarse al abismo empresarial, con o sin paracaídas". Este es el principio del éxito o del fracaso más rotundo, no hay términos medios.

La inversión en Capital Social es muy sencilla. Consiste en disponer de dinero en efectivo, pero en el período en el que se fijan los objetivos de la futura empresa, de producción o servicios, siempre de venta, y de los medios requeridos para llevarlos a efecto.

Estos medios, es decir, el Activo de la Empresa, se empiezan financiando con el Capital Social. A partir de aquí, la Empresa ya dispone de un Balance:

- ACTIVO: Activo Fijo

  – Activo Circulante

- PASIVO: Capital Social

Pero para que la maquinaria se ponga en marcha, es preciso, al menos, "apretar un botón".

Y este botón fundamental para el funcionamiento de la Empresa, lo pulsa un elemento imprescindible, **EL CAPITAL HUMANO**.

El significado es contundente, la inversión necesaria y más importante que no figura en el balance, que no es un Activo Fijo material, que no se amortiza, que tiene un alto riesgo si no funciona y un coste elevado, es el Capital Humano.

Queda claro que, además de los medios de producción y de financiación, la Empresa necesita medios humanos para su funcionamiento.

La Empresa sin Capital Humano es inviable.

El C.H. es un activo intangible pero necesario, y su valor debe estar en relación directa a su formación académica, sus conocimientos técnicos adecuados a la actividad a desarrollar, a su formación profesional en el ámbito empresarial y a la eficacia en sus funciones, todo dentro del Puesto de Trabajo que ocupe.

Este activo intangible, pero de alto valor, es lo que se denomina (o se denominaba) Fondo de Comercio.

Para que una Empresa funcione tiene que invertir parte de su Capital en Activos:

- Activos inmovilizados, activos circulantes y activos inmateriales.

La Empresa no arrancará sin contratación de personas o factor humano que se ocupe de:

- La dirección, la administración, los sistemas, la tecnología, la investigación, la producción, el marketing, la comercialización, la distribución, los servicios generales, la prevención de riesgos, el control de gestión y las finanzas.

En consecuencia, parte de la inversión de la Empresa, para que ésta funcione, debe estar destinada al C.H.

En base al objeto social, hay empresas cuya inversión más fuerte la aplican a su inmovilizado, y otras al factor humano (conocimientos), por ser empresas que, por ejemplo, se dedican al tratamiento de la información, o a la investigación.

Si la inversión en C.H. no se refleja en el Balance no es un inmovilizado y no se amortiza, se convierte en un gasto corriente que se desvanece en la Cuenta de Explotación, aun siendo un importante riesgo por su alto coste.

Frases como *"el activo más importante de mi compañía lo constituye el personal"* confirman el reconocimiento por parte del empresario del valor del C.H.

No obstante, si una Empresa entra en crisis, en concurso de acreedores, bien por mala gestión, por pérdidas continuadas por coyuntura del mercado, por una arriesgada política de inversión/financiación o por una disposición inadecuada del fruto de sus beneficios, es decir, del dinero, los acreedores tienen, en cierta medida, cubiertos sus créditos. Por otro lado, los trabajadores, o sea el C.H., no tienen cubiertos sus derechos emanantes del contrato de trabajo cuando se ven forzados a aceptar y quedar inmersos en un ERE; y solo parcialmente cuando la Empresa es declarada insolvente, a través del Fondo de Garantía Salarial (FOGASA).

No es justo que el C.H., tan valorado cuando conviene, sea "amortizado al 100%" en su despido improcedente, prácticamente sin coste, o con un coste reducido y, sin embargo, el empresario sí tenga derecho a percibir compensaciones en su salida procedente de la vida empresarial. Hay un matiz diferencial, generalmente, el empresario elije cuando irse, y el trabajador no. MATERIA PARA LA REFLEXIÓN.

Sería necesario reconocer las obligaciones dinerarias emanantes de los contratos de trabajo provisionando, con cargo a los beneficios, cantidades calculadas en base al coste salarial del C.H., con abono en el Pasivo del Balance, de la misma manera que la Reserva Legal.

Todas las empresas deberían analizar su C.H., clasificarlo en base a datos homogéneos, adoptar las medidas de cálculo de su aportación a los resultados, para que sea justa la provisión en el Pasivo del Balance y, en consecuencia, justa la compensación en caso de salida involuntaria de la Empresa.

Las empresas para ser competitivas y enfrentarse con éxito a los cambios de hoy en día, y más aún con la crisis que las envuelve, han de motivar a su equipo humano e inculcarle una verdadera cultura corporativa con el fin de hacerle sentirse parte de la organización.

El trabajador debe estar informado sobre el entramado de la Empresa, su organización, su misión, su filosofía, su estrategia, sus valores y sus objetivos.

El trabajador está dispuesto a dar todo de sí mismo cuando aprecia que su participación en la Empresa va más allá del simple trabajo.

Es precisamente en esa situación cuando la comunicación interna se convierte en una herramienta clave para dar respuesta a esas necesidades y potenciar el sentimiento de pertenencia de los trabajadores a la organización.

La Empresa debe definir métodos adecuados de comunicación interna, considerando la importancia del C.H. como una parte fundamental de su valor de mercado.

La Empresa será consciente de que la influencia y repercusión del Factor Humano en la organización la otorgará un mayor valor de mercado respecto al contable. La prueba está en que en el Balance, a los activos intangibles de siempre, se les agregan otros, como la innovación, la investigación o el Capital Humano.

Esta perspectiva de visión global incitará a valorar un conjunto de actitudes, aptitudes y otros factores intrínsecos de las personas que han de ser estimados adecuadamente si se pretende que la productividad y rentabilidad del trabajador aumenten.

Una buena administración del C.H. impulsa el rendimiento operativo, generando valor en toda la Empresa, así como también ayuda a hacer más eficaces los sistemas y procesos para reducir costes y, en consecuencia, a aumentar los beneficios.

Involucrar al Capital Humano en metas y objetivos equivale a asegurar y, más aún, a mejorar la posición de la Empresa en el Mercado.

1.8 LA REIVINDICACIÓN DEL CAPITAL HUMANO EN LA EMPRESA

El trabajo se convierte en modelo de justicia social en función del tiempo que constituye la jornada laboral, las capacidades físicas e intelectuales del individuo y la remuneración que va a percibir por su actividad profesional.

A igual número de horas trabajadas son, precisamente, las aptitudes del trabajador, las que determinan, en mayor medida, su retribución salarial. Esto es, sin lugar a dudas, el principal indicador de la productividad del individuo de que dispone el empresario. Hablamos de la eficiencia de su Capital Humano.

El trabajo, por tanto, está estrechamente relacionado con el concepto de C.H., entendiendo por éste la educación, la formación profesional, la integración, la dedicación y, cómo no, el estado de salud.

Si estos componentes del C.H. marcan los índices de la productividad del individuo, tanto éste como el empresario invertirán en su fomento para incrementar y mejorar la capacidad productiva.

La idea de invertir, que no de gastar, es lo que permite clasificar al Capital Humano precisamente como Capital.

La mayor dotación de recursos a la formación y consolidación de conocimientos debe ir acompañada de una mayor inversión económica en el fortalecimiento de las cualidades de los individuos, pues son estos los que acaban, en última instancia, ejecutando las acciones.

Por ello, la tecnología y el correspondiente menor peso de las tareas rutinarias, repetitivas y automatizadas, suponen una mayor exigencia al Factor humano en cuanto a autonomía, responsabilidad, iniciativa, polivalencia y capacidad de adaptación. De este modo, tecnología, organización y experiencia son tres elementos interdependientes que condicionan la formación.

La formación como inversión en Capital Humano se justifica porque es el resultado empresarial. Sus beneficios se traducen en la satisfacción motivacional que puede mejorar la realización de sus tareas y progresar dentro de la propia organización, además de generar productos y servicios más competitivos en el mercado.

1.9 POSICIONES DEL CAPITAL HUMANO EN LA EMPRESA

1. El organigrama funcional

2. El perfil del puesto de trabajo

3. El proceso de reclutamiento y selección de personal

4. El currículum vítae

5. La política de valoración de los puestos de trabajo

1.9.1 El organigrama funcional de la empresa

El Organigrama es la representación gráfica de la estructura organizativa de la Empresa.

Es un instrumento que permite visualizar de forma rápida los órganos que componen la estructura, las relaciones funcionales que existen entre ellos y los niveles jerárquicos, y proporciona una imagen real de la Organización, facilitando el conocimiento de la misma.

Utilidades y ventajas que ofrece el organigrama

Utilidades

- La división de funciones.
- Los niveles jerárquicos.
- Las líneas de autoridad y responsabilidad.
- Los canales formales de comunicación.
- El asesoramiento.
- La jefatura de cada área de la Organización.
- Las relaciones entre los diversos puestos de trabajo de cada área.

Ventajas

- Permite apreciar en *flash* la estructura general y las relaciones de trabajo.
- Muestra la interdependencia entre puestos y trabajadores.
- Es una guía para planear la expansión, cambios, recortes y reestructuración de la Organización.
- Representa la historia de la evolución de la estructura de la Empresa.
- Permite la comunicación interna.

Toma de decisiones sobre la estructura organizativa

- ¿Se podrá contratar a todas las personas que se estiman necesarias?
- ¿Cuándo es oportuno añadir un nuevo puesto de trabajo?
- ¿Dónde se encuadrarán las nuevas contrataciones?
- ¿Qué habilidades, conocimientos y preparación específica deberán tener las nuevas contrataciones?
- ¿Qué oportunidad de progreso se podrá esperar…
  - para la Empresa?
  - para los contratados?

Modelo de organigrama adjunto

1.9.2 El perfil del puesto de trabajo

Definición de puesto de trabajo

Conjunto de tareas y responsabilidades asignadas en función de su actividad y del lugar que ocupa en el Organigrama.

Análisis del puesto de trabajo

Funciones, tareas, actividades que se desarrollan en el Puesto de Trabajo: ¿qué se hace?, ¿cómo se hace?, ¿para qué se hace?

Medios y herramientas que se utilizan para realizar las funciones, tareas, actividades

- Medios humanos.
- Medios materiales.
- Recursos.

Relaciones para comunicación

- Internas.
- Externas.

Requisitos necesarios para desempeñar correctamente los trabajos propios del puesto

- Nivel de formación general.
- Especialidad propia de la actividad.
- Conocimientos, experiencia, capacidades y otras cualidades relevantes para el cumplimiento de las obligaciones del puesto.
- Tiempo de adaptación para poder desempeñar las funciones correctamente.

Tipo de funciones a desempeñar

- Principales.
- Accesorias.
- Eventuales o esporádicas.

Grado de responsabilidad que conlleva su actuación

- Directa.
- Subsidiaria.

1.9.3 El proceso de reclutamiento y selección de personal

El reclutamiento y la selección de personal para la cobertura de un Puesto de Trabajo es el conjunto de procedimientos orientados a atraer (reclutar) candidatos, y seleccionarlos para la elección del mejor.

El proceso lo pone en funcionamiento, bien la dirección del área donde se genera la necesidad de cubrir la vacante, bien el departamento de RR.HH.

Uno u otro encargado de incorporar a una persona debe conocer perfectamente el puesto de trabajo basándose en:

Descripción del puesto de trabajo

1. Qué (hace).
2. Cómo (lo hace).
3. Cuándo (lo hace).
4. Para qué (lo hace). Finalidad.

Análisis del puesto de trabajo

1. Requisitos intelectuales.
2. Requisitos físicos.
3. Condiciones de trabajo.
4. Responsabilidad.

Métodos de reclutamiento. Interno o externo

1. Avisos en portales de empleo.
2. Bolsas de trabajo en universidades.
3. Avisos clasificados en prensa o Internet.
4. Contacto con consultoras profesionales en R&S.
5. Base de datos de currículos.
6. Base de datos de referencias.

Métodos de selección

Una vez finalizado el proceso de reclutamiento, se inicia la selección en base a

1. Entrevistas telefónicas.
2. Entrevistas personales.
3. Test psicotécnico.

Las entrevistas personales, se realizan en equipo; área del PT y departamento de RR.HH. y, en ocasiones, con la participación de consultor externo.

PASOS EN EL PROCESO

1. **ETAPA DE PLANIFICACIÓN**

   – Perfil del puesto a cubrir:

     • Denominación del puesto, misión, funciones a desempeñar, responsabilidades a asumir.

   – Características del candidato:

     • Nivel de formación general, formación específica.

   – Datos personales:

     • Edad, género, situación familiar, domicilio, coche propio, presencia física, etc.

2. **ETAPA DE RECLUTAMIENTO**

   El profesional: a partir del estudio del mercado laboral, acudiendo a las fuentes a utilizar para la localización y atracción de candidatos, potencialmente válidos, y considerando la tasa de candidatos para la preselección estimada conveniente por la Empresa para empezar la selección.

3. **ETAPA DE SELECCIÓN**

   – El profesional

     • Contraste de la información facilitada por los candidatos en currículum vítae, con el perfil del puesto de trabajo y entrega de documentación de seleccionados al empresario.

   – El empresario

     • Fase de toma de decisiones respecto a los candidatos que han cumplido con las condiciones exigidas en el perfil del puesto.

   – El empresario

     • Paso a la fase de integración:

       ◆ Una vez decidido el empresario por el candidato idóneo se negocian las condiciones de contratación:

         ○ Categoría profesional, retribución básica y complementos, jornada laboral, etc.

       ◆ El candidato:

         ○ Aceptación y firma del contrato temporal.

4. **ETAPA DE CONTROL**

   - **Paso a la fase de prueba:** estipulación contractual de período de prueba para comprobar la utilidad y eficiencia del candidato contratado.

   - **Paso a la fase de validación**: superado el período de prueba el candidato firma contrato indefinido y forma parte de la plantilla fija de la Empresa.

DIAGRAMA DE FLUJOS DE LOS PROCESOS DE R y S	
PROCESO	**INTERVINIENTE**
1. Emisión de oferta de empleo	Empresario
2. Análisis del trabajo	Profesional
3. Acuerdo de servicio	Empresario/Profesional
4. Reclutamiento	Profesional
5. Preselección	Profesional
6. Evaluación e informe	Profesional
7. Toma de decisión	Empresario
8. Incorporación	Candidato
9. Control	Empresario
10. Validación candidato	Empresario

1.9.4 El currículum vítae

Documento básico para la selección del personal que integrará la Empresa en su estructura funcional. En el C.V. debe reflejar que el candidato a la ocupación de un puesto de trabajo reúne las condiciones y exigencias del mismo.

El C.V. pondrá mayor énfasis en las características, tanto personales como profesionales, que posee el candidato que le permitan transmitir que es especialmente apto para el puesto de trabajo.

El C.V. destacará los conocimientos y habilidades profesionales afines al puesto de trabajo, dejando en un segundo plano la formación general y marginando la formación ajena a los requisitos exigidos para la cobertura del puesto.

El C.V. debe ser transparente y conciso.

El C.V. expresará de manera clara y realista la información relativa a los datos personales, a la formación y a la experiencia en un puesto similar de la persona que aspira al empleo.

1.9.5 Política de valoración de los puestos de trabajo

Actualmente, la mayoría de las empresas están sujetas a Convenios Colectivos que les son de aplicación.

En general, la Política de Valoración de Puestos de Trabajo en Convenios, se basa en Categorías Profesionales, lo que conlleva a aceptar una valoración básica de los P.T. en función de las categorías que ostentan los titulares de los mismos, dificultando así el cumplimiento del objetivo de la Empresa. Este consiste en aplicar una Política de Valoración de P.T. en base a la posición que ocupa en el Organigrama Funcional, con independencia del titular del mismo.

Es importante que en la Política de Valoración de P.T. se tengan en cuenta

1. **La equiparación interna:** supone que Puestos de Trabajo con una contribución similar al objetivo que persigue la Empresa, el Beneficio, están expuestos a ser retribuidos de distinta manera a causa de la diferencia en categoría profesional de los titulares.

2. **La competitividad externa:** significa comparar la retribución de los puestos de trabajo de la Empresa con la retribución de puestos equiparables en el Mercado, con el riesgo de perder trabajadores cualificados por la política salarial de los Convenios.

Considerando ambas circunstancias, se aplicaría una política de valoración más justa y sin riesgo de perder el Capital Humano más eficiente. La valoración del mismo empieza con el análisis e incluye la relación de características que lo definen.

Un concepto básico que ha tenerse en cuenta es que el objetivo es la valoración de las tareas.

Es necesario examinar todos los hechos y características del P.T., con el fin de obtener un claro conocimiento de las tareas ejecutadas y de las exigencias del mismo.

Por lo tanto, la principal finalidad consiste en definir y delimitar las tareas, atribuciones y responsabilidades.

La información que merece atención se resume en seis preguntas:

1. **¿Qué hace el trabajador?**
   - Actividades intelectuales.
   - Actividades físicas.

2. **¿Cómo lo hace?**

   – Por normas, métodos o rutinas de trabajo.

   – Con maquinaria, instrumentos, equipos y útiles que emplea durante las horas laborables.

   – Mediante cálculos, fórmulas e instrucciones que realiza.

   – Con el grado de espíritu e iniciativa que necesita.

3. **¿Cuándo lo hace?**

   – Cuando lo requiere la actividad que desarrolla.

4. **¿Por qué lo hace?**

   – Por objetivo o finalidad de cada tarea.
   – Por relación entre las tareas del propio puesto de trabajo.
   – Por relación de las tareas del puesto de trabajo, con el conjunto de actividades de la Empresa.

5. **¿Qué implica lo que hace?**

   – Responsabilidades que se asumen, ambientes que se soportan y riesgos profesionales y físicos que se aceptan.

   – Conocimientos profesionales, habilidades de manipulación, facultades intelectuales y aptitudes físicas que se requieren.

6. **¿Para qué lo hace?**

   – Para cumplir con la finalidad por la que existe el puesto de trabajo.

Con todo esto, se persigue aplicar un sistema de retribución y compensaciones, y los objetivos a lograr deben ser:

- Compensar la aportación del trabajador.
- Atraer y retener a los mejores profesionales.
- Mejorar el rendimiento de la Organización.
- Aumentar los beneficios de la Empresa.
- Reconocer, desarrollar y retribuir el Capital intelectual.
- Fomentar e integrar los equipos humanos.
- Fortalecer el Capital Humano.

La valoración del puesto de trabajo depende principalmente del lugar que ocupa en el Organigrama funcional de la Empresa.

La Categoría Profesional, base para la retribución, exigida para la cobertura del P.T., está en relación directa con las funciones que se desarrollan, las cuales se describen en la Base de Datos de los Puestos de Trabajo.

Ya está escrito que las retribuciones básicas, generalmente se negocian en Convenio, pero es competencia de la Empresa incrementarlas por razones de:

■ Cuantificación y cualificación de las funciones.
■ Complejidad de los medios de trabajo.
■ Grado de dedicación a la actividad.
■ Tipo de jornadas y horarios estipulados.
■ Méritos y aptitudes de los trabajadores.

La Política de Valoración de los Puestos de Trabajo es fundamental para conseguir el máximo de productividad y rentabilidad de los trabajadores.

Una mala política puede causar efectos negativos en los trabajadores, tales como frustración, desinterés, insatisfacción, incluso desmoralización que, indudablemente, actuarán en contra de los intereses de la Empresa.

El empresario, a la hora de diseñar un sistema de retribuciones de los P.T. no debe dejar al margen la Política Social, pues es esencial para obtener los valores del trabajador:

■ Colaboración.
■ Dedicación.
■ Sacrificio.
■ Responsabilidad.
■ Competencia.
■ Actitudes.
■ Méritos necesarios para el fin que persigue la Empresa: **EL BENEFICIO**.

1.10 PROYECTO DE ESTRUCTURA PROFESIONAL DE LA EMPRESA

1. Principios generales

2. Estructura profesional

3. Objetivo del proyecto

4. Ámbito de aplicación y colectivo afectado

5. Utilidad de la información

6. Clasificación de la información

7. Aportación de la información

8. Metodología para el desarrollo del proyecto

9. Creación de la Base de Datos de los Puestos de Trabajo

10. Diseño de la Base de Datos

1.10.1 Principios generales

Los trabajadores se encuadran en la Estructura Profesional en función del puesto de trabajo que desempeñan, teniendo en cuenta los factores de valoración para el desarrollo de su actividad profesional, en su conjunta ponderación.

Los factores para la adscripción de los puestos de trabajo a los Grupos Profesionales, Niveles y Categorías que conforman la Estructura Profesional, son los siguientes:

a. **Factores subjetivos:** son los que tiene que aportar el candidato para tener acceso al puesto de trabajo que los exija.

 1. **Titulación académica**: formación básica necesaria para cumplir correctamente con las tareas propias del puesto de trabajo.

 2. **Conocimientos específicos**: formación complementaria o suplementaria adecuada a las funciones a desempeñar, valorándose su complejidad y la dificultad para conseguirlos.

 3. **Experiencia**: tiempo trabajado en puestos similares o en otros de distintas categorías, pero con afinidad en las funciones.

b. **Factores objetivos**: son los que tiene implícitos el puesto de trabajo para su clasificación en la Categoría, Nivel y Grupo correspondiente, en base a los mismos.

 1. **Ámbito de competencias y atribuciones**: unidad de trabajo para la que desempeña sus funciones, beneficiaria o destinataria de los resultados de su actividad: Centro de Trabajo o Empresa.

 2. **Funciones principales**: son las funciones esenciales y las que identifican y definen el puesto de trabajo.

 3. **Dependencia funcional y mando**: factores que determinan las relaciones, en orden vertical del Organigrama, con otros puestos de trabajo. Miden el grado de supervisión y ordenación de funciones, la capacidad de interrelación, las características de los puestos superior e inferiores, y el número de personas sobre las que se ejerce el mando.

 4. **Grado de responsabilidad**: factor variable en función de la autonomía e iniciativa adjudicadas al puesto de trabajo. El nivel de influencia sobre los objetivos y resultados dentro de la gestión técnica y productiva normal, y la relevancia de la gestión sobre los Recursos Humanos, técnicos y productivos, son parámetros que valoran este factor. Es el grado de compromiso que afecta al trabajador en el desempeño de sus funciones.

 5. **Iniciativa y autonomía:** valoración de la capacidad en la toma de decisiones propias, grado de seguimiento de las normas y directrices, para la ejecución de las funciones. La autonomía está ligada al grado de dependencia en el desempeño de las tareas habituales.

1.10.2 Estructura profesional

La estructura profesional, base del Organigrama Funcional de la Empresa, tiene una configuración piramidal.

Los puestos de trabajo se clasifican en tres estamentos:

■ Grupos profesionales.
■ Niveles.
■ Categorías.

Así mismo, dependiendo de la actividad desarrollada, se establecen cuatro áreas funcionales:

■ Área Comercial.
■ Área Administrativa/Financiera.
■ Área de Producción.
■ Área de Servicios.

Todos los trabajadores, considerando su puesto de trabajo y sus funciones, se adscriben al Grupo profesional, Nivel y Categoría de la Estructura Profesional, y al Área funcional que le corresponda, respectivamente.

De acuerdo con la organización proyectada, sin que suponga limitación alguna en orden a la creación de nuevos estamentos, ni obstáculo a su facultad de realizar cualquier modificación de la Estructura creada en principio por necesidades de la actividad, ésta queda configurada de la siguiente manera:

GRUPO	NIVEL	CATEGORÍA
I	1	1. Director de Área Funcional
	2	2. Director de Unidad de Trabajo
	3	3. Jefe de Departamento
II	1	4. Jefe de Sección
	2	5. Técnico Superior adjunto
	3	6. Jefe de Primera
III	1	7. Jefe de Segunda
	2	8. Técnico Especialista
	3	9. Oficial Administrativo
IV	1	10. Operador de Servicios
	2	11. Auxiliar Administrativo

La clasificación de los puestos de trabajo pretende lograr una Estructura profesional directamente relacionada con las necesidades funcionales de la Empresa, facilitando una mejor interpretación de la plantilla en el desarrollo de sus actividades, sin detrimento de la dignidad, oportunidad de promoción y justa retribución y sin discriminación de sexo o de cualquier otra índole.

La Empresa no está obligada a cubrir la totalidad de los Grupos, Niveles y Categorías que se recogen en la Estructura inicial.

El Comité de Empresa podrá proponer la creación de otros Grupos, Niveles y Categorías, si lo estimara necesario, a efectos de encuadrar nuevos puestos de trabajo.

1.10.3 Objetivo del proyecto

El objetivo que se pretende alcanzar con este proyecto consiste en la creación de una Base de Datos de Puestos de Trabajo que aporte la mayor cantidad y calidad posible de información de cada puesto que conforma el Organigrama Funcional de la Empresa.

1.10.4 Ámbito de aplicación y colectivo afectado

La Base de Datos tendrá un ámbito global, es decir, abarcando todos los órganos funcionales de la Estructura de la Empresa.

En consecuencia, afectará a todos los puestos de trabajo integrados en el Organigrama, y sujetos al Convenio Colectivo.

La viabilidad del proyecto solamente será posible con la colaboración del personal implicado en el mismo, con el asesoramiento y ayuda del Departamento de Recursos Humanos (RR.HH).

1.10.5 Utilidad de la información

El dominio de la información contribuye a mejorar la Gestión empresarial.

La Base de Datos que surja del buen fin de este proyecto, aportará información de gran utilidad, tanto para el Departamento de RR.HH., como para la dirección y responsables de las distintas Unidades de Trabajo y Departamentos integrados en el Organigrama de la Empresa.

La Base de Datos constituirá un instrumento necesario para la valoración de los Puestos de Trabajo y contribuirá a facilitar el lanzamiento de Ofertas de Empleo, gracias a la información que aporta de los puestos de trabajo a cubrir.

Así mismo, permitirá conocer la actividad desarrollada por la Empresa a partir de la Descripción de Funciones, que constituye uno de los campos de la Base de Datos.

La información de la B.D. deberá estar permanentemente actualizada, tanto por el propio Departamento de RR.HH., como por los responsables de las Unidades de Trabajo y de los departamentos funcionales, en base a los datos a modificar, actualizar o integrar y de las áreas afectadas por los cambios.

1.10.6 Clasificación de la información

La información comprendida en la B.D., se clasifica en dos grupos:

- Datos aportados por el Departamento de RR.HH.
- Datos aportados por los titulares de los Puestos de Trabajo, con la supervisión de los responsables de las Unidades de Trabajo y Departamentos a los que pertenecen.

1.10.7 Aportación de la información

Con el fin de que los titulares de los puestos de trabajo afectados aporten la información que se les solicite de una manera sencilla, se ha diseñado un cuestionario para el Análisis Funcional de los Puestos de Trabajo que recoge los datos que debe facilitar el titular. Estos datos están numerados por el orden en que figuran en el diseño de la B.D., con el fin de facilitar la tarea de grabación en los procesos informáticos de su creación y actualización.

Así mismo, para hacer más comprensible la cumplimentación del cuestionario, se entregará con él un documento de Definición de las cuestiones.

Se adjuntan ambos documentos.

1.10.8 Metodología para el desarrollo del proyecto

Los pasos a seguir para el desarrollo del proyecto, serán los siguientes:

a. Comunicación del trabajo a realizar y explicación del proyecto.

   Participan:
   - Departamento de RR.HH.
   - Responsables de Unidades de Trabajo y Departamentos.

b. Preparación del calendario de trabajo.

   Participan:
   – Departamento de RR.HH.
   – Responsables de Unidades y Departamentos.

c. Establecimiento de prioridades en la selección de Unidades y Departamentos.

   Participan:
   – Departamento de RR.HH.
   – Responsables de Unidades y Departamentos.

d. Información a los titulares de los Puestos de Trabajo y entrega de Cuestionarios y Definición de Cuestiones.

   Participan:
   – Responsables de Unidades y Departamentos.
   – Titulares de los Puestos de Trabajo.

e. Cumplimentación y devolución de los Cuestionarios.

   Participan:
   – Responsables de Unidades y Departamentos.
   – Titulares de los Puestos de Trabajo.

f. Verificación de los Cuestionarios. Corrección y simplificación, si procede.

   Participan:
   – Responsables de Unidades y Departamentos.

g. Entrega de los Cuestionarios cumplimentados.

   Participan:
   – Responsables de Unidades y Departamentos.
   – Departamento de RR.HH.

h. Aportación del Organigrama, uno por cada Unidad de Trabajo y Área Funcional, con la posición en el mismo de los Puestos de Trabajo.

   Participan:
   – Departamento de RR.HH.
   – Responsables de Unidades y Áreas.

i. Aportación de los datos específicos de RR.HH.

   Participan:
   – Departamento de RR.HH.

j. Grabación de los datos en la B.D.

   Participan:
   – Departamento de RR.HH.

1.10.9 Creación de la base de datos

El proyecto culmina con la creación de la Base de Datos de Puestos de Trabajo, alimentada con la información procedente de los cuestionarios cumplimentados por los titulares, así como con los datos aportados por el Departamento de RR.HH.

La Base de Datos facilita toda la información necesaria para identificar, valorar, clasificar y retribuir cada Puesto de Trabajo.

Es una base de datos abierta y condicionada a la estructura que la Empresa tenga en cada momento, en función de las actividades, áreas funcionales y unidades de trabajo.

La Base de Datos constituye un instrumento necesario para facilitar las ofertas de empleo, ajustando los factores de los candidatos al perfil del Puesto de Trabajo a cubrir.

1.10.9.1 Contenido de la base de datos

La información contenida en la Base de Datos sigue un orden alfanumérico con el fin de facilitar su localización y su ocupación en las Fichas del Puesto de trabajo y de Personal.

Así mismo, la Base de Datos aportará la información esencial tanto del Puesto de Trabajo, como del titular del mismo, para la confección de la Relación de Puestos de Trabajo y la Relación de Personal. A este efecto, la información que vaya a formar parte de las Relaciones de Puestos de Trabajo y de Personal, llevará consigo una referencia que servirá de código para su inclusión en las mismas: RPT, para la Relación de Puestos de Trabajo; y RP, para la Relación de Personal.

Tanto la ficha como la Relación de Personal contienen datos que no figuran en la Ficha del Puesto de Trabajo y, por lo tanto, tampoco en la Relación de Puestos, lo que se tendrá en cuenta en el proceso de grabación de datos.

La información que integra la Base de Datos se clasifica en dos grupos:

- Datos para la Ficha del Puesto de Trabajo.
- Datos para la Ficha de Personal.

Esta clasificación requiere un código identificativo: FPT, para la Ficha del Puesto de Trabajo; y FP, para la Ficha de Personal.

DATOS PARA LA FICHA DEL PUESTO DE TRABAJO – FPT

- I. IDENTIFICACIÓN DEL PUESTO DE TRABAJO

  1. Código de cinco dígitos:
     - Primero: Grupo profesional.
     - Segundo: Nivel.
     - Tercero: Categoría.
     - Cuarto: Área funcional.
     - Quinto: Puesto de Trabajo.

2. Denominación:

   El nombre asignado al puesto de trabajo que, generalmente, coincide con las funciones principales

3. N.º:

   Cantidad de puestos iguales.

ESTRUCTURA DE LA CODIFICACIÓN DE LOS PUESTOS DE TRABAJO

Para mejor comprensión de la Organización funcional de la Empresa y de la información que aportará la Base de Datos, es preceptivo establecer una estructura de codificación que identifique el Puesto de Trabajo y su relación con los Grupos, Niveles, Categorías y Áreas Funcionales que componen la clasificación profesional.

A tal efecto, se contempla como ejemplo una organización racional en empresas de mediana dimensión.

1. **Grupos profesionales**

Grupo	Código
I	1
II	2
III	3
IV	4

2. **Niveles jerárquicos**

Grupo	Nivel	Código
I	1	11
	2	12
	3	13
II	1	21
	2	22
	3	23
III	1	31
	2	32
	3	33
IV	1	41
	2	42

3. Categorías profesionales

Grupo	Nivel	Categoría	Código
I	1	Director Área funcional	111
	2	Director Unidad de trabajo	121
	3	Jefe de Departamento	131
II	1	Jefe de Sección	211
	2	Técnico Superior	221
	3	Jefe de Primera	231
III	1	Jefe de Segunda	311
	2	Técnico Especialista	321
	3	Oficial Administrativo	331
IV	1	Operador de Servicios	411
	2	Auxiliar Administrativo	421

4. Áreas funcionales

Grupo	Nivel	Categoría	Área funcional	Código
I	1	1	1- Comercial	1111
			2- Adminis/Financiera	1112
			3- de Producción	1113
			4- de Servicios	1114
	2	1	1	1211
			2	1212
			3	1213
			4	1214
	3	1	1	1311
			2	1312
			3	1313
			4	1314

II	1	1	1	2111
			2	2112
			3	2113
			4	2114
	2	1	1	2211
			2	2212
			3	2213
			4	2214
	3	1	1	2311
			2	2312
			3	2313
			4	2314
III	1	1	1	3111
			2	3112
			3	3113
			4	3114
	2	1	1	3211
			2	3212
			3	3213
			4	3214
	3	1	1	3311
			2	3312
			3	3313
			4	3314
IV	1	1	1	4111
			2	4112
			3	4113
			4	4114
	2	1	1	4211
			2	4212
			3	4213
			4	4214

5. Puestos de trabajo

Grupo	Nivel	Categoría	Área	Puesto de Trabajo	Código
I	1	1	1	Director de Área Comercial I	11111
			2	Director de Área Adminis/Financ	11122
			3	Director de Área de Producción	11133
			4	Director de Área de Servicios	11144
	2	1	4	Director Unidad Manten. y PRL	12141
	3	1	2	Jefe de RR.HH	13121
			3	Jefe de Fábrica	13132
II	1	1	2	Jefe de Contabilidad	21121
			2	Jefe de Tesorería	21122
			3	Jefe de Compras	21133
			4	Jefe de Prevención Riesgos Laborales	21144
	2	1	1	Supervisor de Ventas	22111
			3	Técnico de Producción	22132
	3	1	1	Jefe de Publicidad y Promoción	23111
			2	Jefe de Administración de Personal	23122
			3	Jefe de Almacén	23133
III	1	1	2	Contable	31121
			2	Tesorero	31122
			3	Jefe de Equipo	31133
			3	Jefe de Expediciones	31134
	2	1	1	Técnico Comercial	32111
			2	Técnico Informático	32122
			4	Técnico de Mantenimiento	32143
			4	Técnico de SHT	32144
	3	1	1	Administrativo Comercial	33111
			1	Soporte de Marketing	33112
			2	Cajero	33123
			2	Secretaria Dirección General	33124

IV	1	1	3	Operador Servicios Producción	41131
			3	Conductor	41132
			4	Operador de Mantenimiento	41143
			4	Operador Servicios Internos	41144
			4	Controlador de SHT	41145
	2	1	1	Secretaria de Área	42111
			2	Secretaria de Área	42122
			2	Auxiliar de Recepción	42123
			3	Secretaria de Área	42134
			3	Auxiliar de Almacén	42135
			4	Auxiliar de Mantenimiento	42146
			4	Secretaria de Área	42147
			4	Auxiliar de PRL	42148

- **II. CLASIFICACIÓN PROFESIONAL**

  1. Grupo: al que pertenece el puesto de trabajo según la Estructura Funcional.

  2. Nivel: situación jerárquica del puesto de trabajo dentro de su Grupo Profesional.

  3. Categoría: aplicada al puesto de trabajo en función de su valoración.

- **III. DEPENDENCIA JERÁRQUICA**

  Quien ostenta la jefatura del puesto de trabajo generalmente coincide con la dependencia funcional: nivel y categoría superiores, dentro del mismo Grupo, de acuerdo con la posición en el Organigrama.

  No coincide cuando hay más de una Unidad de Trabajo, existiendo en ellas el mismo Puesto.

- **IV. RETRIBUCIONES Y SEGURIDAD SOCIAL**

  En este apartado de la Ficha de Puestos de Trabajo, las retribuciones son las que se consideran básicas para el Puesto, y no tienen porqué coincidir con las retribuciones del titular del mismo, las cuales serán tenidas en cuenta en la Ficha de Personal.

  1. Retribuciones:

     - Sueldo base: generalmente es el aprobado en Convenio.

     - Complemento Convenio: aprobado en Convenio.

     - Otras retribuciones: aplicadas por la Empresa en compensación por las características del Puesto, complejidad del trabajo, peligrosidad, dificultad técnica y otras exigencias emanantes de las tareas a realizar.

- Retribución mensual: total retribuciones más antigüedad del mes natural.

- Retribución anual: retribución mensual por doce meses, más gratificaciones.

2. Seguridad Social:

- Categoría: a efectos de cotización.

- Grupo de cotización: el que corresponde en función de la Categoría.

- Base de cotización: base máxima y base mínima en correspondencia con la categoría y, en consecuencia, con el grupo de cotización.

■ V. FORMA DE PROVISIÓN

Las distintas modalidades de provisión de vacantes, o de ocupación de nuevos puestos de trabajo suelen depender del puesto, aunque el Convenio puede exponer las que deban aplicarse.

Las formas de provisión más adecuadas y utilizadas por la mayoría de las empresas son:

1. Libre designación: aplicada para puestos de Grupo I, es decir, puestos de confianza.

2. Concurso/Oposición: fórmula más coherente para los puestos de nivel medio/altos.

3. Selección abierta: para todos los puestos en general. El abanico de posibilidades para encontrar el candidato idóneo es muy abierto.

4. Promoción interna: es la modalidad requerida por los representantes de los trabajadores y, en ocasiones, exigida en Convenio.

■ VI. TIPO DE JORNADA

Existen varios tipos de jornada, aunque las más corrientes, en empresas comerciales y de servicios, en general, son las dos primeras de las que se exponen a continuación:

1. Continuada.

2. Partida.

3. Festiva.

4. Nocturna.

5. Especial.

6. Rotatoria.

7. Circunstancial.

■ VII. REQUISITOS DE ADSCRIPCIÓN

En el primer paso para la cobertura de un puesto de trabajo, que es Reclutamiento y Selección, en el supuesto de que la forma de provisión sea por Concurso/ Oposición, o por Selección directa, es cuando se exigen o se puntúan los requisitos para el acceso al puesto de trabajo.

Estos se clasifican en:

1. **Exigibles**

   - *Nivel de formación*: a determinar según las condiciones requeridas para la ejecución de las tareas propias del Puesto. Se refiere a formación general, esencialmente probada por título universitario o de otro nivel inferior, en base a la complejidad de las tareas del puesto.

   - *Especialidad*: conocimientos relacionados directamente con la actividad a desarrollar en el puesto de trabajo.

2. **Relevantes**: méritos del candidato que, aun no siendo imprescindibles, sí serán muy prácticos para el desempeño de las tareas propias del Puesto.

   - Conocimientos.

   - Experiencia.

   - Capacidades.

   - Otras cualidades.

■ VIII. PERFIL DEL PUESTO

El perfil del puesto de trabajo lo conforman los distintos factores, subjetivos y objetivos, precisos para el desempeño de las funciones propias del mismo.

a. *Factores subjetivos:*

Los factores subjetivos son los expresados en el apartado VII.

b. *Factores objetivos:*

Los factores objetivos, son propios del Puesto, y guardan relación directa con su posición en el Organigrama: Grupo, Nivel, Categoría y Área funcional.

Así mismo son los que emanan de la actividad desarrollada en el puesto de trabajo.

1. **Funciones**: las funciones se pueden clasificar en tres grupos:

   - **Funciones principales**: son las que definen y justifican la existencia del puesto de trabajo.

- **Funciones accesorias**: son las que, en algunos casos, hay que realizar, por falta de personal auxiliar que las ejecute, o bien porque son anejas a las funciones principales.

- **Funciones eventuales o esporádicas**: son las que no guardan relación directa con el puesto de trabajo pero, si surgen, hay que hacerlas frente.

2. **Grado de Iniciativa**: facultad para actuar, con mayor o menor independencia en las Funciones: valoración del grado de iniciativa en una escala de 0 a 5.

3. **Poder Decisorio**: nivel de facultades otorgadas para la toma de decisiones. Valoración del nivel de poder decisorio en una escala de 0 a 5.

4. **Responsabilidad**: es el compromiso que adquiere el titular del puesto de trabajo en el desempeño de sus funciones o en el de las funciones del personal a su mando:

   - Responsabilidad directa: es la que tiene el titular por sus actuaciones en la actividad propia de su puesto de trabajo.

   - Responsabilidad subsidiaria: es la que asume por la actuación de un colaborador o subordinado, que depende de él funcional o jerárquicamente.

   En ambos casos, se establece una escala de 0 a 5 para valorar el grado de responsabilidad.

5. **Medios y recursos**: los necesarios para el desarrollo de las funciones propias del Puesto:

   - Medios humanos: el número de personas adscritas al puesto de trabajo, a sus órdenes.

   - Medios materiales: medios de comunicación, informáticos, de movilidad, mobiliario, maquinaria, equipos y demás útiles necesarios para el trabajo propio de su actividad.

   - Recursos: esencialmente este punto se refiere a recursos económicos contemplados en presupuesto, o simplemente necesarios y de libre disposición para ejercer sus tareas; discrecionalmente, con limitación, previa autorización, para determinadas aplicaciones y, en todos los casos, con la preceptiva justificación.

6. **Relaciones**: con personas o instituciones por exigencias de la actividad:

   - Relaciones internas: con personas de la propia empresa.

   - Relaciones externas: con personas de otras empresas y organizaciones.

   En ambos casos se especifican si las relaciones son habituales, necesarias o eventuales.

- **IX. OBSERVACIONES**

Cualquier otra información que resultara de interés para el funcionamiento o valoración del Puesto de Trabajo.

- **X. FECHA DE ACTUALIZACIÓN**

La fecha en la que se producen cambios, correcciones o actualizaciones de los datos que constan en la Ficha del Puesto de Trabajo.

Datos a incorporar a la Relación de Puestos de Trabajo (RPT)

Todos los datos que se graben en la Base de Datos y que deban figurar en la Relación de Puestos de Trabajo, llevarán la clave RPT, y son los siguientes:

- **Identificación**
  - Código del puesto de trabajo.
  - Denominación.
  - Nº de la Ficha del puesto de trabajo.

- **Clasificación**
  - Grupo Profesional.
  - Nivel Jerárquico.
  - Categoría Profesional.
  - Área Funcional.

- **Contenido de la Base de Datos**

DATOS PARA LA FICHA DE PERSONAL - FP-

- **I. IDENTIFICACIÓN DEL TRABAJADOR**

  1. Apellidos y nombre.

  2. DNI, Cartilla Seguridad Social, otro documento.

  3. Domicilio.

  4. Comunicaciones: teléfonos, *email*, otras.

- **II. UNIDAD DE TRABAJO**

  1. Domicilio social, u otro centro de trabajo o sucursal.

- **III. CONTRATACIÓN**

  1. Forma de provisión del puesto de trabajo.

  2. Fecha de alta en la Empresa.

  3. Tipo de contrato.

■ **IV. REQUISITOS DE ADSCRIPCIÓN**

1. Nivel de formación.

2. Especialidad.

3. Conocimientos.

4. Experiencia.

5. Capacidades.

6. Otras cualidades.

■ **V. SITUACIÓN LABORAL**

1. Grupo profesional.

2. Nivel jerárquico.

3. Categoría profesional.

4. Área funcional.

5. Puesto de trabajo.

6. Antigüedad en el puesto de trabajo.

■ **VI. SITUACIÓN ECONÓMICA**

1. Sueldo base mensual.

2. Complemento de Convenio.

3. Otras retribuciones.

4. Retribución bruta mensual.

5. Retribución bruta anual.

Estas retribuciones no tienen por qué coincidir con las del Puesto de Trabajo.

Serán las que devengue el trabajador.

■ **VII. SITUACIONES ESPECIALES**

Al margen de las condiciones normales de trabajo: incapacidad temporal, maternidad, suspensión temporal, reducción de jornada, pluriempleo, alta sin retribución, salario de tramitación, trabajo a tiempo parcial, incapacidad, etc.

- **VIII. SEGURIDAD SOCIAL**
  1. Categoría profesional.
  2. Grupo de cotización.
  3. Base de cotización.

- **IX. OBSERVACIONES**
  1. Aquellas de interés para la evaluación del trabajador.

- **X. FECHA DE ACTUALIZACIÓN**
  1. La última fecha de incorporación de datos en la ficha.

- **XI. FECHA DE BAJA**
  1. Fecha de baja en la Empresa, indicando la causa.

- **Datos a incorporar a la Relación de Personal (RP)**

  Todos los datos que se graben relativos al trabajador en la Base de Datos, y que deban figurar en la Relación de Personal, llevarán la clave RP, tanto los que figuren en la Ficha del Puesto de Trabajo, como los que no consten en la misma (por ser de carácter personal).

  Son los siguientes:

  - *Trabajador. Identificación:*
    - Apellidos.
    - Nombre.
    - Nº de la Ficha de Personal.
  - *Clasificación. Codificación:*
    - Grupo Profesional.
    - Nivel Jerárquico.
    - Categoría Profesional.
    - Área Funcional.
    - Puesto de trabajo.

1.10.10 Diseño de la base de datos

La Base de datos dispondrá de cuatro elementos de información que se adjuntan:

1. Ficha del puesto de trabajo.
2. Relación de puestos de trabajo.
3. Ficha de Personal.
4. Relación de Personal.

ANEXOS

1. Modelo de Organigrama Funcional
2. Cuestionario para el análisis funcional de los P.T.
3. Cuadro de definición de las cuestiones
4. Ficha del Puesto de Trabajo
5. Relación de Puestos de Trabajo
6. Ficha de Personal
7. Relación de Personal

1. Modelo de organigrama funcional

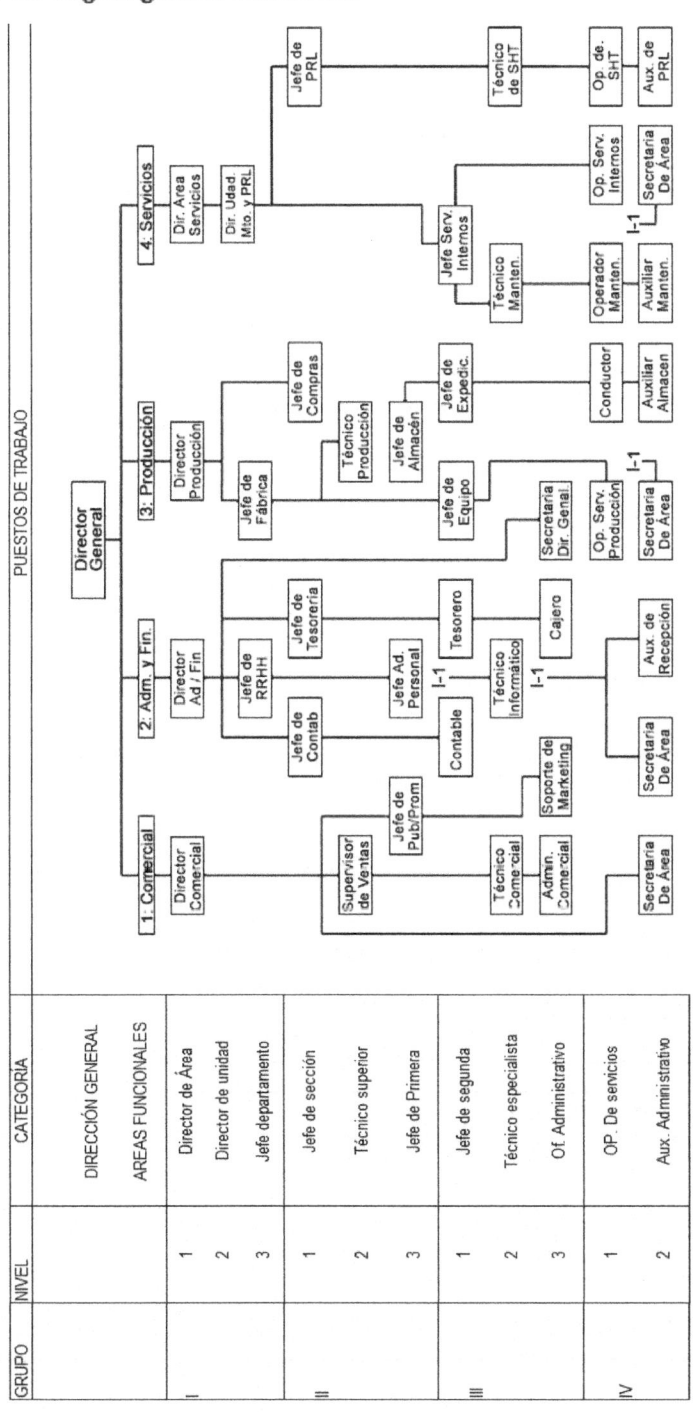

2. Cuestionario para el análisis funcional de los P.T.

CUESTIONARIO PARA EL ANÁLISIS FUNCIONAL DE LOS PUESTOS DE TRABAJO
I - CÓDIGO._ _ _ _ _.DENOMINACIÓN.-   Nº__
III - DEPENDENCIA JERÁRQUICA.- Grupo._ Nivel._ Categoría._____.
VII - REQUISITOS DE ADSCRIPCIÓN:

1.- EXIGIBLES.-
  a) Nivel de formación
  b) Especialidad
 	
2.- RELEVANTES.-
  a) Conocimientos
  b) Experiencia
  c) Capacidades
  d) Otras cualidades

VIII - PERFIL DEL PUESTO

1.- FUNCIONES.-
  a) Principales
  b) Accesorias
  c) Eventuales o esporádicas
 	
2.- GRADO DE INICIATIVA.-
  .-
 	
3.- PODER DECISORIO.-
  .-
 	
4.- RESPONSABILIDAD-
  a) Directa
  b) Subsidiaria
 	
5.- MEDIOS Y RECURSOS
  a) Medios humanos
  b) Medios materiales
  c) Recursos
 	
6.- RELACIONES
  a) Internas
  b) Externas

IX - OBSERVACIONES
.- Relevantes .-
Titular del Puesto de Trabajo.-
Fecha.-

Verificación y tratamiento.-
Archivo

3. Cuadro de definición de las cuestiones

CUESTIONARIO PARA EL ANÁLISIS FUNCIONAL DE LOS PUESTOS DE TRABAJO

DEFINICIÓN DE LAS CUESTIONES

I. DENOMINACIÓN DEL PUESTO:

> Nombre que tiene adjudicado el Puesto de Trabajo en el Organigrama.

III. DEPENDENCIA JERÁRQUICA:

> Jefe inmediato superior en el Organigrama.

VII. REQUISITOS DE ADSCRIPCIÓN:

1. EXIGIBLES:

   a. Nivel de formación.
   Título académico que se posee: Título universitario superior, Título universitario medio, Bachiller, F.P. 2, F.P. 1, Otros.

   b. Especialidad.
   Formación específica de interés para el desempeño de sus funciones: Ingeniería, Derecho, Económicas, Idiomas, Otras.

2. RELEVANTES:

   Condiciones favorables del titular para el desarrollo de su actividad:

   a. Conocimientos específicos en relación al Puesto de Trabajo

   b. Experiencia en puestos similares

   c. Capacidad, productividad y rendimiento

   d. Otras cualidades propias del titular y positivas para el Puesto de Trabajo

VIII. PERFIL DEL PUESTO DE TRABAJO:

Exposición breve de los temas implícitos en el Puesto de Trabajo.

1. FUNCIONES:

   a. Funciones principales: definen y justifican la existencia del Puesto de Trabajo.

   b. Funciones accesorias: son las que se realizan por falta de personal auxiliar, o bien, porque son anejas a las funciones principales.

   c. Funciones eventuales o esporádicas: no guardan relación directa con el Puesto, pero hay que desempeñarlas.

2. GRADO DE INICIATIVA:

Facultad para actuar con mayor o menor independencia en las funciones.

Valoración del grado en una escala de 0 a 5.

3. PODER DECISORIO:

Nivel de facultades otorgadas para la toma de decisiones.

Valoración del nivel en una escala de 0 a 5.

4. RESPONSABILIDAD:

Es el nivel de compromiso que adquiere el titular del Puesto en el desempeño de sus funciones, o en el de las funciones del personal a su mando:

a. Responsabilidad directa: es la que emana de la actuación del titular en el desempeño de sus funciones.

b. Responsabilidad subsidiaria: es la que asume el titular del Puesto por la actuación de sus colaboradores o subordinados que dependen de él funcional y/o jerárquicamente.

En ambos casos se establece una escala de valoración de 0 a 5.

5. MEDIOS Y RECURSOS:

Los necesarios para ejercer las funciones propias de su Puesto de Trabajo:

a. Medios humanos: el número de personas a sus órdenes.

b. Medios materiales: medios de comunicación, movilidad, informáticos, y mobiliario, útiles y enseres, y otros.

c. Recursos: recursos económicos a disposición para el desarrollo de la actividad.

Si existe presupuesto, fórmulas de disponibilidad:

Discrecionalmente, Con limitación, Previa autorización, Para determinadas aplicaciones, Por necesidades a justificar.

6. RELACIONES:

Con personas, por exigencias de la actividad en el Puesto de Trabajo:

a. Internas: con personas de la propia Empresa.

b. Externas: con personas de otras empresas u organizaciones.

En ambos casos especificar, si las relaciones son periódicas, habituales o frecuentes, pero no esporádicas.

IX. OBSERVACIONES:

Si son relevantes.

4. Ficha del puesto de trabajo

<table>
<tr><td colspan="2" align="center">B A S E   D E   D A T O S   D E   L O S   P U E S T O S   D E   T R A B A J O</td></tr>
<tr><td colspan="2" align="center">F I C H A   D E L   P U E S T O   D E   T R A B A J O . FPT- nº __</td></tr>
<tr><td colspan="2">

I - IDENTIFICACIÓN DEL PUESTO DE TRABAJO
    1.- Código _ _ _ _ _ ; 2.- Denominación _____; Nº __

</td></tr>
<tr><td valign="top">

II - CLASIFICACIÓN PROFESIONAL
    1.- Grupo __   2.- Nivel __
    3.- Categoría _____

</td><td valign="top">

III - DEPENDENCIA JERÁRQUICA
    1.- Grupo __   2.- Nivel __
    3.- Categoría _____

</td></tr>
<tr><td valign="top">

IV - RETRIBUCIONES Y SEGURIDAD SOCIAL
    1.- Retribuciones.-
        a) Sueldo base.-_____
        b) Complemento Convenio.-_____
        c) Otras retribuciones.-_____
        d) Retribución bruta mensual.-_____
        e) Retribución bruta anual.- _____
    2.- Seguridad Social.-
        a) Categoría.- _____
        b) Grupo de cotización.- _____
        c) Base de cotización.- _____
V - FORMA DE PROVISIÓN

    1.- Libre designación.-   __
    2.- Concurso/Oposición.-   __
    3.- Selección abierta.-   __
    4.- Promoción interna.-   __
VI - TIPO DE JORNADA

    1.- Continuada.-   __
    2.- Partida.-   __
    3.- Festiva.-   __
    4.- Nocturna.-   __
    5.- Especial.-   __
    6.- Rotatoria.-   __
    7.- Circunstancial.-   __
VII - REQUISITOS DE ADSCRIPCIÓN

    1.- Exigibles.-
        a) Nivel de formación.-
        _____
        _____

        b) Especialidad.-
        _____
        _____

    2.- Relevantes.-
        a) Conocimientos.-
        _____
        _____

        b) Experiencia.-
        _____

        c) Capacidades.-
        _____

        d) Otras cualidades.-
        _____
        _____

</td><td valign="top">

VIII - PERFIL DEL PUESTO DE TRABAJO
    1.- Funciones.-
        a) Principales.- _____
        _____
        _____
        b) Accesorias.- _____
        _____
        c) Eventuales o esporádicas.- _____
        _____
    2.- Grado de iniciativa.-
        _____
    3.- Poder decisorio.-
        _____
    4.- Responsabilidad.-
        a) Directa.- _____
        b) Subsidiaria.- _____
    5.- Medios y recursos
        a) Medios Humanos.- _____
        _____
        b) Medios Materiales.- _____
        _____
        c) Recursos.- _____
        _____
    6.- Relaciones.-
        a) Internas.- _____
        _____
        b) Externas.- _____
        _____
        _____

IX - OBSERVACIONES
    _____
    _____
    _____
    _____
    _____
    _____

X - FECHA DE ACTUALIZACIÓN
    _____
    _____

</td></tr>
</table>

5. Relación de puestos de trabajo

BASE DE DATOS DE LOS PUESTOS DE TRABAJO						
RELACIÓN DE PUESTOS DE TRABAJO - RPT - Nº ___						
IDENTIFICACIÓN			CLASIFICACIÓN			
Código	Denominación	NºFPT	Grupo	Nivel	Categoría	Área

6. Ficha de personal

BASE DE DATOS DE LOS PUESTOS DE TRABAJO
FICHA DE PERSONAL   FP nº __

I	**-**	**IDENTIFICACIÓN DEL TRABAJADOR** **Nº __**
		1 Apellidos y nombre.-_____
		2 DNI.-_____**Cartilla s.s.**_____**Otros.-**_____
		3 Domicilio.-_____
		4 Comunicaciones.- Tel.-_____ **E mail.-**_____
II	**-**	**UNIDAD DE TRABAJO.-**_____
III	**-**	**CONTRATACIÓN**
		1 Forma de provisión del Puesto.-_____
		2 Fecha de alta en la Empresa.- _____
		3 Tipo de contrato.-_____
IV	**-**	**REQUISITOS DE ADSCRIPCIÓN**
		1 Nivel de formación.- _____
		2 Especialidad.- _____
		3 Conocimientos.- _____
		4 Experiencia.- _____
		5 Capacidades.- _____
		6 Otras cualidades.- _____
V	**-**	**SITUACIÓN LABORAL**
		1 Grupo profesional.- _____ **, 2 .-Nivel.-** _____
		3 Categoría Profesional.- _____
		4 Unidad de Trabajo.- _____**5.- Área.-** _____
		6 Antigüedad en el Puesto de Trabajo.- _____
VI	**-**	**SITUACIÓN ECONÓMICA**
		1 Salario base mensual.- _____
		2 Complemento de Convenio.- _____
		3 Otras retribuciones.- _____
		4 Retribución bruta mensual.- _____
		5 Retribución bruta anual.- _____
VII	**-**	**SITUACIONES ESPECIALES**
		1 Al margen de las condiciones normales de trabajo.-_____
		_____
VIII	**-**	**SEGURIDAD SOCIAL**
		1 Categoría profesional.- _____
		2 Grupo de cotización.- _____
		3 Base de cotización.- _____
IX	**-**	**OBSERVACIONES**
		_____
		_____
X	**-**	**FECHA DE ACTUALIZACIÓN.-**_____
XI	**-**	**FECHA DE BAJA.-** _____

7. Relación de personal

BASE DE DATOS DE LOS PUESTOS DE TRABAJO							
RELACIÓN DE PERSONAL - RP - Nº __							
TRABAJADOR			CLASIFICACIÓN				
IDENTIFICACIÓN			CODIFICACIÓN				
Apellidos	Nombre	NºFP	Grupo	Nivel	Categ	Área	Puesto Trabajo

Capítulo 2

GESTIÓN DE MARKETING

NECESARIA

El Marketing es una técnica que se aplica con el fin de maximizar el objetivo principal de la Empresa: EL BENEFICIO.

Este método se caracteriza por su incidencia directa en seis puntos fundamentales:

- Información
- Decisión
- Planificación
- Programación
- Acción
- Control

2.1 DEFINICIONES Y CONCEPTOS DE MARKETING

Entre las innumerables definiciones conocidas del término *Marketing* se pueden considerar aceptables, al reflejar adecuadamente su significado, las siguientes:

De la Asociación Americana de Marketing (AMA)

- 1985:

  Marketing es el proceso de planificar y ejecutar la concepción, precio, promoción y distribución de ideas, bienes y servicios para crear **intercambios** que satisfagan los objetivos de los individuos y de las organizaciones.

- 2004:

  Marketing es una función organizacional y un conjunto de procesos para crear, comunicar y distribuir valor a los consumidores y para gestionar las relaciones con los clientes de forma que beneficien a la organización y sus grupos de interés.

- 2007:

  Marketing es la actividad, conjunto de instituciones y procesos para crear, comunicar, distribuir e **intercambiar** ofertas que tengan valor para los consumidores, clientes, socios y a la Sociedad en general.

- Santesmases, 1996:

  Marketing es un modo de concebir y ejecutar la relación de **intercambio**, con la finalidad de que sea satisfactoria a las partes que intervienen en la Sociedad, mediante el desarrollo, valoración, distribución y promoción, por una de las partes, de los bienes, servicios e ideas, que la otra parte necesita.

- Philip Kotler:

  Marketing consiste en un proceso administrativo y social. Gracias al marketing determinados grupos o individuos obtienen lo que necesitan o desean a través del **intercambio** de productos o servicios.

- Jerome McCarthy:

  Marketing es la realización de actividades que pueden ayudar a que una empresa consiga las metas que se ha propuesto, pudiendo anticiparse a los deseos de los consumidores y desarrollar productos o servicios aptos para el mercado.

- John A. Harward:

  Marketing consiste en un proceso en el que es necesario comprender las necesidades de los consumidores y encontrar qué puede producir la empresa para satisfacerlas.

- Anónimo·

  Marketing es la disciplina dedicada al análisis del comportamiento de los mercados y de los consumidores.

2.2 LA FUNCIÓN DE MARKETING EN LA EMPRESA

Las principales funciones de Marketing en la Empresa son:

1. Análisis de los consumidores.

2. Análisis de la competencia.

3. Planificación de Marketing.

4. Diseño de las estrategias de Marketing.

5. Implementación de las estrategias de Marketing.

6. Control y evaluación.

2.2.1 Análisis de los consumidores

La primera función de Marketing consiste en analizar a los consumidores, lo cual implica analizar sus necesidades, gustos, preferencias, deseos, hábitos de consumo, comportamiento de compra (dónde, cuándo y por qué compran), costumbres y actitudes.

A través del análisis de los consumidores, se pueden detectar, por ejemplo:

a. Nuevas necesidades o deseos y, de este modo, poder diseñar nuevos productos que se encarguen de satisfacer dichas necesidades o deseos.

b. Cambios en los gustos o preferencias de los consumidores y, de esta forma, poder adaptar los productos a dichos cambios.

c. Nuevas modas o tendencias y, entonces, poder crear o adaptar los productos acorde a dichas modas o tendencias.

Conviene señalar que esta función se realiza permanentemente, y no siempre a partir de una compleja investigación de mercados sino también, por ejemplo, al observar a los consumidores, conversar con los clientes, realizar pequeñas encuestas, etc.

2.2.2 Análisis de la competencia

La segunda función de Marketing consiste en analizar a la competencia, lo cual implica analizar su ubicación, público, objetivo, volumen de ventas, participación en el mercado, recursos, capacidad, principales estrategias, ventajas competitivas, fortalezas y debilidades.

Al igual que el estudio de consumidores, el estudio de la competencia también se realiza de manera permanente, e igualmente no siempre a través de una investigación exhaustiva sino, por ejemplo, visitando sus locales, comprando alguno de sus productos, entrevistando a personas que hayan trabajado con ella, etc.

2.2.3 Planificación del marketing

La función de planificación del Marketing consiste en el proceso a raíz del cual:

- Se analiza el entorno de la Empresa.
- Se analiza su situación interna.
- Se establecen objetivos de Marketing.
- Se diseñan estrategias de Marketing.
- Se diseñan planes de acción.

a. **Análisis del entorno de la Empresa**

Se analizan los consumidores, la competencia y otros factores externos que podrían tener influencia en la Empresa.

b. **Análisis de la situación interna**

Se analizan los recursos financieros, humanos, tecnológicos y materiales, la capacidad con que cuenta la Empresa.

c. **Establecimiento de objetivos de Marketing**

Se establecen objetivos de Marketing teniendo en cuenta los análisis efectuados permanentemente y las aspiraciones de la Empresa.

d. **Diseño de estrategias de Marketing**

Se diseñan estrategias de Marketing que permitan alcanzar los objetivos propuestos y, teniendo en cuenta también, los análisis externo e interno.

e. **Diseño de planes de acción**

Se diseñan planes de acción en donde se especifican los pasos necesarios para implementar las estrategias, los recursos a utilizar, los responsables y encargados, los tiempos y plazos, y el presupuesto o inversiones requeridos.

2.2.4 Diseño de las estrategias

Esta función que, en realidad, está dentro de la planificación de Marketing, consiste en elaborar o formular las estrategias que permitan alcanzar los objetivos de Marketing propuestos.

Para un mejor análisis, las estrategias de Marketing se suelen dividir en:

a. *Estrategias para el producto*: diseño, marca, servicios adicionales.

b. *Estrategias para el precio*: formas de pago, condiciones de pago, descuentos.

c. *Estrategias para la distribución*: canales, puntos de venta, transporte.

d. *Estrategias para la promoción*: publicidad, relaciones públicas, merchandising.

2.2.5 Implementación de las estrategias

Esta función consiste en poner en práctica las estrategias de Marketing propuestas.

Para ello, teniendo en cuenta los planes de acción previamente establecidos en la planificación de Marketing, se organizan las tareas, se aportan y distribuyen los recursos a utilizar, se asignan los responsables y encargados, se coordinan las actividades y se dirige la ejecución de las estrategias.

2.2.6 Control y evaluación

Finalmente, la función de control consiste en asegurarse de que las estrategias se están cumpliendo tal como se especifica en los planes de acción y que el personal encargado está haciendo un buen trabajo, tanto individualmente, como en equipo.

Mientras que la función de evaluación trata de comprobar que se están alcanzando los objetivos, concuerdan con los resultados esperados para que, en caso contrario, se tomen las medidas correctoras, se realice una nueva planificación, o solamente se diseñen y se pongan en marcha nuevas estrategias.

2.3 EL PLAN DE MARKETING

El Plan de Marketing es un documento escrito donde se definen los objetivos a conseguir en un tiempo determinado, mediante programas y medios de acción precisos:

Este documento ha de ser:

■ Un documento sencillo.
■ De contenido sistematizado y estructurado.
■ Con definición clara de responsabilidades.
■ Con procedimientos de control.

El Plan de Marketing, además de ser un útil de gestión y un instrumento de coordinación de las distintas áreas funcionales de la Empresa, constituye un verdadero sistema de *management*, puesto que cubre todas las actividades de la Compañía.

Por estas razones, el Plan constituye el elemento imprescindible para el desarrollo de la Función de Marketing.

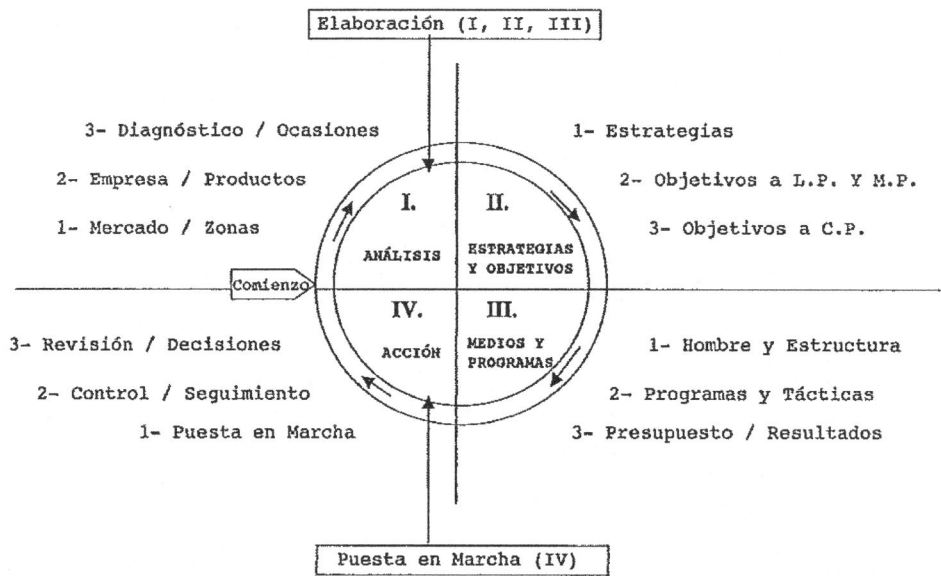

PROCESOS DE PLANIFICACIÓN

EL PLAN DE MARKETING

- Preparación
- Utilidades
- Etapas

2.3.1 Preparación

2.3.1.1 Preparación inicial

La preparación del Plan de Marketing debe ser progresiva, estar precedida de formación y ser controlada.

a. **Progresiva**

Debe admitirse un período de rodaje (un año), antes de que el proceso de planificación de Marketing funcione en régimen de crucero (con regularidad).

Al principio no conviene entrar en excesivo detalle, particularmente en las cifras, programar solamente a nivel de líneas de productos y evitar complejidad en la información, procedimientos, cálculos, etc.

El Plan debe ser simple, fácil de comprender y de aplicar.

A medida que la Empresa avance en la experiencia de la planificación, y el personal se familiarice con el sistema, el Plan de Marketing podrá adquirir mayor dimensión cuantitativa y cualitativa.

b. **Precedida de formación**

Es útil hacer participar a una sesión de formación sobre la metodología, contenido y puesta en marcha del Plan a los responsables que estén implicados en el proceso de planificación.

La formación previa puede contribuir eficazmente a evitar las objeciones y facilitar la labor de equipo en la preparación del Plan.

c. **Controlada**

La elaboración del Plan de Marketing no presenta excesivas dificultades, no obstante, el problema estriba en que no sea efectivamente utilizado por la organización.

Para que, tanto la elaboración como la aplicación se efectúen adecuadamente, conviene constituir una "Comisión de Control del Plan", que procederá cada trimestre o semestre a un examen del Plan, emitiendo un informe de incidencias, desviaciones y omisiones sobre los elementos que lo constituyen.

Así mismo, se reunirá mensualmente para su control, seguimiento y revisión, si procede. Esta Comisión estará formada por los responsables de áreas que hayan participado en su elaboración y estén comprometidos en su aplicación.

2.3.1.2 ¿Quién establece el Plan?

Todos los responsables de las grandes funciones: producción, marketing, ventas, administración, finanzas, RR.HH., que participan en la elección de objetivos, estrategias y desarrollo de tácticas.

La Dirección General propone los objetivos corporativos y globales, coordina las sesiones de preparación, expone las hipótesis de trabajo, dirige el proyecto y aprueba el Plan definitivo en Comité de Dirección.

Es necesaria la colaboración de los Jefes de Producto y de los Gerentes de Ventas, pues en ellos recae la mayor carga de trabajo, debiendo aportar los medios, recursos y tácticas para el desarrollo de las estrategias y consecución de los objetivos.

2.3.1.3 Horizonte del Plan

Debe considerarse un horizonte de tres a cinco años para los objetivos y estrategias, detallando aquellos para el primer año, así como los medios y programas de acción.

Así mismo, para este Corto Plazo se confeccionará un presupuesto, especificando el margen comercial a nivel de producto/segmento/mercado.

2.3.1.4 Calendario

El Plan de Marketing debe elaborarse en un tiempo prudencial, para que cada fase se lleve a cabo sin traumas, y con tiempo suficiente para su verificación, antes de ser ensamblado en el proyecto global de la Empresa.

El Plan será revisado completamente, al menos una vez al año para integrar las informaciones más recientes y adaptar los programas y presupuesto a las nuevas necesidades.

2.3.2 Utilidades

Las principales utilidades del Plan de Marketing son:

a. La acción se basa en la situación presente, tanto de la Empresa como del entorno.

b. Su aplicación resulta útil para la gestión comercial.

c. Vincula a todas las áreas de la Empresa en la persecución de los objetivos.

d. Permite la eficiente administración de los recursos necesarios para su ejecución.

e. Evita interpretaciones erróneas del sistema establecido para su aplicación.

f. Ofrece información real sobre la situación de la Empresa en el mercado, y de su competencia.

g. Permite controlar y evaluar la acción, y los resultados obtenidos, en función de los objetivos fijados.

h. Establece mecanismos de control y seguimiento, que eviten posibles desviaciones negativas y aseguren su posicionamiento en el mercado.

2.3.3 Etapas

En principio hay que tener en cuenta que en un Plan de Marketing se distinguen dos partes:

- Marketing estratégico.
- Marketing operativo.

a. **Marketing estratégico**

En Marketing estratégico se pretende definir la estrategia del negocio, para lo cual es fundamental conocer los factores internos y externos que pueden determinar esta estrategia. Para ello es preciso verificar los recursos y capacidades de la Empresa y tenerlos en cuenta en todo momento, para poder adaptarse a los mismos.

Los factores externos, como el entorno, el público objetivo y la competencia, tienen gran importancia, por lo que hay que tenerlos presentes.

El Plan se elabora para desarrollar acciones estratégicas a Largo Plazo, encaminadas a la consecución de los objetivos. El Marketing estratégico sirve como base y guía del Marketing operativo.

b. **Marketing operativo**

El Marketing operativo es el encargado de poner en práctica las estrategias definidas. En el Marketing operativo se definen las acciones necesarias para alcanzar los objetivos estratégicos determinados.

Todas las acciones que se realicen han de ser medidas, ya que así se podrá comprobar si el Plan ha sido efectivo y corregir, en su caso, los posibles errores en el futuro.

En conclusión, el Marketing estratégico es la base sobre la que se asientan las acciones concretas, desarrolladas por el Marketing operativo, encaminadas al logro de los objetivos fijados.

En la elaboración del Plan de Marketing se consideran, en orden cronológico, siete etapas:

1. Análisis de la situación actual.

2. Diagnóstico de la situación.

3. Establecimiento de objetivos.

4. Definición de la estrategia.

5. Plan de acción.

6. Presupuesto y resultado previsto.

7. Control del Plan.

2.3.3.1 Análisis de la situación actual

Todas las etapas están interrelacionadas, por lo que procede contemplarlas desde un punto de vista de conjunto.

No se puede elaborar una estrategia sin haber definido antes los objetivos que se quieren alcanzar y, resultaría inútil fijar estos objetivos sin conocer las oportunidades y amenazas del mercado, o aquellos puntos en los que la Empresa se encuentra en una posición más fuerte o más débil.

Esto solo puede descubrirse a partir de un riguroso estudio de los factores externos e internos de la Empresa.

2.3.3.1.1 Análisis de la situación externa

Se trata de analizar el entorno general y específico de la Empresa:

1. **Entorno general**

   Lo conforman los elementos no controlables, que pueden afectar a las actividades de la Empresa.

   Estos factores pueden ser:

   a. **Económico/financieros**

      Previsiones de coyuntura, evolución de los precios, tipos de interés, presión fiscal, empleo, oferta crediticia, índices de producción del segmento en el que se desarrolla la actividad comercial de la Empresa, y poder de compra de los consumidores.

b. **Socio/demográficos**

Volumen absoluto de la población, ya que ésta determina el potencial del mercado; renta de consumidores, esencial para el diseño de estrategias de precios; análisis de la población en función del sexo, la edad, índice de envejecimiento, densidad o concentración de mercados, etc.

c. **Político/jurídicos**

El sistema de gobierno, y determinadas políticas, pueden condicionar, en gran medida, el desarrollo de ciertas actividades empresariales.

Así mismo, la regulación comercial, laboral o de otra índole, pueden crear un marco más o menos favorable para la Empresa.

d. **Ecológicos**

La población está cada vez más sensibilizada con el medio ambiente, de lo que resulta una tendencia a las compras **responsables**.

e. **Tecnológicos**

El desarrollo tecnológico es un factor determinante para las empresas, que se traduce en: nueva maquinaria, mejoras de los sistemas de comunicación, Internet, etc.

2. **Entorno específico**

Resulta esencial contar con información sobre el mercado en el que opera la Empresa, el nivel de competitividad del segmento, los clientes, distribuidores y proveedores.

a. **Mercado**

Este análisis debe centrarse en su naturaleza y estructura:

- Naturaleza del mercado: se trata de conocer la situación y evolución de los segmentos del mercado, la tipología y el perfil de estos segmentos, competidores por segmento y sus participaciones de mercado, cambios producidos en la demanda, etc.

- Estructura del mercado, situación del mercado relevante: tamaño de la oferta, productores, tipos de productos ofertados, marcas, participaciones de mercado, cambios producidos en la demanda, etc.

b. **Clientes**

Resulta necesario conocer su número, importancia, vinculación a grupos o asociaciones, poder de negociación, carácter potencial, experiencia anterior con ellos, grado de exigencia, seriedad en los compromisos de pago, solvencia, etc.

c. **Competidores**

Conviene considerar que los competidores no son solo los que ofrecen el mismo producto, sino los que cubren la misma necesidad.

d. **Distribuidores**

En qué mercados actúan, quienes son los principales clientes, cuáles son sus productos, su vinculación con la Empresa, su antigüedad, los márgenes que aplican.

e. **Proveedores**

Es fundamental conocer su poder de negociación.

2.3.3.1.2 Análisis de la situación interna

El análisis interno es un elemento clave para detectar las debilidades y fortalezas de la Empresa.

Consiste en hacer una especie de examen de conciencia de lo que se está haciendo, y de si se está haciendo bien.

Hay que plantearse aspectos relacionados con los objetivos (si han sido los adecuados, o si se han alcanzado), con la estrategia de Marketing (estrategia de cartera, segmentación, posicionamiento, marketing mix, etc.), con los recursos humanos, con la estrategia de productos, de precios, de distribución, de comunicación, de ventas, etc.

Como mínimo se requiere un sistema de información de Marketing (Base de Datos) que consistirá en tener toda la información de la Empresa (clientes, estadísticas de ventas, proveedores, etc.) convenientemente almacenada y organizada, de manera que su análisis permita la toma de decisiones.

2.3.3.2 Diagnóstico de la situación

Con toda la información recogida en el Análisis de la situación actual, tanto externa como interna, procede hacer un diagnóstico, tanto del mercado y el entorno, como de la situación de la Empresa.

La herramienta de gran utilidad para este diagnóstico y la toma de decisiones, en función de la situación analizada, es el sistema de análisis DAFO. Este sistema permite conocer la situación real en que se encuentra la Empresa, así como el riesgo y oportunidades que le brinda el mercado.

El nombre lo forman las iniciales:

- D – Debilidades
- A – Amenazas
- F – Fortalezas
- O – Oportunidades

Las debilidades y fortalezas se corresponden con el ámbito interno de la Empresa, ya que analizan sus recursos y capacidades.

Este análisis debe considerar una gran diversidad de factores, entre los que pueden destacar:

- Grado de posicionamiento y notoriedad de la marca.
- Grado de diferenciación de los productos o servicios.
- Extensión y cobertura de las garantías ofrecidas.
- Calidad de las Bases de Datos de la Empresa.
- Capacidad de crédito financiero.
- Experiencia y/o competencia del Capital Humano.
- Grado de novedad de la oferta.
- Nivel tecnológico.
- Introducción en intermediarios y canales.
- Número y calidad de clientes fidelizados.
- Precios y condiciones de contratación interesantes.
- Recursos Financieros propios.
- Disposición de nuevo producto, a cambio de otro ya introducido.
- Ubicación de la oficina o establecimiento.

Como externos, se consideran los factores del mercado y el entorno, las oportunidades que se pueden aprovechar y las amenazas de las que hay que defenderse.

Las amenazas y oportunidades pueden derivarse de circunstancias existentes, o previstas en el entorno, como por ejemplo:

- Cambios o movimientos demográficos.
- Catástrofes naturales.
- Estabilidad o inestabilidad política del país.
- Facilidad o dificultad en obtención de créditos.
- Legislación favorable o desfavorable para las actividades.
- Medidas fiscales.
- Nuevos hábitos o costumbres.

- Nuevos planes de urbanismo.
- Tendencia al consumo de determinados productos, o bien circunstancias del mercado, como pueden ser:
  - Existencia o no, presente o futura, de competencia e intensidad de la misma.
  - Abaratamiento o encarecimiento de productos.
  - Escasez o abundancia de materias primas.
  - Aparición de nueva maquinaria o tecnología.
  - Apertura de nuevos mercados.
  - Innovaciones de los competidores, aprovechables para la Empresa.
  - Cambios positivos o negativos en los canales de distribución.
  - Desarrollo o retroceso de otros productos o sectores complementarios.
  - Difusión de grandes campañas publicitarias de las marcas líderes.
  - Subida del prestigio o desprestigio del sector.

Las amenazas y debilidades han de ser minimizadas en la medida de lo posible, siempre y cuando no puedan ser convertidas en oportunidades y fortalezas.

2.3.3.3 Establecimiento de objetivos

Aunque la misión esencial del Plan de Marketing es alcanzar los objetivos previstos, es un paso previo decidir cuáles son más atractivos y factibles para la Empresa.

Tanto el análisis de la situación, como el diagnóstico de la misma, simplifican esta labor.

El objetivo principal del Marketing es llevar al cliente hasta el límite de la decisión de compra.

Para el establecimiento de objetivos de Marketing se deben cumplir las líneas maestras que se contemplan en la regla nemotécnica MARTE:

- M – Mensurables: cualquier objetivo debe ser medible.
- A – Alcanzables: plantear retos inalcanzables carece de sentido.
- R – Retadores: cualquier objetivo debe resultar un reto.
- T – Temporales: el tiempo para conseguirlos es imprescindible.
- E – Específicos: deben ser claramente verificables.

2.3.3.3.1 Principios básicos de formulación de objetivos

- **Primero y esencial**: los objetivos de Marketing deben supeditarse a los objetivos generales de la Empresa.

- **Segundo**: deben ser concretos, realistas, voluntaristas, motor de la gestión, comerciales y coherentes entre sí.

- **Tercero**: los objetivos se apoyan en hipótesis y escenarios de partida, considerados en el análisis y diagnóstico de la situación.

Si no es fácil analizar el pasado y el presente, prever situaciones de futuro constituye un reto, y es un elemento diferenciador entre empresas triunfadoras y las que no lo son. Los objetivos en un Plan estratégico consisten en aspiraciones y expectativas.

Decálogo de Reglas a observar a la hora de formular los objetivos:

1. La redacción de un objetivo debe comenzar con un verbo de acción y logro.

2. Especificará un solo resultado clave a lograr.

3. Señalará una fecha límite para su consecución.

4. Será realista y, por tanto, coherente con los recursos de la Empresa.

5. Será también consecuente con las políticas y prácticas de la Empresa.

6. Específico y cuantitativo, por tanto, mensurable y factible de verificar.

7. Establecerá únicamente el "cuánto" y el "cuándo", evitando enredarse en el "por qué" y el "cómo".

8. Práctico y alcanzable pero, simultáneamente, significará un reto.

9. Ha de ser registrado y comunicado por escrito a todos los responsables, y a las secciones implicadas en su consecución.

10. Debe ser fácilmente comprensible por todos.

2.3.3.3.2 Factores a tener en cuenta en la determinación de los objetivos

Todos los objetivos de Marketing deben estar contenidos en el Plan Estratégico de la Empresa (Plan de Marketing).

Los objetivos contenidos en el Plan estratégico no son negociables, pues inciden directamente en la Rentabilidad, incluso en la supervivencia de la Empresa, y el Marketing es una herramienta al servicio de los objetivos.

Los objetivos comunes a todas las empresas que operan en un mercado son:

1. **Objetivo comercial**: se trata de alcanzar una determinada cifra de ventas, y una determinada cuota de mercado (supervivencia y consolidación).

2. **Objetivo de rentabilidad**: hay que obtener una rentabilidad sobre los productos vendidos, a Corto Plazo (beneficio).

3. **Objetivo de volumen**: se espera obtener el beneficio alcanzando un volumen de ventas considerable (crecimiento de la facturación).

2.3.3.3.3 La segmentación del mercado

Merece especial atención por su importancia para la consecución de objetivos comerciales, imprescindibles para la supervivencia y crecimiento.

No es posible vender todo a todos.

- **¿Qué se gana con la segmentación?**
- **¿De qué manera se puede segmentar el mercado?**

1. **¿Qué se gana con la segmentación?**

   Se gana mucho:

   - Al reducir el campo de acción se concentran los esfuerzos de Marketing en un solo punto.

   - Se puede reconocer a los mejores clientes y empezar a identificar a los clientes potenciales.

   - Se puede saber más sobre el proceso de decisión de compra de nuestros clientes.

   - Por lo tanto, se puede acertar mejor al elegir los argumentos de venta, definir los precios más adecuados, adaptar la oferta de productos o servicios considerando las necesidades específicas de los clientes.

2. **¿De qué manera se puede segmentar un mercado?**

   En la mayoría de los casos, los segmentos de mercado son fáciles de identificar con la ayuda de datos sociodemográficos o geográficos, entre otros.

   Existen diversos tipos de segmentación, dirigidos todos al objetivo comercial que se persigue: la captación y fidelización de clientes y el posicionamiento en el mercado.

   a. **Segmentación demográfica**

   Implica dividir el mercado según: edad, sexo, estado civil, socioeconómico, tipo de vivienda, nivel cultural y de educación.

   b. **Segmentación geográfica**

   División del mercado diferenciando distintas áreas geográficas.

   c. **Segmentación psicológica**

   El perfil psicológico de los clientes es el vínculo sobre el que se trabaja, para definir un segmento del mercado.

d. **Segmentación por el tipo de uso**

Se puede considerar el segmento de la población, por el uso que da a los productos que compra.

e. **Otros ejemplos de segmentos**

- Por la forma de pago.
- Por la toma de decisión en la compra.
- Por los beneficios o ventajas esperados del producto.
- Por el tipo de lectura o acceso a la información.
- Por el vínculo que se puede generar entre el cliente y el servicio.

  Un vínculo es, en definitiva, el punto de conexión donde se contacta con el cliente.

- **¿Cuál es el criterio más idóneo para segmentar el mercado?**
- **¿Cuáles son los segmentos existentes?**

1. El criterio para segmentar debería ser la Rentabilidad.

   Existen dos variables:

   a. Factor M de margen: constatar el porcentaje de margen que se puede aplicar al producto que se trata de vender.

   b. Factor R de rotación: qué producto tiene mayor índice de rotación.

   La combinación de los dos factores determina el producto más y mejor vendible en el mercado elegido.

2. Pueden existir dentro de un mercado varios segmentos, en los cuales es factible la introducción de un producto con los factores M y R más favorables.

   Conviene estudiar la competencia en estos segmentos.

2.3.3.3.4 Tipos de objetivos

Los objetivos se clasifican en función de:

- La naturaleza.
- La acción.

1. **Objetivos en función de su naturaleza**

   Se distinguen dos tipos de objetivos:

   – *Objetivos cuantitativos*
   – *Objetivos cualitativos*

   a. **Objetivos cuantitativos**: se caracterizan por plantear metas mensurables, expresadas en cifras y cuya efectividad puede ser medida tras su materialización.

Habitualmente se refieren a:

- Incremento en la cuota de mercado.
- Volumen de ventas.
- Rentabilidad.
- Nivel de satisfacción.
- Fidelización de clientes.
- Mejoras en la distribución, la penetración, el beneficio o margen de contribución.

b. **Objetivos cualitativos**: proponen metas más genéricas y menos tangibles:

- Notoriedad.
- Imagen de producto.
- Servicio.
- Marca.
- Otros.

2. **Objetivos en función de la acción**

Estos objetivos se aplican a la acción comercial en el mercado o en el segmento seleccionado:

- Captación.
- Fidelización.
- Posicionamiento.

a. **Captación**

Es el objetivo prioritario en el comienzo de la actividad.

La clave está en seducir.

La mayor parte de la publicidad en medios informativos masivos responde a este objetivo, pero el problema está en que cada vez es menos rentable captar clientes por esta vía debido, fundamentalmente, a la fragmentación de los medios y la saturación publicitaria.

b. **Fidelización**

Cuesta mucho menos fidelizar que captar.

La clave está en satisfacer.

La mejor herramienta de fidelización consiste en superar constantemente las expectativas de los clientes. La empresa que ya explota un mercado o segmento, adopta posturas más defensivas enfocadas a la fidelización de clientes, antes que considerar el crecimiento.

Los clientes fieles aportan numerosas ventajas a la Empresa:

- Mayor porcentaje sobre las ventas.

- Responsables de una mayor cantidad de ventas que los clientes ocasionales.

- Menores costes de Marketing para la Empresa y mayores para la competencia.

- Facilidad en la adecuación de la oferta, al conocer mejor al cliente.

- Menos sensibilidad a los precios altos, lo que permite márgenes superiores.

- Publicidad gratuita a través del "boca a boca".

c. **Posicionamiento**

Asentamiento en el segmento explotado.

La clave está en mantener.

Una vez captado y fidelizado el cliente, es preciso:

- Mantener y mejorar sus niveles de satisfacción.

- Estimular o simplificar la repetición de compra para favorecer la reposición.

- Convencer al cliente satisfecho de que la marca supera a la competencia.

2.3.3.4 Definición de la estrategia

El término *estrategia* hace referencia a un conjunto racional y coherente de decisiones sobre acciones a emprender, y sobre recursos a utilizar, que permita alcanzar los objetivos finales de la Empresa, teniendo en cuenta las decisiones que toma o pueda tomar la competencia y considerando también, las variaciones externas (por ejemplo, tecnológicas, económicas y sociales).

Al igual que ocurre con los objetivos, la estrategia de Marketing ha de ser respetuosa con la estrategia corporativa de la Empresa.

Además, en la estrategia de Marketing se deben concretar los siguientes puntos.

2.3.3.4.1 Estrategia de cartera

Difiere en base a los objetivos que sean de expansión o de crecimiento, y en función del producto o servicio ofertado (actual o nuevo), y del mercado sobre el que actúa (actual o nuevo).

En función de las metas, se acometerán cuatro acciones:

- Penetración en el mercado.
- Desarrollo del mercado.
- Desarrollo del producto.
- Diversificación.

a. **Penetración en el mercado**: consiste en incrementar la participación en los mercados en los que ya se opera y con los productos actuales.

b. **Desarrollo del mercado**: comercialización del producto en otros segmentos del mercado o en otras áreas geográficas.

c. **Desarrollo del producto**: lanzamiento de nuevos productos que sustituyan a los actuales.

d. **Diversificación**: la Empresa desarrolla de forma simultánea nuevos productos y nuevos mercados.

2.3.3.4.2 Estrategia de segmentación y posicionamiento

Este tipo de estrategias definen para cada binomio producto-mercado, el segmento estratégico al que se deberá dirigir la Empresa y su posicionamiento por atributos, diferenciación, imagen, etc.

Habitualmente se consideran tres tipos de estrategia de segmentación:

a. **Diferenciador**: dirigirse a cada segmento del mercado con una oferta y un posicionamiento diferentes.

b. **Indiferente**: dirigirse a todos los segmentos con la misma oferta de productos y el mismo posicionamiento.

c. **Concentrada**: concentrar los esfuerzos en segmentos determinados, adaptando las ofertas a la demanda de cada uno de ellos.

A la hora de seleccionar el segmento, conviene considerar la importancia relativa del mismo dentro del mercado (% que representa sobre el total), así como la adecuación de los productos o marcas de la Empresa, al perfil y escala de valores del segmento seleccionado.

2.3.3.4.3 Estrategia funcional

Esta estrategia combina los diferentes medios, o instrumentos, de Marketing para alcanzar los objetivos deseados, es decir, utiliza las herramientas de Marketing más eficaces y adecuadas.

Las principales áreas sobre las que se debe trabajar son:

a. **Producto**: amplitud de gama, abandono, modificación, creación, política de marcas, sostenimiento de la imagen de marca.

b. **Distribución y venta**: configuración, sistema de ventas, localización puntos de venta, cobertura de mercado.

c. **Precios**: estrategia de precios y escala de descuentos.

d. **Comunicación**: comunicación interna y externa, mensajes, medios, soportes

2.3.3.5 Plan de acción

Decisiones sobre las acciones a llevar a efecto para la consecución de los objetivos propuestos, en el plazo establecido.

La definición y ejecución de los Planes de Acción es la fase más dinámica del Plan de Marketing. La naturaleza de los Planes dependerá de las estrategias que deban materializar. Una estrategia, para ser efectiva, debe traducirse en acciones concretas, a realizar en los plazos previstos.

Así mismo, es importante asignar RR.HH., materiales y financieros, evaluar los costes previstos y priorizar los planes en función de su vigencia o importancia.

Los Planes de Acción se clasifican en función de la variable de marketing, Marketing Mix, sobre la que actúan.

- *Sobre el Producto*
- *Sobre el Precio*
- *Sobre la Distribución y Fuerza de ventas*
- *Sobre la Comunicación*

2.3.3.5.1 Sobre el producto

a. **Ampliación o modificación de la gama:** consiste en eliminar algún producto, modificar los existentes, lanzar otros nuevos

b. **Cambio de envase**: puede realizarse dándole un nuevo formato, rediseñando el existente, cambiando el material

c. **Nuevas marcas**: creación de nuevas marcas. Rediseñar una marca existente y lanzarla como nueva

d. **Racionalización de productos**: eliminación de referencias con poca rotación o bajo margen

2.3.3.5.2 Sobre el precio

- Modificación de las tarifas de precios y de los descuentos.
- Modificación de las condiciones y términos de ventas.

2.3.3.5.3 Sobre distribución y fuerza de ventas

- Cambio de los canales.
- Modificación de las condiciones y funciones de los mayoristas y detallistas.
- Reducción de costes de transporte.
- Pago de portes.
- Mejoras en el plazo de entrega
- Aumento del número de vendedores.
- Modificación de las zonas y rutas de venta

2.3.3.5.4 Sobre la comunicación

- Realización de campañas concretas: de publicidad, relaciones públicas, promocionales
- Selección de medios:
    - Generales: TV, prensa, radio…
    - Sectoriales: revistas especializadas…
- Incentivos y motivación al personal.
- Contacto personalizado con distribuidores, clientes…

Toda acción de marketing debe apoyarse en estos cuatro instrumentos

PRODUCTO	PRECIO
Centrado en el Beneficio	No solo valor monetario
Cartera de productos	Tiempo utilizado
Característica diferencial	Esfuerzos
Marcas, modelos, envases	Medios y recursos
Nuevos productos	Método fijación precios

MARKETING

PROMOCIÓN	DISTRIBUCIÓN
Fórmulas de promoción	Misión:
Venta personal	Poner el producto a dispo-
Marketing directo	sición del consumidor
Publicidad	de forma que estimule
Relaciones públicas	su adquisición
Promoción de ventas	Decisión sobre canales

2.3.3.6 Presupuesto asignado y resultado previsto

Esta es la última etapa de la elaboración del Plan de Marketing, ya que se define tras establecer las acciones a realizar para conseguir los objetivos marcados. En esta etapa se cuantifican el coste de las acciones y los recursos necesarios para llevarlas a cabo.

La Cuenta de Resultados previsional constituye la diferencia entre lo que cuesta poner en marcha el Plan de Marketing y los beneficios que se esperan de su implantación.

2.3.3.7 Control del Plan

El Control es la etapa final del Plan de Marketing. Se trata de un requisito fundamental, ya que permite saber si el desarrollo del Plan ha servido para alcanzar los objetivos fijados.

A través de este control se pretenden detectar los posibles fallos y desviaciones que se han producido para aplicar soluciones y medidas correctoras con la máxima urgencia.

En concreto, se puede hablar de cuatro etapas dentro de la fase de Control:

1. Análisis de los objetivos propuestos

2. Nivel del desempeño alcanzado

3. Detección de desviaciones

4. Adopción de medidas correctoras

Para paliar las consecuencias negativas que pudieran causar los desvíos, es prudente la realización de controles periódicos, que podrían implicar modificaciones sobre el Plan original y, por esto, resulta recomendable confeccionar borradores de planes alternativos ("Plan B"), por si fracasa el Plan puesto en marcha o, simplemente, para actuar a tiempo ante las desviaciones que se produzcan.

2.4 ESTRUCTURA FUNCIONAL DE MARKETING

- Funciones del Departamento de Marketing
- Manual de funciones

2.4.1 Funciones del Departamento de Marketing

El Departamento de Marketing (DM) debe actuar de manera interdependiente con las demás áreas de la Empresa. Las funciones del DM serán relevantes para la organización general de la Empresa, tanto desde el punto de vista interno como del externo.

a. **Desde el punto de vista interno**

El DM tiene, como una de sus funciones, dar a conocer cómo se desenvuelven los productos o servicios al entrar en contacto con los consumidores o usuarios.

En este sentido, el DM no solo proporcionará a las demás áreas de la Empresa (sobre todo a las áreas de producción y comercial) un panorama preciso de los objetivos de mercado, sino que servirá de vía de comunicación entre lo que el cliente quiere y las áreas de producción y ventas, a las que aportará ideas definidas gracias al sondeo estadístico entre consumidores y usuarios.

b. **Desde el punto de vista externo**

El DM recibe información de lo que pasa dentro y fuera de la Empresa para emprender estrategias beneficiosas, adaptables a los requerimientos que el producto o servicio necesita, para ser promocionado y comercializado eficientemente.

Es por ello que la función de Marketing es elaborar planes que sigan los siguientes pasos:

1. Un estudio minucioso del producto o servicio a comercializar, y del mercado, al cual se le irá a ofrecer.

2. Una planificación detallada de las estrategias que abarcarán cada etapa de la producción y comercialización.

3. La evolución periódica de los resultados.

El producto o servicio se estudia en función de precios, coste, calidad, ventajas sobre otros, vida útil, confianza, presentación comercial, tecnología, historial de ventas, temporadas fuertes o débiles, distribución, promoción

En cuanto al mercado al que se ofrecerá el producto/servicio, será necesario conocer su tamaño, los principales competidores, puntos fuertes y débiles de los mismos, necesidades, deseos de los consumidores o usuarios

Para que el lanzamiento de un producto o servicio sea pertinente y oportuno, el DM tendrá como función evaluar la situación política coyuntural, considerando y teniendo en cuenta las leyes, reglamentos y disposiciones impositivas vigentes, la situación económica general, la situación financiera del mercado al que se desea acceder, la situación social, en tanto abarque las costumbres, modas, preferencias

Además, el DM debe estar al tanto de los avances tecnológicos que puedan redundar en beneficio o perjuicio para la Empresa.

A la hora de llevar adelante una planificación, el DM se ocupará, en igual medida, tanto en detectar aquellos hechos que fortalecen y favorecen el crecimiento del producto o servicio, como en discernir lo más claramente posible, si llegase a haber algún fallo o disfunción en alguna de las etapas de la comercialización.

Cumpliendo con estas funciones, el DM evaluará periódicamente el recibimiento y comentarios que, sobre el producto o servicio, realicen los consumidores o usuarios; la rentabilidad, las medidas en que se cubren los objetivos propuestos o exigidos por el mercado, la relación que se establece con el cliente, durante la comercialización, y en cuestiones relacionadas, con la atención personalizada

EL DM tiene, por consiguiente, una función completamente dinámica dentro de la Empresa, además de servir de nexo, guía y apoyo para las demás áreas responsables de la producción y venta.

Una estrategia de Marketing llevada adelante de manera creativa, segura y responsable, puede transformar cualquier situación en una oportunidad, y cualquier negocio que se emprenda, en un éxito.

En la estructura empresarial se sitúa al cliente, como objetivo de conquista, en el centro, y alrededor de éste, y en contacto con todas las áreas funcionales, al Departamento de Marketing.

De esta forma, el Departamento de Marketing es el interlocutor válido entre el cliente y todas las áreas de la Empresa.

2.4.2 Manuales de funciones

- Director de Planificación de Marketing
- Jefe de Producto
- Soporte de Marketing

2.4.2.1 Director de Planificación de Marketing

2.4.2.1.1 DENOMINACIÓN DEL PUESTO

Director de Planificación de Marketing

2.4.2.1.2 ÁREA FUNCIONAL

Departamento de Marketing

2.4.2.1.3 DEPENDENCIA FUNCIONAL

Depende de:
■ Director General

De él dependen:
■ Jefes de Producto
■ Soporte de Marketing
■ Secretaria de Marketing

2.4.2.1.4 DEPENDENCIA JERÁRQUICA

Depende de:
■ Director General

De él dependen:
■ Jefes de Producto
■ Soporte de Marketing
■ Secretaria de Marketing

2.4.2.1.5 POSICIÓN EN EL ORGANIGRAMA

Basándose en la estructura orgánica ideal de la Empresa, el puesto de Director de Planificación de Marketing queda situado en el Organigrama de acuerdo con el siguiente esquema:

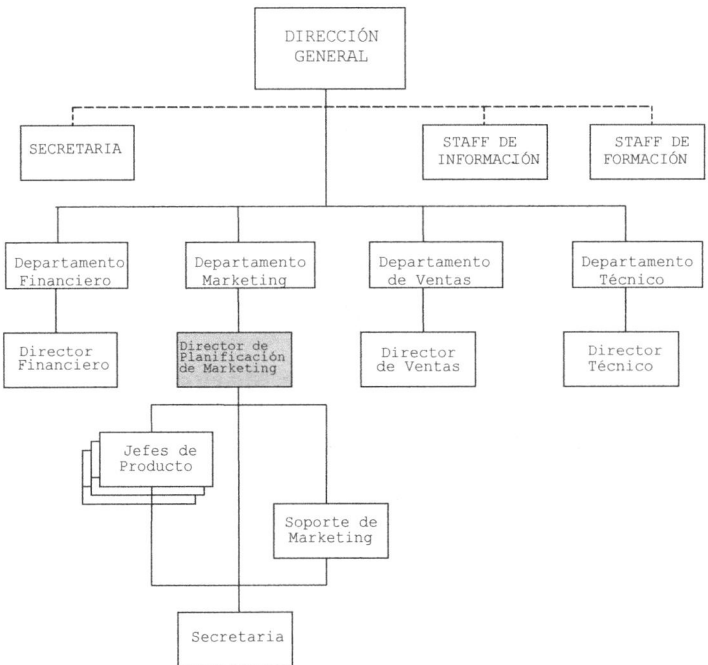

2.4.2.1.6 DESCRIPCIÓN DE FUNCIONES

La misión fundamental del Director de Planificación de Marketing consiste en el análisis, planificación, implantación, control y seguimiento de las estrategias y tácticas de acción, destinados a conseguir los objetivos fijados por la Empresa en el Plan de Marketing.

El buen fin de esta misión estriba en el adecuado diseño de las ofertas de la Organización, en función de las necesidades del mercado como meta, aplicando precios, medios y recursos efectivos para informar, motivar y dar servicio a ese mercado.

2.4.2.1.6.1 Funciones principales

Son las que permiten el desarrollo de los procesos de planificación (Plan de Marketing):

- Análisis del Mercado y de la Empresa.
- Objetivos y estrategias.
- Medios y recursos.
- Puesta en marcha.
- Control y seguimiento.
- Revisión del Plan.

a. **Análisis del Mercado y de la Empresa**

La información es imprescindible para fijar los objetivos y plantear las estrategias, con el fin de alcanzarlos.

El DPM debe preparar un informe sobre la situación del Mercado y de la Empresa, en el que se analicen los parámetros que vayan a incidir en el binomio producto-mercado.

Se pueden considerar cuatro fases para su realización:

- Diagnóstico comercial.
- Resultado de las ventas.
- Análisis e investigación de soluciones.
- Informe de conclusiones y recomendaciones.

1. **Diagnóstico comercial**

Esta fase condiciona el éxito del diagnóstico del Mercado y Empresa y debe comprender:

- Situación comercial de la Empresa

  - **Análisis de cada binomio producto-mercado**
    - Unidades y Cifra de Negocio de cada producto y su mercado.
    - Comparación relativa.
    - Evolución del producto y su mercado.
    - Cuota de mercado de la Empresa.

- ◆ **Segmentos de mercado y clientela**

  - ○ Reparto de las ventas por segmentos/clientes.

  - ○ Características particulares de los segmentos/clientes que inciden en la venta:

    - □ demanda inducida hacia otros productos, estacionalidad, concentración…

    - □ dispersión.

- ◆ **Competencia**

  - ○ Posición competitiva de los productos en el mercado.

  - ○ Principales competidores.

  - ○ Notoriedad del nombre de la Empresa respecto a los competidores.

  - ○ Imagen de marca en relación a los productos de la competencia.

- **Análisis de la gestión comercial**

  Información comercial.

  Fuentes de información sobre:

  - ◆ Características y evolución de la demanda.

  - ◆ Características y evolución de la competencia.

  Estudios de mercado realizados.

- **Política productos/precios**

  - ◆ Sistema de análisis e historial permanente de productos:

    - ○ Fichas de productos, cuadros de mando, conocimiento de los márgenes, ventajas competitivas, etc.

  - ◆ Cuadro de edad o vigencia de los productos en el mercado, evolución.

  - ◆ Parte de Cifra de Negocio consagrada a la promoción de los productos en el período de permanencia en el mercado.

  - ◆ Sistemas para determinar el precio de venta:

    - ○ A partir de costes directos (resultado bruto de explotación).

    - ○ A partir del coste comercial (resultado comercial).

    - ○ A partir del precio psicológico de la clientela (demanda).

    - ○ A partir del precio de la competencia (competitividad).

    - ○ Otros sistemas.

- ◆ Razones que impulsan a adoptar un sistema u otro en la determinación del precio de venta y condiciones especiales (descuentos, bonificaciones, etc.).

- ◆ Estado comparativo de precios/productos con la competencia.

- ◆ Grado de libertad de la Empresa para imponer sus precios de venta.

- **Política de distribución**

  - ◆ Circuitos de distribución.

  - ◆ Plazos de entrega.

  - ◆ Dinamización de la distribución.

- **Política de comunicación**

  - ◆ Parte de Cifra de Negocio dedicada a la promoción/comunicación.

  - ◆ Sistema de evolución de impactos.

  - ◆ Objetivos precisos y destinatarios de la comunicación.

2. **Resultado de ventas**

Para establecer un plan viable es preciso comparar los resultados obtenidos con los objetivos fijados por la Empresa en los años precedentes.

Un método de análisis podría ser el siguiente:

- **Evolución global**

  Indicadores:

  - ◆ Tasa de progresión de la Cifra de Negocio comparada con los medios del mercado o del principal competidor, si se conoce el dato.

  - ◆ Evolución de la cuota de mercado de la Empresa.

  - ◆ Evolución de la cuota de mercado relativa al principal competidor.

  - ◆ Resultado bruto, margen comercial y resultado neto de explotación: análisis y evolución.

- **Evolución por productos o línea de productos**

  Indicadores por cada producto o línea:

  - ◆ Evolución de las ventas del producto, comparada con su mercado.

  - ◆ Evolución de la Cifra de Negocio del producto, respecto a la cifra de negocio global de la Empresa.

  - ◆ Evolución de la cuota de mercado absoluta y relativa.

  - ◆ Contribución de las ventas del producto a la rentabilidad de la Empresa y a los gastos generales.

- **Evolución por segmentos de mercado**

  Indicadores para cada segmento:

  - Evolución de las ventas globales.

  - Tasa de penetración de la Empresa en el segmento.

  - Evolución de las ventas por productos.

  - Contribución de las ventas efectuadas en el segmento de mercado a la cobertura de los gastos generales y a la rentabilidad.

- **Evolución por clientes**

  Indicadores por cada cliente (los más importantes y significativos en Cifra de Negocio):

  - Parte de Cifra de Negocio realizada con el cliente y evolución del porcentaje (sobre el segmento y sobre el total).

  - Evolución de la Cifra de Negocio realizada con el cliente.

  - Evolución del crédito a clientes.

  - Evolución de descuentos, bonificaciones y otras condiciones especiales consentidas al cliente.

3. **Análisis e investigación de soluciones**

   En esta fase el DPM analiza los datos comerciales y económicos y los interpreta en función de los objetivos del Plan de Marketing a preparar.

   Debe aportar soluciones estratégicas en base a los puntos fuertes o débiles observados en el análisis de la información recopilada.

4. **Informe de conclusiones y recomendaciones**

   El DPM presenta un informe claro, preciso, completo y operativo de acuerdo a los datos históricos obtenidos de las soluciones estratégicas adoptadas para el cumplimiento de los objetivos marcados, o bien para adecuar estos a las posibilidades en función de la información recogida.

b. **Objetivos y estrategias**

   Es la segunda fase de los procesos de planificación. Los objetivos propuestos por la Dirección General se confirman con las variaciones pertinentes.

   Se establecen a Corto Plazo en Cifra de Negocio y margen comercial.

   Se plantean las estrategias idóneas sobre los elementos fundamentales del Marketing-Mix: mercado, clientes, productos, precios, distribución y promoción/comunicación.

Estas estrategias las decide el DPM y deben estar dirigidas:

− *En interés del cliente.*
− *En interés de la Empresa.*

…y orientadas:

− *Hacia el producto.*
− *Hacia el Mercado.*

1. El interés del cliente se refleja en la aceptación de sus condiciones.

2. El interés de la Empresa se basa en la mayor rentabilidad de la gestión de ventas.

3. La orientación hacia el producto es una acción de información, tecnología, calidad, comunicación, educación y formación sobre el producto a los clientes. Acción ejercida por los Jefes de producto y Gerentes de ventas.

   Las estrategias difieren en función del ciclo de vida del producto:

   • Lanzamiento.
   • Crecimiento.
   • Madurez.
   • Declive.

4. La orientación hacia el Mercado consiste en dar una respuesta a la demanda.

La meta de las estrategias del Plan de Marketing es conseguir el punto óptimo, o sea, un máximo de convergencia entre los intereses de la Empresa y los del cliente (noción de "justo precio"), buscando el equilibrio a la orientación de las estrategias producto/mercado.

c. **Medios y recursos**

Una vez adquirido el compromiso de lograr los objetivos, y aprobadas las estrategias por el Comité de Dirección, se estudian (para su desarrollo) los medios y recursos para llevarlos a efecto.

Se establecen presupuestos de costes, y gastos comerciales, y se determinan los márgenes por productos/mercado que, consolidados, constituyen el presupuesto global a Corto Plazo (un año).

Se requiere un análisis de medios de promoción/comunicación por naturaleza, estableciendo un calendario de ejecución.

Para hacer más eficaces los medios y recursos, así como los programas de acción, deben tenerse en cuenta los siguientes elementos:

- Mercado.
- Competencia.
- Características del producto.
- Aplicaciones del producto.
- Fijación de precios.
- Servicios al cliente.
- Publicidad y promoción.
- Relaciones públicas.
- Conducta del comprador.
- Otros.

d. **Puesta en marcha del Plan**

El DPM se ocupa de que se muevan los engranajes de su maquinaria de Marketing, así como de la coordinación con las demás áreas comprometidas en la planificación, aportando los medios y recursos puestos a disposición del proyecto en ejecución.

e. **Control y seguimiento**

A partir de los informes mensuales, o circunstancias que el DPM recibe de su aparato, Jefes de Producto y Soporte de Marketing, así como de la información que se genera en el Departamento de Ventas y que, así mismo recibe, establece un sistema de control y seguimiento del Plan.

El análisis de esta información, así como su visión sobre el propio terreno, permiten al DPM preparar un informe mensual en el que, fundamentalmente, expondrá:

1. Las metas logradas.

2. La evolución de los objetivos.

3. Los desvíos presupuestarios, tanto en ventas y gastos como en medios promocionales utilizados.

4. Los resultados obtenidos en la gestión.

5. Las observaciones que considere oportunas.

f. **Revisión del Plan**

Los informes de gestión comercial redactados por el DPM permitirán la toma de decisiones, tanto a nivel de Dirección General (modificación de los objetivos), como de Dirección de Áreas (variaciones estratégicas). Incluso a niveles inferiores (Jefes de Producto y Gerentes de Ventas) en cuanto se requiera la revisión de programas de acción y técnica de ventas.

Estas decisiones basadas en las conclusiones del informe pueden dar lugar a revisiones del Plan de Marketing o a la adopción de nuevas alternativas de las estrategias y tácticas aplicadas.

2.4.2.1.6.2 Funciones accesorias

Son todas aquellas que realiza el DPM permanente o circunstancialmente en apoyo de la gestión de los Jefes de Producto.

Otra función del DPM, aunque también de los Jefes de Producto, consiste en la formación sobre productos al Equipo Comercial, con el fin de mejorar sus técnicas de venta y enriquecer el argumento utilizado por los vendedores en sus visitas a clientes.

Esta función se coordina con el Staff de Formación.

2.4.2.1.6.3 Funciones eventuales

Tanto el DPM como los Jefes de Producto realizarán funciones propias del Departamento de Ventas cuando éste no disponga de los medios humanos suficientes para el desarrollo de su actividad:

- Objetivos de ventas a Corto Plazo.
- Visitas a clientes en refuerzo de la gestión de ventas.
- Preparación de ofertas.
- Cierre de operaciones de venta con los clientes.

Estas funciones serán ejercidas por Marketing como apoyo a la red de ventas y como aportación de sus conocimientos, tanto del mercado como de los productos.

Así mismo, tanto el DPM como los Jefes de Producto actuarán, como función accesoria, en apoyo logístico al Equipo de ventas en su gestión, cuando así lo requiera; objetivamente, la importancia o complejidad de las operaciones, y subjetivamente el Director de Ventas.

2.4.2.1.7 GRADO DE INICIATIVA Y PODER DECISORIO

Las funciones del Director de Planificación de Marketing, considerando la posición que ocupa el Puesto en el Organigrama, otorgan un grado de iniciativa total.

El DPM tiene los más amplios poderes en el ámbito del Plan de Marketing, estando solamente supeditado al Director General.

En las acciones compartidas con directivos de otros departamentos procede el consenso en las decisiones, excepto en aquellas que afecten a reglas de la Empresa, en cuyo caso, la última palabra la tiene el Director General.

a. **Con el Director de Ventas**

  – Objetivos de ventas de productos/mercado.
  – Estrategias y tácticas que requieran la aportación de esfuerzo del equipo de ventas.
  – Medios y recursos aplicables a segmentos del mercado.
  – Presupuesto de ventas y márgenes comerciales de productos/mercado.
  – Programas de formación de vendedores.
  – Cursos de entrenamiento de clientes (tecnología de productos).
  – Aplicación de precios y condiciones económicas de venta.

b. **Con el Director Técnico**

  – Aplicación de costes de mantenimiento en precio de productos.

c. **Con el Director Administrativo/Financiero**

  – Criterios de distribución.
  – Aplicación de costes y gastos a productos.

d. **Con el Comité de Dirección**

  – Aprobación del Plan de Marketing.
  – Revisión del Plan de Marketing.

2.4.2.1.8 NIVEL DE RESPONSABILIDAD

El nivel de responsabilidad del DPM es alto y absoluto.

No solamente se responsabiliza de los medios aportados por su departamento para la ejecución del Plan de Marketing, sino de los resultados obtenidos por la Empresa por la aplicación de dichos medios.

Solamente compartirá la responsabilidad cuando los resultados estén afectados por la gestión de otros departamentos: Ventas, Técnico, Administración.

El alto grado de responsabilidad exige al DPM adoptar las medidas más rigurosas para el cumplimiento exacto de todos los procesos de planificación comercial.

2.4.2.1.9 RELACIONES

El flujo de la información se crea en torno a las relaciones que mantiene el DPM en los medios donde se desarrolla su actividad.

  ■ Relaciones exteriores
  ■ Relaciones interiores

2.4.2.1.9.1 Relaciones exteriores

Tanto por sus funciones principales, como eventuales, las relaciones del DPM con clientes son esenciales para la acción Marketing y para la colaboración en la gestión comercial.

Así mismo, es fundamental la relación con la competencia, a fin de contrastar el nivel de aceptación de productos en el mercado, investigar sobre su tecnología y cualidades, y obtener información sobre estrategias y tácticas en la promoción y comunicación.

Eventualmente, debe tener contactos con empresas de medios publicitarios y de promoción para ayuda del Soporte de Marketing.

En general, el DPM estará en disposición de relacionarse con todos los agentes externos que, directa o indirectamente, influyan en su gestión de elaboración y puesta en marcha del Plan de Marketing.

2.4.2.1.9.2 Relaciones interiores

a. Con el Departamento de Marketing

Las relaciones del DPM con su propio departamento son obvias.

Facilita los objetivos y estrategias por productos a los Jefes de Producto (JP) para la creación de tácticas y selección de medios de promoción/comunicación de sus líneas de productos.

Recibe de los JP los programas de acción por producto, así como los presupuestos, para ser incluidos en el Plan de Marketing.

También, mensualmente, recibe información de los JP y del Soporte de Markcting (SM) referida al control y seguimiento del Plan, así como de las medidas y decisiones a adoptar en función de sus resultados y conclusiones.

b. Con otros departamentos

1. Con el Departamento de Ventas

Mantiene relaciones constantes y muy directas.

Durante el ciclo de planificación (elaboración y puesta en marcha del Plan de Marketing) existe una gran coordinación entre el DPM y el Director de Ventas (DV).

En la primera fase de los procesos de planificación el DV obtiene y facilita al DPM la información por mercado/clientes, y aporta datos sobre la competencia.

Así mismo, el DV aporta resultados de ventas referidos a la evolución por segmentos de mercado y por clientes.

En la segunda fase el trabajo prácticamente es conjunto a la hora de obtener los objetivos a Corto Plazo a partir de los objetivos globales, de las estrategias y de la información histórica analizada en la primera fase.

El DPM no puede establecer cifras de ventas unilateralmente, cuando la realización de estos objetivos es también responsabilidad muy directa del DV.

En la tercera fase de planificación el DPM informa al DV de los medios a aportar para la promoción/comunicación que, al fin y al cabo, apoyan la gestión comercial.

En esta fase debe existir aprobación conjunta, tanto de los medios y programas como de los presupuestos y resultados a obtener.

En la cuarta fase, durante el control y seguimiento del Plan, el DPM recibe información de las ventas, así como de cualquier naturaleza, siempre que esté relacionada con el Plan, cuya coordinación es competencia del DPM.

2. **Con el Departamento Administrativo/Financiero**

A nivel de dirección de área, generalmente, las relaciones se mantienen en reuniones para intercambio de información económica (tanto histórica, como previsional), a fin de valorar los objetivos y presupuestos del Plan de Marketing.

El Departamento A/F informa al DPM sobre distribución de productos, pues esta actividad es de su competencia.

Del Departamento A/F recibe mensualmente las ventas y los resultados a nivel de margen comercial, para su control presupuestario.

3. **Con el Departamento Técnico**

La relación del DPM consiste en coordinar los servicios de este departamento en las demostraciones de productos en su aspecto tecnológico y aplicaciones aunque, generalmente, esta coordinación la llevan a efecto los Jefes de Producto y los Gerentes de Ventas.

Fundamentalmente, el Director Técnico (DT) facilita al DPM los costes de mantenimiento de los productos que lo requieran, para valoración de presupuestos del Plan de Marketing, así como para tener en cuenta este factor en la política de precios.

4. **Con el Staff de Información**

Recibe datos sobre las publicaciones especializadas, además de cualquier información referida a clientes que tenga interés para la gestión de Marketing.

2.4.2.1.10 REUNIONES

El DPM pertenece al Comité de Dirección y a la Comisión de Control y Seguimiento del Plan, ambos órganos formados por el Director General y los Directores de Departamentos. En consecuencia, participa en todas las reuniones que el Presidente de dichos órganos convoque.

Las reuniones ordinarias deben tener una periodicidad mensual, dejando un margen entre las de Comité y las de Comisión.

Estas reuniones podrán ser deliberantes o decisorias, según el orden del día, aunque en función de los temas a tratar, podrán tener ambos fines.

En todas las reuniones de Comité se efectúa un intercambio de información sobre la actividad y resultados de la Empresa.

En las reuniones de la Comisión se plantea la marcha del Plan de Marketing y las modificaciones a que hubiera lugar en el supuesto de desviaciones respecto a los objetivos fijados en el mismo. Esto según las conclusiones sobre el control y seguimiento a las que se han llegado en las reuniones del Departamento de Marketing.

El DPM deberá tener reuniones quincenales con el personal de su departamento para control y seguimiento del Plan, así como de información sobre la acción de Marketing y otras actividades del Departamento.

Al margen de estas reuniones de Comité y Comisión, el DPM se reunirá frecuentemente con el DV para mantener una estrecha coordinación e intercambio de información, en los ámbitos de la gestión de promoción y ventas.

2.4.2.1.11 MEDIOS Y RECURSOS

El Director de Planificación de Marketing cuenta con la estructura de su departamento para acometer sus funciones.

Dispone de los recursos fijados en el presupuesto integrado en el Plan de Marketing para desarrollar la acción.

También tiene acceso al Centro de Proceso de Datos para obtención de información relativa a sus funciones y gestión.

Cuenta con los servicios generales de la Empresa para el funcionamiento administrativo del Departamento.

2.4.2.1.12 COBERTURA FUNCIONAL POR AUSENCIA

El puesto de Director de Planificación de Marketing puede ser cubierto, en ausencia del titular, por el Director de Ventas.

El DPM está en condiciones de sustituir a los Jefes de Producto, incluso al Soporte de Marketing.

2.4.2.2 Jefe de Producto

2.4.2.2.1 DENOMINACIÓN DEL PUESTO

Jefe de Producto (*Product manager*).

2.4.2.2.2 ÁREA FUNCIONAL

Departamento de Marketing.

2.4.2.2.3 DEPENDENCIA FUNCIONAL

Depende de:

■ Director de Planificación de Marketing.

De él dependen:

■ Soporte de Marketing.
■ Secretaria de Marketing.

2.4.2.2.4 DEPENDENCIA JERÁRQUICA

Depende de:

■ Director de Planificación de Marketing.

De él depende:

■ Soporte de Marketing.

2.4.2.2.5 POSICIÓN EN EL ORGANIGRAMA

Basándose en la estructura orgánica de la Empresa, el Puesto de Jefe de Producto queda situado en el Organigrama según el siguiente esquema:

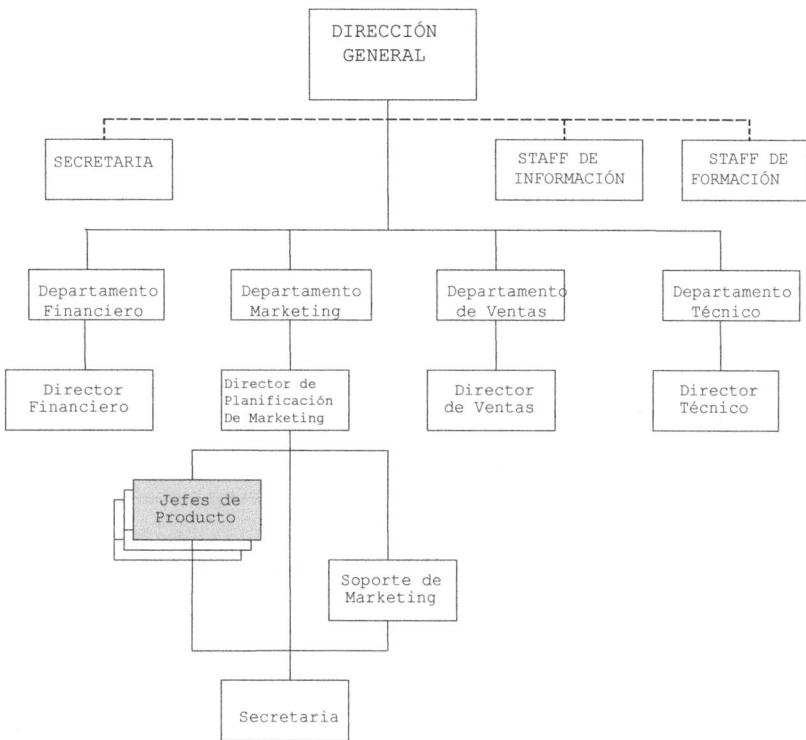

2.4.2.2.6 DESCRIPCIÓN DE FUNCIONES

El Jefe de Producto es el gestor de un producto o línea de productos dentro del mercado, y su actuación es precisa porque:

- Los esfuerzos del marketing son más concretos y los resultados más evidentes.

- La presión de la competencia obliga a dinamizar la gestión de cada producto, línea o mercado.

- El crecimiento y diversificación de la Empresa obliga a descentralizar funciones, para hacerlas más eficientes.

- La cantidad de trabajo que absorbe cada producto o línea exige la existencia del Jefe de Producto.

2.4.2.2.6.1 Funciones principales

Están basadas en los procesos de planificación referidos a sus productos. Plan de Marketing:

- Análisis
- Objetivos y estrategias
- Medios y recursos
- Acción

a. **Análisis**

Previamente a la fijación de objetivos y definición de las estrategias para alcanzarlos, se requiere un análisis comercial y económico, fundamentalmente del producto y de su mercado.

El Jefe de Producto debe aportar este análisis referido a su producto para el informe que el Director de Planificación de Marketing prepara sobre la situación del Mercado y de la Empresa.

Este análisis tiene dos fases en su preparación:

- Diagnóstico comercial.
- Resultados de ventas.

a1. **Diagnóstico comercial**

Consiste en determinar la situación del producto dentro de su mercado y en el análisis de la gestión comercial realizada hasta la fecha.

- 1. **Situación del producto**

  - **Análisis del binomio producto-mercado**
    - Unidades y Cifra de Negocio del producto y de su mercado.
    - Comparación relativa.
    - Evolución del producto y de su mercado.
    - Cuota de mercado del producto.

  Para obtener esta información, necesita el apoyo del Gerente de Ventas.

  - **Segmentos de mercado y clientela**
    - Reparto de las ventas por segmento/clientes.
    - Características particulares de los segmentos/clientes que inciden en la venta:
      - Demanda inducida hacia otros productos, estacionalidad, concentración.
      - Dispersión.
    - Dimensión del mercado por segmentos.

Estos datos requieren un informe completo del Gerente de Ventas o bien del Director del Departamento de Ventas (DV).

* **Competencia**
   ○ Posición competitiva del producto en el mercado.
   ○ Principales competidores.
   ○ Notoriedad del nombre de la Empresa respecto a los competidores.
   ○ Imagen de marca en relación con los productos de la competencia.

También el Gerente de Ventas, por su gestión en el mercado, puede tener información sobre la competencia, que facilitará al Jefe de Producto

* 2. **Análisis de la gestión comercial**

El JP debe desarrollar una labor de investigación y de análisis sobre:

* Información comercial

* Política de:
   ○ Producto.
   ○ Precios.
   ○ Distribución.
   ○ Comunicación.

* **Información comercial**

   Acceso a fuentes de información sobre:
   ○ Características y evolución de la demanda.
   ○ Características y evolución de la competencia.

   Apoyo en estudios de mercado realizados por la propia Empresa o externos.

* **Política de producto**

   El JP llevará el historial del producto en soporte a su alcance (informático, fichas o cuadros manuales), que le permita el análisis comercial y económico de él:
   ○ Diferenciación con la competencia.
   ○ Medios de promoción/comunicación aplicados.
   ○ Porcentaje de Cifra de Negocio empleado en promoción.
   ○ Cuadro de vida o vigencia del producto en el mercado, evolución.
   ○ Márgenes.
   ○ Otra información de interés.

◆ **Política de precios**

Precios y condiciones generales y especiales aplicados.

Sistemas elegidos para la determinación del precio:

○ A partir de costes directos (resultado bruto de explotación - RBE).

○ A partir del coste comercial (margen comercial).

○ A partir del precio psicológico de la clientela (demanda).

○ A partir de precios de la competencia (competitividad).

Razones que han impulsado a adoptar un sistema u otro en la determinación de los precios de venta y condiciones de descuentos, bonificaciones y otros.

Estado comparativo de precios/productos de la competencia.

Grado de libertad para imponer un precio al producto.

◆ **Política de distribución**

○ Circuitos de distribución del producto.

○ Plazos de entrega.

○ Dinamización de la distribución.

Esta información la facilita el Departamento Administrativo/Financiero al Jefe de Producto, ya que la distribución es competencia de dicho departamento.

◆ **Política de comunicación**

○ Parte de Cifra de Negocio consagrada a promoción/comunicación.

○ Análisis por naturaleza de gastos.

○ Sistema de evaluación de impactos.

○ Objetivos precisos y destinatarios de la comunicación.

a2. **Resultados de ventas**

Para adecuar los medios a los objetivos del producto que se integrarán en el Plan de Marketing, procede, en esta fase previa de análisis, comparar resultados obtenidos en años precedentes, con los objetivos fijados.

Cualquier método de análisis es bueno, siempre que reúna la información necesaria y suficiente para establecer objetivos a Corto Plazo, y un presupuesto razonable.

Los datos que el JP debe incluir en su informe, podrían ser los siguientes:

- **Evolución global del producto**

  Indicadores:

  - Evolución de las ventas del producto comparada con su mercado total.
  - Evolución de la Cifra de Negocio del producto respecto a la Cifra de Negocio global de la Empresa.
  - Evolución de la cuota de mercado absoluta y relativa.
  - Contribución de las ventas del producto a la rentabilidad de la Empresa y a los gastos generales.

  Esta información será obtenida del dossier del producto (historial) del JP, y en su defecto, en parte, facilitada por los departamentos de Ventas y Financiero.

- **Evolución del producto por segmentos del mercado**

  Indicadores para cada segmento.

  - Evolución de las ventas en el segmento.
  - Tasa de penetración del producto en el segmento (cuota de mercado local).
  - Contribución de las ventas efectuadas en el segmento a la rentabilidad y a los gastos generales.

  Los datos de ventas son facilitados por el Departamento de Ventas.

- **Evolución del producto por clientes (solamente los más importantes y significativos en Cifra de Negocio)**

  Indicadores por cada cliente:

  - Parte de la Cifra de Negocio realizada con el cliente y evolución del porcentaje sobre segmento y sobre total.
  - Evolución de la Cifra de Negocio realizada con el cliente.
  - Evolución del crédito concedido a clientes.
  - Evolución de descuentos, bonificaciones y otras condiciones especiales consentidas al cliente.

b. **Objetivos y estrategias**

A partir del análisis previo sobre la Empresa y el Mercado, confeccionado por el DPM, con la información que le facilitan los JP, además de los departamentos de Ventas y Administrativo/Financiero, la Comisión de Control y Seguimiento del Plan, (Director General y directores de departamento), está en condiciones de confirmar o revisar los objetivos globales de la Empresa.

El DPM comunica a los JP los objetivos, así como las estrategias para el Plan de Acción dirigidos a los elementos fundamentales del Marketing-mix:

— Mercado, clientes, productos, precios, distribución y promoción/comunicación.

Los JP preparan el desarrollo de las estrategias para sus productos.

Con el conocimiento que poseen del mercado, segmentos y clientes, ya están en disposición de acometer las tácticas de promoción más adecuadas en función de este entorno.

En relación al producto, el JP deberá considerar a la hora de plantear las tácticas su ciclo de vida, pues éstas diferirán según el producto esté en la etapa de:
— Lanzamiento.
— Crecimiento.
— Madurez.
— Declive.

En esta fase del Plan tiene vital importancia para el JP la propuesta de precios, a cuyo efecto tendrá en cuenta:
— La competencia.
— La demanda.
— La rentabilidad (margen comercial y contribución).
— El ciclo de vida del producto.
— Tecnología y calidad.
— Objetivos del producto:
    • Absolutos.
    • Relativos, respecto a objetivos totales.

En resumen, el precio debe equilibrar la rentabilidad con las exigencias del mercado.

c. **Medios y recursos**

Para poner en práctica las tácticas planteadas y aprobadas por el DPM, se estudian y determinan los medios y recursos para lograr los objetivos a Corto Plazo, referidos al producto, así como los programas de acción y el calendario de ejecución.

Estos medios afectarán a los elementos que constituyen el Marketing-Mix del producto:
— El propio producto.
— Definición.
— Tecnología.
— Aplicaciones.
— Imagen y marca.
— Precio.
— Promoción.
— Comunicación.
— Distribución.

El fin de los medios promoción/comunicación consiste en lograr que los compradores potenciales respondan a la Empresa y a su oferta.

En este contexto, el JP debe tener en consideración:

- ¿Cuánto debe invertirse en publicidad y otros medios?
- ¿Qué mensaje y modo de presentación debe utilizarse?
- ¿Qué medios debe emplear?
- ¿Qué fases promocionales deben establecerse en el curso del año?
- ¿Cuáles son los mejores métodos para averiguar lo que se está logrando con los medios aplicados y utilizados?

Medida de eficiencia

Se confeccionará un presupuesto valorando todos los conceptos que determinan el margen comercial y la contribución del producto, con un análisis por naturaleza de los gastos comerciales y su distribución por segmentos.

En este proceso se requiere la colaboración del Departamento de Ventas para la distribución del objetivo por segmentos, así como el margen comercial de cada uno de ellos.

El Departamento Financiero valora todos los parámetros de la cuenta provisional de resultados del producto.

Esta última fase de elaboración del Plan se aprueba en reunión del Departamento de Marketing para, posteriormente, ser integrada en el Plan general y presentada ante la Comisión para su discusión y aprobación definitiva, a partir de la cual se pone en marcha el Plan de Marketing.

d. **Acción**

El Jefe de Producto, una vez aprobado el Plan de Marketing, pone en marcha sus programas con la colaboración del Soporte de Marketing (SM), coordinando todos los servicios o funciones que afectan al producto, y su promoción y venta, así como el servicio postventa:

- Aplicación de medios de comunicación.
- Realización de actos promocionales.
- Visitas a clientes.

1. **Aplicación de medios de comunicación**

En los distintos medios a utilizar, de acuerdo con los programas del Plan de Marketing, el JP trabaja activamente con el SM para su ejecución.

- **Publicidad directa**

Da instrucciones al SM sobre el mensaje en el *mailing*, aprobando el diseño del mismo y verificando que se cumplen las fechas programadas de envío, así como de los destinatarios.

- **Publicidad indirecta**

  El JP crea la idea a transmitir mediante soporte escrito, generalmente en revistas técnicas, aprueba el original diseñado por él mismo, o por el SM, con o sin asesoramiento de agencias de publicidad.

2. **Realización de actos promocionales**

   El JP selecciona los actos más adecuados para la promoción de sus productos, los cuales deben estar planificados.

   Los actos más indicados son los congresos, aunque también pueden ser de interés para la Empresa y, en concreto, para la línea de productos del JP otros actos o acontecimientos que pueden ser realizados por propia iniciativa como, por ejemplo: seminarios, conferencias, club de usuarios, ferias y exposiciones y otros.

   De todas las actividades de promoción/comunicación el JP recibe mensualmente un informe que hace el SM en el que consta el control y seguimiento, medios utilizados, participantes, impacto, fechas de realización, costes y control presupuestario, donde se comparan con las previsiones establecidas en el Plan de Marketing.

   El JP utiliza estos informes para adopción de medidas y decisiones, en función de la evolución y resultados del Plan en este capítulo, previa propuesta del DPM, en reuniones mensuales del Departamento.

3. **Visitas a clientes**

   El Jefe de Producto debe moverse en el mercado o segmento donde promociona sus productos, y visitar a clientes potenciales y a usuarios.

   Estos viajes tienen diferentes finalidades:

   - Visitas de apoyo al vendedor en su gestión comercial, con ánimo informativo sobre el producto, su tecnología y aplicaciones (clientes potenciales).

   - Visitas post-venta, también de carácter informativo, sobre nuevas aplicaciones del producto en uso por parte del cliente, o bien de productos alternativos, o nuevos productos de su línea (clientes usuarios).

   Al propio tiempo el JP aprovechará estos viajes por segmentos de su mercado para verificar los resultados de la promoción sobre el terreno.

   En estos viajes estará en contacto directo con el Gerente de Ventas para obtener la información en este aspecto, así como para instruirle en las técnicas promocionales y tecnología y aplicaciones del producto, si fuese necesario, como ampliación de los cursos de entrenamiento en estos órdenes.

   La comunicación personal del vendedor con el cliente potencial aporta información inmediata y directa sobre su reacción y respuesta al producto presentado.

INFORME DE CONTROL Y SEGUIMIENTO DEL PLAN

Toda la información será utilizada por el JP para la redacción del informe mensual de control y seguimiento del Plan, relativo a su producto o línea.

Para facilitar la acción de control y seguimiento de la actividad promocional, así como de los impactos, y resultados de las ventas, el JP se servirá de un instrumento compuesto por:

- Cuadro de control y seguimiento de los programas de acción.
- Cuadro de análisis de las desviaciones respecto al Plan.
- Cuenta de resultados del producto comparativa con el presupuesto.
- Memorándum de medidas correctoras y decisiones a tomar al respecto.

Mensualmente, mediante este Cuadro de Mando, el JP anotará las realizaciones al lado de las previsiones y obtendrá los desvíos en relación al Plan: objetivos a Corto Plazo, medios, presupuesto.

En función de dichos desvíos redactará un memorándum de medidas correctoras y de las decisiones que propondrá al DPM en las reuniones del Departamento, para que éste, a su vez, las someta a consideración ante la Comisión del Plan, si dieran lugar a modificaciones significativas del mismo.

Tanto en las revisiones periódicas del Plan (semestralmente), como en las revisiones que se efectúen en función de la evolución y resultados de la Acción Marketing y Gestión de Ventas, las decisiones al respecto, y las medidas correctoras tendrán el mismo tratamiento, control y seguimiento que las tácticas y programas originales.

Todas las comparaciones y análisis de desviaciones se efectuarán sobre los nuevos objetivos y presupuestos, resultantes de las medidas adoptadas.

2.4.2.2.6.2 Funciones accesorias

Son accesorias las funciones que realiza el JP relacionadas directa o indirectamente con sus funciones principales.

No es frecuente la ocupación del tiempo del JP en funciones accesorias, y generalmente éstas las desarrolla con la colaboración del SM y del Staff de Formación, en función de su naturaleza:

a. **Control de productos y equipos en demostración**

A demanda de clientes potenciales, se ceden para demostración productos o equipos, cuya solicitud se efectúa a través del Gerente de Ventas.

El JP recibe la solicitud y hace las gestiones para su envío al cliente.

Prácticamente el JP delega el seguimiento en el SM, quien le informará de la duración de la demostración y del resultado: venta o devolución al almacén.

b. **Formación a vendedores**

El Jefe de Producto organiza cursos de formación a vendedores sobre conocimiento, técnicas y aplicaciones de su línea de productos, con el fin de facilitar la gestión comercial.

En estos cursos participa activamente el Staff de Formación.

Así mismo, después de la aprobación del Plan, el JP informa a la red de ventas sobre los programas de acción promocional, así como de los medios empleados para apoyar su gestión.

2.4.2.2.6.3 Funciones eventuales

Como apoyo, si por cualquier circunstancia fuera necesario, al Departamento de Ventas, el JP realizará funciones propias del mismo, esencialmente:

- Estimación de los objetivos de ventas a Corto Plazo.
- Visitas a clientes en refuerzo de la gestión de ventas.
- Preparación de ofertas.
- Cierre de operaciones de venta con los clientes.

Para que el Departamento de Ventas asumiera estas funciones, que le son propias, será necesario:

- Dirección de Ventas en funcionamiento.

- Estructura y cobertura de los segmentos de mercado operativos.

- Programas de formación de productos y cursos de técnicas de ventas realizados.

- Control de la información comercial y económica de las ventas por productos/ segmentos/mercado.

- Capacidad y medios para confeccionar el presupuesto de ventas y márgenes comerciales por productos/segmentos/mercado.

- Control de los resultados de las ventas a nivel de margen comercial por productos/ segmentos/mercado

Una vez que el Departamento de Ventas haya alcanzado estos objetivos, estas funciones eventuales serán de su competencia.

No obstante, el JP ejercerá como función accesoria el apoyo logístico al equipo de ventas en su gestión directa cuando así lo requiera; objetivamente, la importancia o complejidad de las operaciones y, subjetivamente, el Director de Ventas.

Otra función que, eventualmente, desempeña el JP, consiste en la programación de los seminarios de información a clientes, sobre los productos y sus aplicaciones.

Esta actividad la desarrolla en coordinación con el Staff de Información y la organización, control y seguimiento están delegados en el SM, quien prepara un informe para el Staff de Información, a quien debe corresponder la competencia y responsabilidad de los seminarios.

2.4.2.2.7 GRADO DE INICIATIVA Y PODER DECISORIO

El Jefe de Producto, en el conjunto de competencias inherentes a su línea de productos, desempeña sus funciones con un grado de iniciativa absoluto.

Lógicamente, sus funciones están dirigidas por el Plan de Marketing en gran parte, y basadas en directrices aprobadas por órganos superiores.

No obstante, tiene la facultad de proponer objetivos a Corto Plazo, como las tácticas para el desarrollo de las estrategias establecidas en el Plan, así como los programas de acción y los medios que afectan a los elementos que constituyen el Marketing-Mix de sus productos:

- Definición, tecnología y aplicaciones del producto.
- Imagen y marca.
- Precio.
- Promoción.
- Comunicación.
- Distribución.

El poder de decisión del JP se centra en el desarrollo de los programas de acción, así como en los medios de promoción/comunicación aplicados.

En las funciones accesorias el JP ejerce, así mismo, la facultad de decidir, además de tomar la iniciativa en su realización.

2.4.2.2.8 NIVEL DE RESPONSABILIDAD

El sentido de la responsabilidad contribuye notablemente en la eficiencia del trabajo, y es un índice motivador del JP.

El nivel de responsabilidad está muy ligado al poder decisorio, también al grado de iniciativa, aunque éste se relaciona más con la capacidad del individuo.

El JP tiene una responsabilidad global en:

■ Lograr los objetivos a Corto Plazo fijados en el Plan de Marketing, una vez que él ha dado su acuerdo y ha decidido las tácticas y medios a aplicar para su cumplimiento.

En otros órdenes de menor rango el JP es responsable:

■ De la recopilación de la información previa a la elaboración del Plan de Marketing.

■ De los medios puestos a su disposición para la realización de los programas de acción.

■ De respetar el presupuesto correspondiente a su línea de productos, siempre y cuando agentes externos no provoquen desviaciones.

■ De los criterios que le impulsen a decidir una modificación en los programas o medios para la promoción de su producto.

■ De la información facilitada para control y seguimiento del Plan referido a su producto.

■ Del desarrollo normal de las demostraciones de productos y equipos.

■ Del resultado positivo de los cursos de formación e información a vendedores.

2.4.2.2.9 RELACIONES

Para desempeñar con eficiencia sus funciones el JP necesita relaciones, fundamentalmente, para mantener una corriente de información esencial para su trabajo.

■ Relaciones exteriores
■ Relaciones interiores

2.4.2.2.9.1 Relaciones exteriores

a. **Con empresas del Grupo**

   Intercambio de información y documentación sobre técnicas de Marketing, aplicación de medios, promoción de productos, etc.

b. **Con proveedores**

   No es frecuente la relación con proveedores, aunque eventualmente puede tener contactos con empresas de publicidad y promoción para ayuda al SM.

c. **Con la competencia**

   Debe procurar contactos con el fin de obtener información sobre sus productos, penetración en el mercado, medios de promoción aplicados, etc.

d. **Con clientes**

Visitas y otros contactos para información de productos, tecnología, aplicaciones, imagen de marca.

Visitas acompañado de vendedores, para apoyo de la gestión de ventas, aportando información técnica de los productos.

Visitas postventa para obtener información referida a la acogida de los productos, funcionamientos de los equipos en uso, y a la eficacia de ambos, grado de satisfacción, problemas, posicionamiento del producto en el mercado

2.4.2.2.9.2 Relaciones interiores

a. **Con el Departamento de Marketing**

Las relaciones son de tres tipos:

1. **Trabajo en equipo**

    Para la elaboración del Plan de Marketing, la obtención de datos homogéneos o comunes, debe conseguirse mediante la colaboración mutua DPM, JP, SM.

2. **Instrucciones y programación de trabajos**

    Se producen de mayor a menor rango en el Organigrama y se refieren a la delegación de funciones para su elaboración y coordinación.

3. **Intercambio de información**

    La propia descripción de funciones pone de manifiesto el flujo de información entre JP → DPM y JP → SM.

b. **Con otros departamentos**

1. **Con el Departamento de Ventas**

    Las relaciones con este departamento son permanentes e imprescindibles para el desarrollo de la actividad del JP.

    Respecto a los procesos de planificación, los contactos más significativos son los siguientes:

    *   **Análisis**

        La documentación de ventas aporta información referida a productos/segmentos/clientes, así como del mercado y de la competencia.

- **Objetivos y estrategias**

  Colaboración mutua para la determinación de los objetivos a Corto Plazo.

  Información a Ventas de las tácticas a aplicar para la promoción de la línea de productos.

- **Medios y recursos**

  Información a la red de ventas sobre los medios de que dispondrán, directa o indirectamente, en apoyo de su gestión.

  Formación sobre el producto, su tecnología y aplicaciones.

  Colaboración del Departamento de Ventas en la confección del presupuesto.

- **Acción**

  Colaboración del Departamento de Ventas en los actos y acontecimientos promocionales, como: congresos, seminarios, conferencias, ferias y exposiciones, clubs de usuarios.

  Acompañamiento en visitas a clientes.

  Aportación de información, por parte del vendedor, en informes obtenidos de las visitas a cliente, utilizados por el JP para la redacción del informe mensual de Control y Seguimiento del Plan.

  Recibe el JP información de los objetivos realizados por productos/segmentos.

2. **Con el Departamento Administrativo/Financiero**

   El JP recibe datos económicos para la confección del presupuesto, así como para la valoración de la Cuenta de Explotación del producto a fin de obtener el margen comercial y la contribución.

   Recibe información sobre la política de distribución y situación del stock.

3. **Con el Departamento Técnico**

   Coordinación de los equipos y productos en demostración.

   El JP recibe de este departamento los costes de mantenimiento de los productos y equipos para tenerlos en cuenta en la política de precios.

4. **Con el Staff de Formación**

   Colaboración en cursos de formación a vendedores.

5. **Con el Staff de Información**

   El Staff de Información facilita todos los datos que requiere el JP sobre los seminarios de información a clientes (*dossier* histórico).

2.4.2.2.10 REUNIONES

Para la elaboración del Plan de Marketing, el DPM programa reuniones con los JP, con la asistencia del SM, con el fin de programar y coordinar los trabajos de las distintas fases del Plan.

Las reuniones más importantes que requieren la asistencia de todo el equipo de Marketing son las que el DPM convoca quincenalmente para control y seguimiento del Plan, donde se intercambia información y se someten a consultas y se toman decisiones sobre criterios y problemas.

En estas reuniones, mensualmente, se entregan al DPM los informes sobre la evolución y resultados de la Acción de Marketing y de los objetivos a Corto Plazo para su tratamiento "a posteriori" en la Comisión del Plan.

El JP mantiene reuniones con el SM para la discusión y aprobación de los informes que mensualmente confeccionará éste sobre la realización de las campañas de publicidad y promoción, esencialmente.

Con el Departamento de Ventas el JP debe reunirse para coordinar tareas conjuntas, e intercambiar información.

Estas reuniones, a fin de respetar el orden jerárquico, deben prepararse a nivel de directores, ajustando una periodicidad adecuada a las posibilidades de ambos departamentos.

2.4.2.2.11 MEDIOS Y RECURSOS

El JP dispone de la estructura del Departamento para el desarrollo de sus funciones, aunque ésta sea muy limitada (Soporte de Marketing).

Consigue apoyo tecnológico e información de técnicas de Marketing de la casa y de agentes externos, con financiación presupuestada como gastos de formación.

Cuenta con recursos suficientes para financiar sus programas de acción, de acuerdo con las previsiones establecidas en el Plan de Marketing.

2.4.2.2.12 COBERTURA FUNCIONAL POR AUSENCIA

Un JP está en condiciones de sustituir y ser sustituido por otro Jefe de Producto.

El Director de Planificación de Marketing sustituirá al Jefe de Producto cuando no pueda delegar esta cobertura en otra persona.

2.4.2.3 Soporte de marketing

2.4.2.3.1 DENOMINACIÓN DEL PUESTO

Soporte de Marketing.

2.4.2.3.2 ÁREA FUNCIONAL

Departamento de Marketing.

2.4.2.3.3 DEPENDENCIA FUNCIONAL

Depende de:
- Jefes de Producto.
- Director de Planificación de Marketing.

De él depende:
- Secretaria de Marketing.

2.4.2.3.4 DEPENDENCIA JERÁRQUICA

Depende de:
- Director de Planificación de Marketing.

2.4.2.3.5 POSICIÓN EN EL ORGANIGRAMA

Basándose en la estructura orgánica de la Empresa, el puesto de Soporte de Marketing queda situado en el Organigrama funcional, según el siguiente esquema:

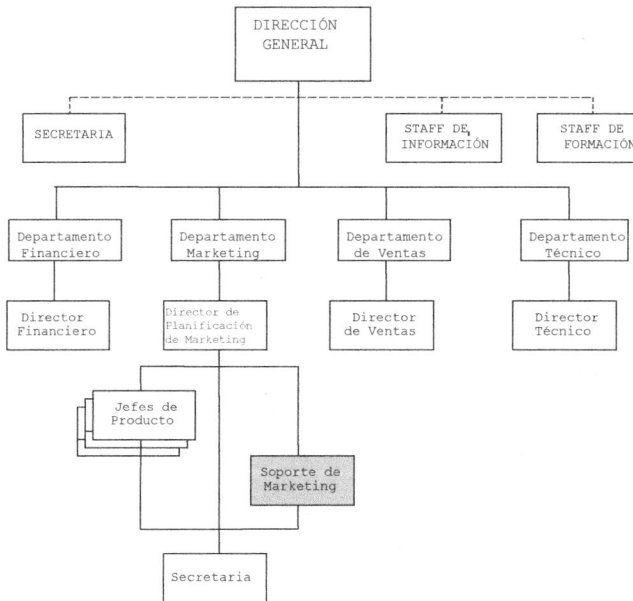

2.4.2.3.6 DESCRIPCIÓN DE FUNCIONES

La actividad del Soporte de Marketing (SM) consiste, fundamentalmente, en ejecutar los programas de acción del Plan de Marketing definidos por los Jefes de Producto para sus líneas respectivas en el campo de la promoción y comunicación.

Las funciones que a continuación se describen son las que el titular del puesto de trabajo desempeña sistemáticamente, o con mayor frecuencia, no siendo en consecuencia limitativas.

2.4.2.3.6.1 Funciones principales

El SM interviene en el grado que en cada caso se indica, en los programas que a continuación se detallan, contenidos en el Plan de Marketing.

- Campaña de Publicidad.
- Campaña de Promoción.
- Relaciones Públicas.

a. **Campaña de Publicidad**

Por el Plan conoce los medios, los soportes y los destinatarios, así como el presupuesto disponible y el calendario.

Su función consiste en poner en marcha el programa.

1. **Publicidad directa**

Lanzamiento del *mailing* a los destinatarios y en las fechas previstas, diseñando el mensaje, con el visto bueno del JP.

Control de respuestas, si el objeto del *mailing* es obtenerlas.

Debe averiguar el efecto del *mailing* por los medios a su alcance, entre ellos, la información que facilite el equipo de ventas, el cual previamente tiene conocimiento de la publicidad directa emitida.

2. **Publicidad indirecta**

Una vez concebido el mensaje a transmitir por el JP, el SM diseña el anuncio, o bien se asesora por expertos externos y, en función de las necesidades y posibilidades, se contrata con agencias de publicidad.

Los anuncios se insertan en las revistas técnicas u otros soportes seleccionados por el JP.

El SM se encarga de la contratación de las publicaciones, verificación de las pruebas, control de la tirada en los números y fechas prefijadas.

Como en *mailing*, procede recabar información de los Gerentes de Ventas sobre el impacto del anuncio.

En ambos casos llevará un control de la publicidad en el que constará:

- Medios, soportes, mensajes, diseño de anuncios, fechas, impactos y coste, con las observaciones que considere oportunas.

Así mismo, el coste, constará en el Informe de Control y Seguimiento del Plan.

Todos los datos serán comparados con las previsiones establecidas en el Plan.

Periódicamente, o a requerimiento, pasará este informe al Director de Planificación de Marketing y a los Jefes de Producto que corresponda a sus líneas.

b. **Campaña de promoción**

En el término "promoción" conviene distinguir los medios de las técnicas.

Las técnicas de promoción son competencia del Departamento de Ventas (técnicas de ventas).

En el ámbito de Marketing se explotan los medios promocionales más idóneos en función de las líneas de productos.

Estos medios están previstos en el Plan de Marketing y son responsabilidad del JP, o bien del DPM si se trata de promocionar la imagen de la Empresa.

Entre los medios más explotados están los congresos, aunque pueden ser otros en función de los productos a promocionar.

El SM debe poseer información de los congresos nacionales o internacionales que se vayan a celebrar en un futuro próximo, y que se relacionen directamente con los productos y mercado de la Empresa.

Selecciona aquellos más indicados, y en base a las previsiones del Plan, y previo el acuerdo del JP o del DPM, organiza su participación, o bien se ocupa de las invitaciones a los mismos de los clientes que interese a la Empresa.

La misión fundamental del SM en este terreno consiste en llevar un control y seguimiento de los congresos en los que se participe, directa o indirectamente, recabando información del equipo de ventas, así como del JP, con el fin de preparar un informe sobre esta actividad y sus resultados, en cuanto a ventas se refiere.

Deberá incluir en el informe el control presupuestario, tanto de actos como de su coste.

Este informe, así como el de Campaña de Publicidad son utilizados por el JP y el DPM como instrumentos para toma de decisiones, en función de los resultados observados y su comparación con los previstos en el Plan.

Esta tarea será la que realice el SM en otros actos o acontecimientos a los que asista la Empresa, como pueden ser ferias y exposiciones, en las cuales se instalen *stands*, cuyo montaje y funcionamiento, así mismo, deben ser ejecutados por el SM.

Además del control del coste intrínseco de los actos promocionales, el SM controla los gastos ocasionados por el personal de la Empresa que asista a los mismos, debiendo reclamarle un informe de gastos, que será integrado en el Control Presupuestario Global de los medios promocionales.

c. **Relaciones Públicas**

Este capítulo se puede dividir en dos conceptos generales:

- Regalos
- Atenciones

1. **Regalos**

   El SM se ocupa directamente de la elección, compra y distribución de regalos, tanto para clientes, como para otras personas, inclusive para empleados de la Empresa.

   Se dispone de un presupuesto que procede del Plan.

   Los regalos a clientes se distribuyen a los Gerentes de Ventas para ser entregados personalmente a los mismos.

   El valor de los regalos está en función de la importancia de los destinatarios, y es competencia del DPM esta clasificación.

2. **Atenciones**

   Tanto el equipo de Marketing como el de Ventas disponen de un fondo para atenciones, incluido como gasto comercial en el presupuesto anual.

   El SM controla estos gastos a través de los informes que debe recibir de los interesados.

   Tanto los gastos en regalos como en atenciones, serán reflejados en el Control presupuestario de gastos de promoción y comunicación, que el SM confecciona para información del DPM mensualmente.

   Dentro de las funciones principales del SM se consideran la preparación y control, así como las demás tareas especificadas para las campañas citadas, de los medios, actos o acontecimientos de carácter promocional, que la Empresa pudiera llevar a efecto en el futuro. Por ejemplo: seminarios, conferencias, clubs de usuarios, etc.

2.4.2.3.6.2 Funciones accesorias

Son aquellas que guardan relación directa o indirecta con las funciones principales y son de responsabilidad del Departamento de Marketing.

a. **Control de equipos en demostración**

Antes del cierre de la venta y a demanda de clientes potenciales, se ceden equipos en demostración, cuya solicitud se efectúa a través del Gerente de Ventas.

El SM se ocupa de controlar el ciclo, desde esta solicitud hasta la compra o devolución del equipo al almacén.

El SM recibe del Gerente de Ventas la solicitud con el tiempo de antelación suficiente, a efectos de control de *stock*.

Se remite la nota a Administración para que proceda al envío del equipo.

Así mismo, pone en conocimiento del Departamento Técnico la demostración, con el fin de que el equipo esté en condiciones de funcionamiento, y comunica la salida del mismo al Gerente de Ventas.

Debe estar preestablecida por el Gerente de Ventas la duración de la demostración.

El SM recibe notificación del fin de la demostración, pasando nota a Administración para formalizar mediante pedido la venta.

En caso de devolución se controlará ésta para su entrada en almacén.

Mensualmente confecciona un informe sobre situación de equipos en demostración, para el JP, con copia al Gerente de Ventas, solamente de los equipos por él solicitados.

2.4.2.3.6.3 Funciones eventuales

Son funciones ajenas a las competencias del Departamento de Marketing y se realizan transitoriamente por razones de organización.

Estas tareas, en condiciones normales, serían ejecutadas por personal de los departamentos a los que corresponda su responsabilidad.

Entre las funciones que eventualmente realiza el SM cabe destacar:

■ Organización de cursos de entrenamiento.
■ Preparación estado comparativo de ventas.

a. **Cursos de entrenamiento**

Antes de instalar un equipo que forma parte de una línea de productos comercializados por la Empresa, el cliente usuario debe conocer perfectamente su funcionamiento, así como las aplicaciones del mismo.

Los cursos de entrenamiento los programa el JP en coordinación con el Staff de Formación, con tiempo suficiente como para que el cliente obtenga el rendimiento máximo del equipo desde la fecha de instalación.

El contacto con el cliente para la programación del curso, es atribución del vendedor.

Una vez programados los cursos de entrenamiento, el SM se preocupa de la organización y coordinación, con los elementos que intervienen en los mismos: jefe de producto, entrenador y administración.

Se ocupa de los desplazamientos y estancias de los asistentes.

Al final de cada curso prepara un informe con los datos siguientes:

– Fecha de comienzo.
– Duración.
– Asistentes.
– Coste.

Recoge información del responsable del entrenamiento, y del servicio técnico, sobre los resultados y observaciones del curso.

Este informe lo recibe el Staff de Formación.

b. **Estado comparativo de ventas**

En esta función, propia del Departamento de Ventas, el SM actúa como mero intermediario, receptor y emisor de información, sin aportar ningún valor añadido.

Mensualmente prepara estadística de ventas con datos reales y previstos, los primeros recogidos de los pedidos, y los segundos facilitados por el Departamento de Ventas, número de equipos vendidos, previsiones para el mes siguiente y su valoración.

Esta información es de uso del Departamento de Ventas y, mensualmente, se la remite en formato de:

– Previsión de ventas de equipos y productos del año, en cantidad e importe.

– Ventas realizadas en el mes y previsión ajustada de los tres meses siguientes.

Recibe información de:

– Administración: ventas del mes.
– Marketing: previsión ajustada a tres meses.

Estas funciones circunstanciales se consideran esporádicas y se llevan a cabo en razón de las necesidades de los departamentos responsables de las mismas.

2.4.2.3.7 GRADO DE INICIATIVA Y PODER DECISORIO

Estos atributos no están ligados en la misma medida, ni entre sí ni en base al puesto, sino en relación a las funciones que desempeña el titular del mismo.

a. **Funciones principales**

En la acción de Campaña de Publicidad, aunque dispone de instrucciones concretas, tanto procedentes del Plan de Marketing, como de los Jefes de Producto, el grado de iniciativa es alto, pues prácticamente está en sus manos la organización, ejecución y control de la campaña. Mientras, el poder decisorio recae fundamentalmente en sus superiores funcionales.

En las tareas de Campaña de Promoción se reduce el grado de iniciativa, no cuantitativamente, sino en importancia, pues la actividad del SM en este campo es más de carácter burocrático.

Las decisiones son competencia de los Jefes de Producto y del Director de Planificación de Marketing.

En cuanto a Relaciones Públicas, la función del SM es más activa en el capítulo de Regalos, alcanzando incluso un alto nivel de decisión en cuanto a la selección y aplicación del presupuesto.

En Atenciones su función es administrativa, de escaso grado de iniciativa y ningún poder decisorio.

b. **Funciones accesorias**

Realiza una tarea típica de control, basada en información que recibe y transmite, con escasa aportación de esfuerzo, predominando consecuentemente la actitud pasiva sobre la activa.

c. **Funciones eventuales**

Las funciones que esencialmente realiza el SM, por el hecho de no ser propias del Departamento de Marketing, no motivan al ejecutor profesionalmente, constituyéndose además en un intermediario de la información.

2.4.2.3.8 NIVEL DE RESPONSABILIDAD

Es el índice de valoración del puesto de trabajo, que prima sobre las atribuciones y competencias implícitas en las funciones.

El sentido de la responsabilidad contribuye notablemente en la eficiencia del trabajo, y en la motivación del SM.

La responsabilidad guarda relación directa con el grado de iniciativa y, en mayor medida, con el poder decisorio.

En función de estos valores, la responsabilidad del SM alcanza un nivel medio global, adquirido por la información presupuestaria que obtiene del Control y Seguimiento de los programas de Promoción/Comunicación.

En otros aspectos no es apreciable estando, además, muy diluida en la responsabilidad de los Jefes de Producto.

2.4.2.3.9 RELACIONES

La información es la pieza clave en el desarrollo de las funciones de este Puesto de Trabajo.

No es viable la actividad en un puesto de trabajo sin relaciones con las que establezca un flujo de información.

- Relaciones exteriores
- Relaciones interiores

2.4.2.3.9.1 Relaciones exteriores

Las funciones que desarrolla el SM no requieren una constante comunicación con el entorno de la Empresa

Se relaciona con proveedores y empresas de comunicación y publicidad para la puesta en marcha de la Campaña.

La organización de actos promocionales también precisa de contactos externos, como en el terreno de Relaciones Públicas por la adquisición de regalos.

Las funciones eventuales obligan al SM a mantener comunicación, aun cuando no "vis a vis", con clientes y otras subsidiarias de la empresa, en cursos de entrenamiento y estadísticas de venta, respectivamente.

2.4.2.3.9.2 Relaciones interiores

Considerando que la actividad fundamental del SM consiste en la captura y tratamiento de la información para facilitar la gestión de Marketing, es necesaria una relación permanente con la Organización.

a. **Departamento de Marketing**

Recibe el Plan de Marketing, así como instrucciones de los Jefes de Producto para la organización y ejecución de las campañas.

Facilita al Departamento, JP y DPM, informes mensuales de Control y Seguimiento de los programas y tácticas de Promoción/Comunicación en ejecución.

b. **Otros departamentos**

Existe un intercambio de información con los departamentos:

- Ventas.
- Administrativo/Financiero.
- Técnico.
- Staff de Formación.

1. **Ventas**

Del Departamento de Ventas recibe información de las ventas mensuales, así como de previsiones para el informe mensual.

También debe obtener información de los gastos ocasionados en Promoción y Relaciones Públicas por el equipo de ventas.

2. **Administrativo/Financiero**

Intercambia información de tipo económico:

- Facilita el coste de las campañas y relaciones públicas, cuyas facturas y justificantes debe conformar para su contabilización.

- Recibe información valorada de los productos vendidos.

3. **Técnico**

La relación es escasa, pues se limita a informar a dicho departamento sobre las solicitudes de equipos en demostración.

4. **Staff de Formación**

La función eventual del SM de preparación y seguimiento de los cursos de entrenamiento le exige información al Staff de Formación.

2.4.2.3.10 REUNIONES

Para el desarrollo de sus funciones principales el SM debe asistir a las reuniones programadas por el DPM para la elaboración y puesta en marcha del Plan de Marketing.

Estas son reuniones de información y coordinación de los programas de acción.

Así mismo, participará activamente en las reuniones sistemáticas de revisión del Plan o de programas de acción y presupuestos y en las que se convoquen al mismo efecto, por razones imprevisibles.

Considerando la información que, mensualmente, debe aportar al Departamento, el SM tiene capacidad de convocatoria de reuniones con el DPM y los JP, para exposición y discusión de los informes y control presupuestario de las campañas de Promoción/Comunicación, así como del resto de sus actividades de control y seguimiento.

2.4.2.3.11 MEDIOS Y RECURSOS

El instrumento de trabajo esencial del SM es el Plan de Marketing.

Dispone de los recursos económicos necesarios, según el presupuesto, para la ejecución de los programas.

En cuanto a RR.HH., cuenta con el apoyo y asesoramiento permanente de los JP.

Para temas burocráticos, requerirá los servicios de la Secretaria del Departamento.

2.4.2.3.12 COBERTURA FUNCIONAL POR AUSENCIA

El puesto de Soporte de Marketing quedará cubierto, en ausencia del titular, por el DPM o por las personas del Departamento en quien él delegue.

Recíprocamente, el SM podrá sustituir, circunstancialmente, al Staff de Formación y a las secretarias de Dirección de Ventas y de Marketing.

Capítulo 3

CONTROL DE GESTIÓN

3.1 LA ESENCIA DEL CONTROL DE GESTIÓN

El estudio del desarrollo de la actividad de la empresa implica orientar los esfuerzos del dirigente hacia una meta, aplicando los principios de medida y control que pueda aportar, como medio, de manera científica.

Este medio o instrumento se denomina **Control de Gestión (CG)**.

El CG constituye un concepto y un método para el control de la actividad empresarial, mediante la transformación de los datos de la misma en ratios inteligibles, relacionando entre sí la dinámica de la gestión.

La idea del CG nació de una experiencia, la necesidad de proporcionar a la dirección de la empresa un instrumento objetivo para actuar, aconsejar, adoptar decisiones, planificar, evaluar y controlar.

Muchos dirigentes de empresa sienten instintivamente la falta de un medio funcional al servicio de su gestión, percatándose perfectamente de que no logran, en realidad, considerar los flujos de la información con la debida perspectiva.

Esta circunstancia es expresión, en sí misma, de las necesidades de un método como el que este sistema ofrece, así como de la urgencia en implantar un estado de vigilancia y seguimiento permanentes, ante las complejidades de la gestión empresarial.

La concepción de una gestión adecuada, tal como se desprende de este método de CG, nos dice que:

1. La gestión empresarial se halla constituida por una serie de evaluaciones y de tomas de decisión.

2. Las tomas de decisión exigen valoraciones meticulosas y ágiles de la dinámica y de las relaciones entre los datos y los acontecimientos.

3. Siempre existe una decisión mejor para cada situación cuando se trata de alcanzar un objetivo.

4. Todas las empresas cuentan con una personalidad característica, formada por el conjunto de cualidades de sus dirigentes, y no reaccionarán del mismo modo ante los mismos resultados de la actividad.

5. La gestión ha de llevarse sobre la base de datos concretos y de acontecimientos y coyunturas actuales. Todo pasado es historia.

Este método estudia las diferentes áreas para el establecimiento de una valoración y de un control de los sectores de la producción, de las ventas y del capital.

Los dirigentes se enfrentan con la tarea de convertir en decisiones racionales miles de datos surgidos en todo el ámbito de la empresa.

Ante la necesidad, la actuación debe ser rápida, para remediar a tiempo la evolución negativa de la gestión, para ello se hacen imprescindibles datos de fácil manejo, exactos y sujetos a ponderación económica.

El dirigente de la empresa ha de promover el desarrollo de un asesoramiento a sus órdenes, para explotar con agilidad y eficacia el sistema de Control de Gestión, evitando la improvisación y los datos subjetivos.

El objetivo primario del dirigente, al utilizar este sistema como herramienta de análisis, es ejercer el control de la empresa.

Generalmente, la pequeña y mediana empresa no puede superar (o lo hace con dificultad) las situaciones, acontecimientos y coyunturas adversas por razones económicas, financieras, comerciales, organizativas, de producción, de competitividad y otras relacionadas con su actividad, sin un Control de Gestión riguroso, dinámico y eficaz.

No obstante, la explotación de este sistema u otro de Control de Gestión no es la panacea que pueda inmunizar al dirigente, por sí mismo, contra todas las incertidumbres y escollos que le acechan, pero sí constituye uno de los factores de ayuda imprescindibles para asumir su responsabilidad.

Es de gran importancia proceder, previamente a la instalación del sistema de CG, a un estudio a fondo de la empresa para conocer sus puntos débiles, las deficiencias de su estructura y las anomalías en la organización, si existieran y aplicarles remedio.

Aunque un buen sistema de CG para un mal navío no puede conducirle muy lejos, la utilización adecuada de esta herramienta siempre tendrá efectos positivos.

El dirigente o empresario debe medir las consecuencias producidas por la evolución de la actividad de la compañía, reflejada en el **Informe de Gestión** resultante de la aplicación del sistema de CG. Esencialmente, las desviaciones producidas entre la situación del año en curso y el mismo período del año anterior y del presupuesto, en las distintas áreas de la empresa, y aplicar las medidas correctoras necesarias para encauzarla, además de evitar o paliar las repercusiones negativas que puedan sufrir los resultados de la actividad.

La agilidad en la toma de decisiones es determinante para mantener el equilibrio económico y financiero de la empresa y, en consecuencia, para alcanzar y, mejor, superar los objetivos fijados en el presupuesto.

Esta es la esencia del Control de Gestión.

3.2 UN SISTEMA DE CONTROL DE GESTIÓN

Todas las empresas disponen de un Sistema de Gestión, bueno o malo, para el desarrollo de su actividad, con el fin de obtener beneficios.

Todo Sistema o Política de Gestión que se practica en la Empresa requiere de un control eficiente que permita seguir el camino de la Productividad y Rentabilidad deseables o, corregirlo con medidas, en función de los desvíos que se produzcan en el curso del tiempo.

En principio, una gestión racional implica:

■ La identificación y previsión de las necesidades a satisfacer.

■ La determinación de los objetivos para satisfacer esas necesidades.

■ La búsqueda de las acciones más eficientes para alcanzar estos objetivos.

■ La elección entre las acciones posibles, teniendo en cuenta los recursos disponibles actuales y los previsibles en el futuro.

■ La ejecución de las decisiones adoptadas.

■ Por último, el control de la ejecución, que tiene su fin en asegurar que los objetivos son alcanzados y que lo son, además, con los medios previstos; y también la adopción de acciones correctoras, si fuera necesario.

En base a estos puntos clave en la gestión, es indudable que cualquier empresa necesita de planificación y control que ayuden a clarificar los objetivos, identificar las alternativas abiertas a su ejecución y medir la utilidad de éstas en la consecución de los mismos.

Tres fases previas son importantes para ejercer un Control de Gestión que permita el seguimiento de la actividad y la posibilidad de tomar medidas correctoras en el supuesto de la existencia de desvíos, que podrían poner en peligro el objetivo fundamental de la Empresa, **EL BENEFICIO**.

a. **Primera fase**:

La primera fase consiste en la planificación estratégica a Largo Plazo.

El Plan se convierte en un paso previo para el Control de Gestión, pues en él se exponen las líneas maestras para el desarrollo de la actividad en el transcurso de su vigencia.

b. **Segunda fase**:

La segunda fase sería establecer una programación táctica, en función de los avatares del entorno, que afectarían a la producción, mercado, financiación, tecnología, competitividad y otros componentes que podrían resultar adversos.

Estas tácticas se aplicarían al Plan y éste estaría en constante variación año a año.

c. **Tercera fase**:

La tercera fase es la confección del presupuesto anual, con la aplicación de las tácticas aprobadas por la corrección del rumbo del Plan y, en consecuencia, ajustarían los datos presupuestarios en base a la situación que realmente se produzca, de tal manera que los desvíos que pudieran existir entre la evolución real y la presupuestada serían mínimos y no afectarían gravemente a los objetivos, salvo imprevistos.

El Sistema de Control de Gestión que puede satisfacer las necesidades de la Empresa para lograr el Objetivo Principal, desde el horizonte del Largo Plazo es el PPP (Plan-Programa-Presupuesto), conocido en inglés como PPBS (*Planning-Programming-Budgeting System*).

En síntesis, este sistema se emplea para relacionar los Objetivos con los resultados (*outputs*) y con los recursos empleados (*inputs*) en tres dimensiones de tiempo:

- *Planning* = a Largo Plazo = a 5 años o más.
- *Programming* = a Medio Plazo = a 3 años.
- *Budgeting* = a Corto Plazo = a 1 año.

Estrategia, Tácticas, Objetivos y ACCIÓN

a. **Planning**

Planificar es más que hacer planes, es construir el futuro al que se opta.

La ecuación fundamental de la Planificación es:

- Objetivo = lo que se desea = actitud activa.
- Previsión= lo que se espera = actitud pasiva.
- Objetivos - Previsiones = Desvío planificado.

La Planificación tiene tres misiones estratégicas:

1. **Sirve para facilitar la elección**

   - Investiga las necesidades actuales y futuras.

   - Concreta los objetivos posibles.

   - Determina y evalúa las diferentes acciones capaces de responder a los objetivos.

   - Estima sus costes y los confronta con los beneficios de estas acciones.

   - Aporta posibles objetivos y los valora, razonando su aceptación o desestimación.

2. **Es una función de análisis**

   - El análisis identifica, explicita y cuantifica unas necesidades o metas.

   - Expresa el producto de las acciones para medir el grado en que logran los objetivos, es decir, la eficacia de los *inputs*.

   - Emplea técnicas de análisis económicos y de estudios de mercado.

   - Confronta los *outputs* con sus costes para determinar la eficiencia de las acciones.

   - Establece la jerarquía de las necesidades, costes, metas, acciones y objetivos.

3. **Es una función continua de investigación**

- Las necesidades, costes, metas, acciones y objetivos no son determinados de una vez para siempre, están en permanente evolución.

- Presenta un conjunto de respuestas, entre las cuales elegir: objetivos alternativos.

La Planificación facilita las decisiones rápidas.

Las empresas están sometidas al impacto continuo de los cambios en los órdenes que afectan a su actividad en el curso del tiempo.

La Planificación constituye la única respuesta válida al impacto del cambio:

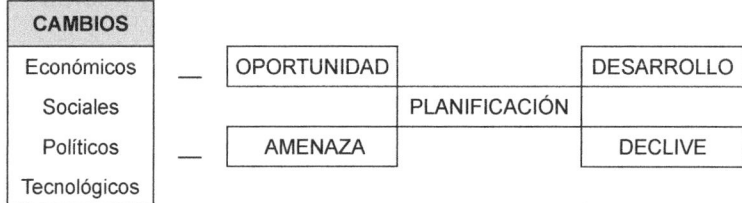

Ante estos cambios la Empresa debe reaccionar adecuadamente para beneficiarse de ellos o evitar su amenaza.

Tal reacción supone la toma de decisión estratégica que afectará a la Empresa a Largo Plazo: grandes inversiones, productos y mercados nuevos, frente a la fuerza de los cambios.

- **El Plan no elimina el riesgo**.
- **El Plan trata de eliminarlo o reducirlo**.

b. **Programming**

Una vez elegidas las metas y fijados los diversos objetivos a través del tiempo (Largo Plazo), es preciso determinar las acciones necesarias con sus *inputs* y *outputs*, para lograrlos.

Estas acciones se agrupan en un Programa (Medio Plazo) de inversiones, de financiación, de producción, de ventas, etc.

Tiene por objeto hacer compatibles en el tiempo las metas y objetivos.

Programa multianual (tres años)

Este Programa multianual presenta, de forma sintética y sistemática, la política regida y los resultados esperados.

Se expresan en forma de objetivos, resultados concretos y recursos necesarios.

También establece una programación táctica, tomando decisiones a Medio Plazo para afrontar las consecuencias de los cambios.

Decisiones	ESTRATÉGICAS	TÁCTICAS
	Selección de alternativas	Inversión y empleo de recursos limitados.
	Enfoque global	Enfoque funcional
	Horizonte a L.P.	Horizonte a M.P. y C.P.
	Señala directrices	Concreta objetivos y responsabilidades.

c. **Budgeting**

El Programa, alimentado de manera continua por el Plan, constituye el modelo ideal de donde se obtiene el presupuesto.

Los procesos no se paran nunca. Un año nuevo se adjunta al Programa multianual cada vez que de él se extrae el presupuesto correspondiente al año próximo.

El presupuesto contiene las categorías de objetivos y elementos de cada programa.

Gracias al presupuesto, el directivo tiene la posibilidad de asumir realmente la responsabilidad de la acción:

1. Está motivado, pues tiene conocimiento de los objetivos que tiene que alcanzar.

   Para conseguirlos, propone los medios que necesita al comienzo del presupuesto.

2. Posee el instrumento para organizar la producción de los *outputs*.

3. Motiva, así mismo, al personal, y le comunica los resultados esperados de su acción.

Estas condiciones aseguran principalmente la eficiencia de la acción.

3.3 EL INFORME DE GESTIÓN

El Informe de Gestión es un documento vivo que recoge toda la información de la actividad de la Empresa (comercial, de producción, económica y financiera), la compara con el pasado y con el futuro (año anterior y presupuesto respectivamente), y presenta resultados favorables o desfavorables, positivos o negativos, altos o bajos, suficientes o insuficientes. Esto permitirá tomar medidas, adoptar decisiones, mantener o variar las tácticas y la estrategia, ampliar o reducir la estructura, subir o bajar los precios, mantener el catálogo de productos y servicios o diversificar, continuar con los sistemas de producción o adaptarlos a los avances tecnológicos, depender de la autofinanciación o recurrir a la financiación externa, permanecer en el mercado explotado o traspasar fronteras, mantener la empresa abierta o cerrarla.

Solamente con un Control de Gestión estricto y permanente que refleje en el Informe de Gestión la situación estática y dinámica de la actividad de la empresa y permita obtener datos absolutos y relativos, el empresario podrá tomar las decisiones convenientes y necesarias para, al menos, mantenerse en el mercado o mejor, evolucionar favorablemente en la economía y finanzas de su compañía.

3.4 MODELO DE INFORME DE GESTIÓN

El modelo de Informe de Gestión debe estar condicionado a las características de la empresa: a su actividad, a su dimensión, a su posicionamiento en el mercado, con qué medios cuenta para desarrollar su negocio y, muy importante, de qué **Capital Humano** para la gestión económica y financiera y para el funcionamiento y control de la actividad dispone.

En empresas de rango pequeño/medio, en todos sus aspectos, se puede diseñar un modelo de informe que sea sencillo, de fácil y ágil confección, y que refleje de manera clara y comprensible la situación de la actividad de la empresa en todo momento, para que los dirigentes adopten las medidas que procedan en función de los resultados que presente.

3.5 ESTRUCTURA DEL INFORME

El Informe de Gestión es un documento de régimen interno, de periodicidad mensual o trimestral, para información general de la actividad de la Empresa.

La información del documento es restringida.

El Informe consta de cuatro grandes capítulos en los que se clasifica la información por naturaleza.

- Información comercial.
- Análisis económico.
- Estructura financiera.
- Control del inmovilizado.

La información corresponde al año actual, año anterior y presupuesto, para su comparación, análisis y justificación de los desvíos.

El conocimiento, la evolución, el análisis y el tratamiento de la información se manifiestan en tres bloques:

- **Descripción:** definición de la información.
- **Presentación**: cuadros numéricos y gráficos.
- **Fuentes:** origen de la información y cálculos.

La información no es limitativa y es factible de adaptarse a la actividad y características de la empresa para cubrir sus necesidades de Control de Gestión.

3.6 CONTENIDO DEL INFORME

3.6.1 Información comercial

En este capítulo se expresa la Cifra de Negocio, clasificada por:

- Unidades de producción.
- Naturaleza de productos o servicios.
- Clientes.
- Consolidada.

3.6.2 Análisis económico

Aquí se ponen de manifiesto todos los aspectos económicos de la actividad desarrollada por la Empresa:

a. Actividad económica.

1. Cuenta de explotación.

2. Evolución de los resultados.

b. Análisis de gastos.

1. Por unidades de producción.

2. Por naturaleza.

c. Productividad y rentabilidad.

1. De las inversiones (económica).

2. De los recursos propios (financiera).

3. De los Recursos Humanos "Per Cápita".

d. Control económico.

1. Umbral de rentabilidad.

2. Seguridad en la gestión.

3.6.3 Estructura financiera

Exposición de la situación patrimonial y financiera de la Empresa, **Análisis estático**; y seguimiento de la evolución de los recursos y su aplicación a la actividad, **Análisis dinámico**.

- a. Situación patrimonial.
  1. Balance de situación.
- b. Situación financiera.
  1. Origen y aplicación de fondos.
- c. Análisis de la solvencia.
  1. Fondo de Maniobra.
  2. Grado de liquidez.
  3. Autonomía financiera.
  4. Índice de endeudamiento.
  5. Equilibrio financiero.
- d. Cobertura financiera.
  1. Crédito a clientes.
  2. Crédito de proveedores.
  3. Período de maduración.
- e. Rotación de capitales.
  1. Activo total.
  2. Recursos propios.
- f. Situación de tesorería.
  1. Situación actual.
  2. Previsiones a Corto Plazo.

3.6.4 Control del inmovilizado

Control del activo fijo inmovilizado.

- a. Inventario.
  1. Ficha del inmovilizado.
  2. Inventario permanente.

3.7 DESCRIPCIÓN, PRESENTACIÓN Y FUENTES

En el Informe de Gestión, la situación y evolución de la Empresa se manifiestan mediante cifras absolutas y relativas y su representación gráfica.

Para tener conocimiento del significado de su estructura, procede describir cada dato que se aporta en los cuatro capítulos del Informe, ofrecer una presentación que permita conocer, entender y comprender la gestión económico-financiera de la Empresa, y su comparación con el pasado y el futuro y, además, aportar las fuentes y el origen de la información.

3.7.1 Información comercial

Análisis de las ventas, clasificadas en:

- Cifra de negocio por unidades de producción.
- Cifra de negocio por naturaleza.
- Cifra de negocio por clientes.
- Cifra de negocio consolidada.

3.7.1.1 Cifra de negocio por unidades de producción

a. **Descripción**

La Empresa, en función de la diversidad de actividades, puede tener una o varias Divisiones o Unidades de Producción que facilitan la gestión comercial, así como la evolución y el control de las ventas.

b. **Presentación**

Los datos se presentan:

– En cuadro numérico:

- Código y denominación de las unidades de producción.

- Cifra de Negocio (CN) del mes, acumulada y % sobre el total del año actual.

- CN acumulada del año anterior presupuesto y % sobre el total.

- Desvíos en % sobre año anterior y presupuesto.

– En gráfico:

- Evolución mensual acumulada de la CN por unidades de producción, del año actual, año anterior y presupuesto.

Comentarios

Comentarios sobre la evolución de la Cifra de Negocio, su distribución por unidades de producción y explicación de los desvíos sobre año anterior y presupuesto.

c. **Fuentes**

Bases de Datos para el control y seguimiento de las ventas:

− B.D. de clientes.
− B.D. de productos/servicios.
− B.D. de unidades de producción.

Información contenida en las bases de datos:

1. **Clientes:**

   • Unidades de producción que facturan.

   • Nombre y otros datos del cliente.

   • Unidades de productos/servicios vendidos.

   • Precios aplicados.

   • Cifra de Negocio por clientes.

   • Importe del IVA.

   • Facturación total = CN + IVA.

   • Información de ventas, mensual y acumulada.

2. **Productos/servicios:**

   • Unidades de producción que facturan.

   • Cantidad de productos/servicios vendida.

   • Precios aplicados.

   • Cifra de Negocio por productos/servicios.

   • Información mensual y acumulada.

3. **Unidades de producción:**

   • Cantidad de productos/servicios vendidos.

   • Precios aplicados.

   • Cifra de Negocio por productos/servicios.

   • Cifra de Negocio por clientes.

   • Información mensual y acumulada.

Las tres bases de datos contienen información del año actual, año anterior y acumulado.

3.7.1.2 Cifra de negocio por naturaleza

a. **Descripción**

Las ventas se expresan por cada producto o servicio que la Empresa comercializa.

Se puede facilitar esta información por cada unidad de producción, si fuera de interés, o a nivel de Empresa.

La CN se aporta por cada producto/servicio en valores absolutos y relativos.

b. **Presentación**

Los datos se presentan:

– En cuadro numérico:

  • Código y denominación de los productos o servicios.
  • CN del mes y acumulada y % sobre el total, en año actual.
  • CN acumulada y % sobre el total, en año anterior y presupuesto.
  • Desvíos en % sobre año anterior y presupuesto.

– En gráfico:

  • Evolución mensual acumulada de la CN, clasificada por naturaleza, del año actual, año anterior y presupuesto.

Comentarios

Comentarios sobre la evolución de la CN, su distribución por productos/servicios, explicación de los desvíos sobre año anterior y presupuesto.

c. **Fuentes**

Base de Datos de unidades de producción.

3.7.1.3 Cifra de negocio por clientes

a. **Descripción**

Ventas distribuidas globalmente por clientes.

Clasificación de los clientes por orden descendente en función de sus compras, a fin de determinar el *ranking* y la concentración del riesgo.

b. **Presentación**

La información se presenta en un cuadro donde se relacionan los clientes a los que se les ha facturado durante el año actual.

No es preciso relacionar todos los clientes sino, al menos los que representen el 75% de la CN en su conjunto, agrupando al resto como *Otros clientes*.

Detalle de la información:

- Código del cliente: el de su cuenta en contabilidad.
- Nombre: el que le identifica en contabilidad.
- Ranking:

  • Del año actual: Por este orden deben clasificarse los clientes. Orden decreciente en función de sus compras acumuladas.

  • Del año anterior: el lugar que ocupaba el cliente.

  • Cifra de Negocio: la que se ha facturado a cada cliente, sin IVA:

    ◆ Del año actual: CN del mes y acumulada por cliente y porcentaje acumulativo de la CN de cada uno sobre el total.

  Este dato permite conocer el riesgo de concentración:

  (número X de clientes = % Y de ventas)

Del año anterior: si a los clientes del año actual relacionados en este documento se les facturó también el año anterior, indicar CN de cada cliente, según la cual obtuvieron el puesto en el *ranking* que se refleja, a efectos comparativos con el año actual.

Comentarios

Comentarios sobre el *ranking* de año actual y anterior y explicación del incremento o disminución por clientes.

Situaciones especiales de clientes, incidencias y solvencia.

c. **Fuentes**

Base de Datos de clientes.

3.7.1.4 Cifra de negocio consolidada

a. **Descripción**

Cifra de Negocio total de la Empresa en valores absolutos y relativos en comparación con las ventas del año anterior y presupuesto.

Seguimiento de la Tendencia Anual Móvil (TAM) respecto al año anterior: a la cifra anual del año anterior, se introduce cada mes la cifra del año actual en sustitución de la correspondiente al año anterior.

Este seguimiento también se puede efectuar respecto al presupuesto, si fuera de interés para la Empresa.

b. **Presentación**

La información se presenta:

– En cuadro numérico:

- Datos mensualizados:
    - CN del mes y acumulada, del año actual.
    - CN acumulada del año anterior y presupuesto.
    - Desvíos en % sobre año anterior y presupuesto.
    - TAM de la CN actual respecto al año anterior.

Evolución mensualizada de la Cifra de Negocio de:
– Año actual.
– Año anterior.
– Presupuesto.
– TAM

Comentarios

Comentarios sobre la evolución de la CN, y explicación de los desvíos sobre año anterior y presupuesto.

c. **Fuentes**

Base de Datos de unidades de producción.

3.7.2 Análisis económico

3.7.2.1 Actividad económica

Información relativa a la Gestión Económica de la Empresa, y más concretamente al Resultado de la actividad.

3.7.2.1.1 Cuenta de explotación

a. **Descripción**

Refleja el resultado económico de la Empresa y, en síntesis, su composición:

– Cifra de Negocio
– Coste Directo
– Resultado Bruto de Explotación (RBE)
– Gastos Generales
– Resultado Neto de Explotación (RNE)
– Resultados Financieros
– Resultado Actividad Ordinaria (RAO)
– Resultados Extraordinarios
– Resultado antes de Impuestos (RAI)

b. **Presentación**

Cuadro numérico con valores absolutos y relativos (%) del año actual, año anterior y presupuesto, y gráfico con la evolución mensual.

c. **Fuentes**

La Contabilidad general y analítica

3.7.2.1.2 Evolución de los resultados

a. **Descripción**

Análisis dinámico de la Cuenta de Explotación durante el año actual, expresada en % de los elementos que la componen, sobre Cifra de Negocio.

b. **Presentación**

Cuadro numérico con valores relativos, su representación gráfica, con determinación de la banda en que se mueve el RAI.

Comentarios sobre la evolución y las causas que motivan la variación del RAI, respecto a la CN.

c. **Fuentes**

Cuenta de Explotación.

3.7.2.2 Análisis de gastos

Gastos generales producidos por el funcionamiento de la Empresa y el desarrollo de su actividad.

Teóricamente son considerados gastos fijos, aunque determinadas naturalezas sufren variación en función al volumen de negocio y otras circunstancias.

3.7.2.2.1 Clasificación por unidades de producción

a. **Descripción**

Aplicación de los gastos generales a las unidades de producción donde se devengan.

Los gastos comunes se distribuirán proporcionalmente a los gastos directos.

b. **Presentación**

Cuadro numérico con valores absolutos y relativos, y desvíos sobre año anterior y presupuesto.

Gráfico representando la evolución mensual por unidades de producción.

Comentarios explicativos de los desvíos.

c. **Fuentes**

Contabilidad general y analítica.

3.7.2.2.2 Clasificación por naturaleza

a. **Descripción**

La naturaleza de los gastos se ajusta a la del Plan General de Contabilidad para facilitar la toma de datos.

b. **Presentación**

En cuadro numérico, código y naturaleza, con valores absolutos y relativos, de año actual, año anterior y presupuesto, y desvíos sobre el pasado y el futuro.

Comentarios sobre los desvíos y su incidencia en Resultados.

c. **Fuentes**

Contabilidad General.

3.7.2.3 Productividad y rentabilidad

Es el volumen de actividad y su rendimiento, medidos en unidades monetarias, que generan los valores invertidos en la Empresa:

- De las inversiones:

  Productividad y Rentabilidad Económica.

- De los Recursos Propios:

  Productividad y Rentabilidad Financiera.

- Del Capital Humano:

  Productividad y Rentabilidad "Per Cápita".

3.7.2.3.1 Productividad y rentabilidad económica

a. **Descripción**

Constituyen el estado representativo de la eficacia de la Empresa, considerada como unidad económica en su gestión comercial, y su capacidad para generar beneficios, al margen de su estructura financiera.

La magnitud del margen económico (resultado bruto de explotación-RBE), depende de:

- La política comercial de la Empresa.
- Las características del mercado en que opera.
- La productividad y eficacia de los factores que concurren en la Unidad Económica.

La Productividad y Rentabilidad representan la Producción (Cifra de Negocio), y el Resultado (Resultado de la Actividad Ordinaria-RAO), respectivamente, obtenidos de las actividades realizadas por la Empresa con el importe del Capital comprometido para su obtención. Es decir, con las inversiones efectuadas por la Empresa en Activo Real (Activo Total).

La Rentabilidad Económica es la tasa con la que la Empresa remunera sus inversiones.

La Rentabilidad Económica mide la eficacia de la gestión empresarial.

$$\text{Ratios:} \quad \text{Productividad} = \frac{CN}{A.T.} \qquad \text{Rentabilidad} = \frac{R.A.O}{A.T.} \times 100$$

El índice de Productividad debe ser superior a 1. La Rentabilidad debe superar el coste del dinero en el mercado financiero.

b. **Presentación**

   – Cuadro numérico: con los índices y % de Productividad y Rentabilidad, respectivamente. Desvíos sobre año anterior y presupuesto.

   – Gráfico: representando la evolución mensual.

   – Comentarios: sobre los desvíos respecto al año anterior y presupuesto.

c. **Fuentes**

   Balance y Cuenta de Explotación.

3.7.2.3.2 Productividad y rentabilidad financiera

a. **Descripción**

   Constituyen el resultado de incorporar a la Cuenta de Explotación las operaciones financieras, que siempre serán desfavorables si la Empresa recurre a la financiación externa para el Ejercicio de su actividad.

   No obstante, si la rentabilidad de las inversiones financiadas con Recursos Ajenos es mayor que el coste de dicha financiación, el resultado es positivo.

   La Productividad y Rentabilidad financieras quedan reflejadas en la comparación de la Cifra de Negocio (CN) y del Resultado antes de Impuestos (RAI), respectivamente, con los Recursos Propios, es decir, con las inversiones de los accionistas de la Empresa.

   La Rentabilidad Financiera es la tasa con la que la Empresa remunera las inversiones de sus accionistas.

$$\text{Ratios:} \quad \text{Productividad} = \frac{CN}{RP} \qquad \text{Rentabilidad} = \frac{R.A.I}{RP} \times 100$$

El índice de productividad debe ser superior a 1.

La rentabilidad debe superar el coste del dinero.

b. **Presentación**

 – Cuadro numérico: con los índices y % de Productividad y Rentabilidad, respectivamente. Desvíos sobre año anterior y presupuesto.
 – Gráfico: representando la evolución mensual.
 – Comentarios sobre los desvíos respecto al año anterior y presupuesto.

c. **Fuentes**

Balance y Cuenta de explotación.

3.7.2.3.3 Productividad y rentabilidad de los RR.HH.

a. **Descripción**

Esta información no refleja la eficiencia del C.H. en sus funciones, dado que en su cálculo se integra a toda la plantilla, y hay personas que no tienen relación directa con la gestión comercial o económica.

La información se centra en valorar la posibilidad de mantener el coste de la plantilla en función de la actividad económica, es decir, determinar la Productividad y Rentabilidad de la inversión en Capital Humano.

Ratios:

$$\text{Productividad} = \frac{\text{Productividad "Per Cápita"}}{\text{Coste medio plantilla}}$$

$$\text{Rentabilidad} = \frac{\text{Rentabilidad "Per Cápita "}}{\text{Coste medio plantilla}} \times 100$$

La Productividad y Rentabilidad "Per Cápita", proceden de la CN y RAI respectivamente, comparados con la plantilla media del período.

b. **Presentación**

 – Cuadro numérico: con los índices y % de Productividad y Rentabilidad, respectivamente. Desvíos sobre año anterior y presupuesto.
 – Gráfico: representando la evolución mensual.
 – Comentarios: sobre los desvíos respecto al año anterior y presupuesto.

c. **Fuentes**

La información procede de la Productividad y Rentabilidad "Per Cápita":

Ratios:

$$\text{Productividad} = \frac{\text{CN del período}}{\text{Plantilla media del período}}$$

$$\text{Rentabilidad} = \frac{\text{RAI del período}}{\text{Plantilla media del período}}$$

Los datos de CN y RAI, son acumulados al período contemplado, y la plantilla es la media ponderada en dicho período.

3.7.2.4 Control económico

Es imprescindible aplicar sistemas que permitan controlar el equilibrio económico de la Empresa, con el fin de evitar resultados negativos en la gestión.

El equilibrio económico requiere que el excedente de la Cuenta de Resultados (a partir del Umbral de Rentabilidad) alcance una dimensión suficiente, tanto para remunerar a los accionistas, superando la retribución del Capital en el mercado, como para obtener capacidad de autofinanciación.

3.7.2.4.1 Umbral de rentabilidad

a. **Descripción**

Es el punto de equilibrio entre los flujos de naturaleza económica, es decir, se corresponde con la Cifra de Negocio (CN) necesaria para cubrir los Gastos Variables = Coste Directo (CD) + Gastos Fijos (GF).

– Los Gastos Variables (Coste Directo), son los que están directamente relacionados con el nivel de actividad.

– Los Gastos Fijos (Gastos Generales) teóricamente no guardan relación directa con el nivel de actividad.

– Los Gastos Fijos deben estar cubiertos por el Resultado Bruto de Explotación (RBE).

– El Punto Muerto (PM) representa el mínimo de actividad, a partir de la cual, la Empresa comienza a generar beneficios:

- Punto Muerto = Cifra de Negocio menos (su Coste Directo más los Gastos Fijos del año) = 0

  PM = CN – (CD + GF) = 0

- Cifra de Negocio del Punto Muerto = Coste Directo del Punto Muerto más Gastos Fijos totales.

  CN del PM = CD del PM + GF del año

El Punto Muerto se alcanza en la fecha en que el Resultado Bruto de Explotación RBE(CN – CD) iguala a los Gastos Fijos (GF).

b. **Presentación**

- Cuadro numérico: con datos mensualizados:

  Del año actual:

  - CN en valores absolutos.
  - RBE en valores absolutos y relativos.
  - GF en valores absolutos y TAM
  - UR, diferencia entre RBE y TAM

  Del presupuesto:

  - CN, RBE y GF mensuales acumulados.
  - GF, total año.
  - UR, diferencia entre RBE y GF del año.

- Gráfico:

  Representación de la evolución de los parámetros de la Cuenta de Explotación y determinación del PM (CN y Fecha) real y presupuesto.

Comentarios

Sobre la evolución y desvíos.

c. **Fuentes**

Cuenta de Explotación y presupuesto.

3.7.2.4.2 Seguridad en la gestión

a. **Descripción**

No es suficiente verificar la evolución de los resultados de la gestión hasta la consecución del Punto Muerto sino que permanentemente debe controlarse la seguridad de los elementos que influyen en el Umbral de Rentabilidad: Cifra de Negocio, Coste Directo y Gastos Fijos, con el fin de comprobar que se va a conseguir el objetivo presupuestado en cifra y fecha, y poder adoptar puntualmente, las medidas correctoras posibles, variar la estrategia comercial, o tomar otro tipo de decisión, si se observara una desviación negativa.

Para tal efecto, procede analizar los índices que miden el nivel de seguridad en el que se mueven dentro del presupuesto:

1. **La Cifra de Negocio**
2. **El Coste Directo**
3. **Los Gastos Fijos**

3.7.2.4.2.1 Índice de seguridad de la Cifra de Negocio (CN)

Puede denominarse también *Índice de eficiencia comercial*:

$$\frac{CN\ total - CN\ umbral}{CN\ total} \times 100$$

Este índice significa el porcentaje de CN que excede al Umbral de Rentabilidad, sobre la CN del año.

De otra manera, representa el porcentaje máximo en que pueden disminuir las ventas respecto del presupuesto, sin traspasar el punto de equilibrio, es decir, sin el riesgo de llegar a un resultado negativo.

3.7.2.4.2.2 Índice de seguridad del Coste Directo (CD)

Puede denominarse también *Índice de eficiencia en gestión de explotación y compras*.

$$\frac{Resultado\ bruto\ de\ Explotación\ (RBE) - Gastos\ Fijos\ (GF)}{Coste\ Directo\ (CD)} \times 100$$

Este índice representa el porcentaje de incremento máximo que puede soportar el CD relativo a la CN, para no caer por debajo del Umbral, siempre y cuando se mantengan constantes las ventas y los gastos fijos.

Si el CD sobrepasa este límite equivale al riesgo de entrar en zona de pérdidas.

3.7.2.4.2.3 Índice de seguridad de los Gastos Fijos (GF)

Considerados también como gastos de estructura.

Este índice puede considerarse como *Índice de eficiencia en gestión administrativa*.

$$\frac{RBE - GF}{GF} \times 100$$

Este índice supone el porcentaje de incremento máximo de los Gastos Fijos, para que la economía no caiga por debajo del Umbral de Rentabilidad sin que varíe el valor absoluto de la CN y el relativo del CD sobre la CN

El incremento de los Gastos Fijos por encima del límite marcado por el índice puede provocar pérdidas en la explotación.

a. **Presentación**

La información se presenta en:

- Cuadro numérico: facilita las variaciones de CN, CD y GF sobre el presupuesto y los índices reales de seguridad de los tres elementos.

- Gráfico: un gráfico por cada elemento por la heterogeneidad de los datos, reflejando los índices de seguridad reales y su comparación con los índices presupuestados.

Comentarios

Sobre los índices obtenidos y sobre el resultado de su aplicación.

b. **Fuentes**

La fuente de información es el Umbral de Rentabilidad.

3.7.3 Estructura financiera

3.7.3.1 Situación patrimonial

Situación, en una fecha determinada, del Activo y del Pasivo de la Empresa.

3.7.3.1.1 Balance de situación

a. **Descripción**

El Balance de Situación es el estado financiero que permite conocer, de manera estática, la situación patrimonial de la Empresa.

Las cuentas del Balance se basan en el Plan General de Contabilidad.

b. **Presentación**

La información se presenta en:

– Cuadro numérico: modelo estándar de balance con la exposición de las cuentas en tres niveles: grupos, subgrupos y cuentas de Mayor.

– Gráfico: representación de las masas patrimoniales, y la determinación del capital circulante que resulta de las mismas en valor relativo al Activo Total.

Comentarios

Breve explicación de los grupos de cuentas, y del capital circulante, así como de los desvíos respecto al año anterior y presupuesto.

c. **Fuentes**

La fuente de información es la Contabilidad.

3.7.3.2 Situación financiera

Análisis dinámico de las masas patrimoniales y la incidencia en las mismas de la actividad de la Empresa durante un período determinado.

3.7.3.2.1 Origen y aplicación de fondos

a. **Descripción**

Este estado financiero, como su propio nombre indica, refleja los movimientos de fondos desde principio de Ejercicio hasta una fecha determinada.

b. **Presentación**

La información se presenta en:

– Cuadro numérico:

• Balances de Situación de la fecha actual y de fin del Ejercicio anterior para su comparación y detalle de las variaciones, tanto del Capital Fijo, como del Capital Circulante:

  ○ Capital Fijo: origen y aplicación.
  ○ Capital Circulante: aumento o disminución.

Las variaciones se calculan por diferencia entre el Balance actual y el de fin de Ejercicio anterior, clasificándolas en:

− Variación del Capital Circulante.
− Origen y aplicación de fondos.

Capital Circulante = Activo Circulante − Pasivo Circulante

Fondos = Activo Fijo − Pasivo Fijo

La suma de variaciones del Capital Circulante = Suma de variaciones de fondos.

• Aumento de Pasivo Circulante = Origen de fondos
• Disminución de Pasivo Circulante = Aplicación de fondos
• Disminución de Activo Circulante = Origen de fondos
• Aumento de Activo Circulante = Aplicación de fondos

Comentarios

Sobre las variaciones más importantes.

c. **Fuentes**

Balances de la fecha actual y diciembre del año anterior.

3.7.3.3 Análisis de la solvencia

Solvencia es la capacidad que tiene la Empresa para generar los Recursos Financieros suficientes para atender puntualmente sus compromisos de pago.

3.7.3.3.1 Fondo de maniobra

a. **Descripción**

Desde la perspectiva del Activo, el Fondo de Maniobra, o Capital Circulante, es la diferencia entre el Activo Circulante y el Pasivo Circulante, o sea, la parte de Activo Circulante financiada con Pasivo Fijo (Recursos Propios más Recursos Ajenos a Largo Plazo).

Desde la óptica del Pasivo, el Fondo de Maniobra es la parte de Recursos Propios destinada a financiar Activo Circulante, después de financiar el Activo Fijo.

El Fondo de Maniobra positivo es garantía de estabilidad de la Empresa.

Si el Fondo de Maniobra fuera negativo, puede significar que el período de cobro es menor que el período de pago, lo cual es bueno.

Pero si el dinero no está en Tesorería, significa que se está financiando Activo Inmovilizado con Pasivo Circulante, lo cual es malo, salvo que el Activo sea financiero, con alta rentabilidad y de fácil y rápida disponibilidad.

En general, si el Fondo de Maniobra es negativo, representa una situación de suspensión de pagos "de facto".

Si la actividad de la Empresa es estrictamente comercial, el ratio normal de Fondo de Maniobra debe estar en torno a 1,5.

En empresas industriales debe alcanzar un índice mayor por el efecto de las existencias.

No obstante, un valor inferior a 1,5 puede ser bueno, si la rotación del Activo Circulante es alta. Por el contrario, si superase este valor y no hubiera suficiente liquidez, tendría problemas de solvencia para pagar deudas de vencimiento inmediato o a muy Corto Plazo.

La causa sería una rotación lenta, provocada esencialmente por un retraso en el cobro de saldos de clientes.

Tampoco es bueno un ratio de valor muy alto, pues puede significar que la Empresa acumula excesivos recursos disponibles, lo que puede contribuir a reducir la rentabilidad del dinero. Exceso de disponibilidad en cuenta corriente bancaria.

Los ratios que definen el Fondo de Maniobra (FM) son:

$$1. \quad FM= \ \ \text{Activo Circulante} - \text{Pasivo Circulante}$$

$$2. \quad FM= \frac{\text{Activo Circulante}}{\text{Pasivo Circulante}}$$

b. **Presentación**

La información se presenta en:

– Cuadro numérico:

  • Datos mensualizados:

    ◆ Del año actual:
      Activo y Pasivo Circulantes, en valores absolutos. Fondo de Maniobra absoluto y relativo (ratios 1 y 2, respectivamente).

    ◆ Del año anterior y presupuesto. Fondo de Maniobra relativo.

– Gráfico:

  • Representación de la evolución del FM de:

  • Año actual, año anterior y presupuesto.

  • Determinación del Área de insolvencia.

Comentario

Sobre la evolución del FM y explicación de los desvíos sobre año anterior y presupuesto.

c. **Fuentes**

La fuente de información es el balance.

3.7.3.3.2 Grado de liquidez

a. **Descripción**

Consiste en la capacidad de la Empresa para obtener recursos que permitan cubrir los compromisos contraídos, y que su vencimiento es a muy Corto Plazo.

Para esta cobertura se cuenta con la Tesorería y otros elementos del activo circulante, que pueden realizarse cuando se precise. Por ejemplo, la cartera de efectos y pagarés, y la cartera de Inversiones financieras temporales.

Para la Empresa de actividad comercial, se estima un grado de liquidez con un índice del orden de 0,2 a 0,3 de valor, es decir, que cubran entre el 20% y el 30% de las deudas a Corto Plazo.

Si el ratio se situara por encima de estos valores, la gestión financiera no sería buena, ya que las cuentas corrientes bancarias no ofrecen prácticamente rentabilidad.

$$\text{Ratio de liquidez} = \frac{\text{Disponible}}{\text{Pasivo Circulante}}$$

b. **Presentación**

Presentacion de la información en:

– Cuadro numérico:

Datos mensualizados referidos solamente al año actual: Disponible, Pasivo Circulante e Índice de liquidez.

– . Gráfico:

Se determina la zona óptima (ratio entre 20% y 30%).

Se refleja la evolución del grado de liquidez.

Comentarios

Sobre el índice de liquidez y su evolución.

c. **Fuentes**

La fuente de información es el Balance.

3.7.3.3.3 Autonomía financiera e índice de endeudamiento

a. **Descripción**

Estos conceptos de solvencia no deben ir unidos en información financiera, sino que se presentará uno u otro, dependiendo de la supremacía de los Recursos Propios o de los Recursos Ajenos en el Balance de Situación de la Empresa, respectivamente.

Ambos ratios permiten conocer el grado de independencia o dependencia, en función de la procedencia de los Recursos Financieros que utilice la Empresa.

En autonomía financiera se indica, por cada unidad monetaria de Recursos Ajenos, cuánto se utiliza de Recursos Propios.

En *endeudamiento* se indica por cada unidad monetaria de Recursos Propios, cuánto se utiliza de Recursos Ajenos.

La denominación de estos ratios denota optimismo o pesimismo, respectivamente.

Los ratios ofrecerán siempre un valor superior a 1.

$$\text{Autonomía financiera} = \frac{\text{Recursos Propios}}{\text{Recursos Ajenos}} > 1$$

$$\text{Índice de endeudamiento} = \frac{\text{Recursos Ajenos}}{\text{Recursos Propios}} > 1$$

El endeudamiento puede referirse a Corto y Largo Plazo. No obstante, si el de Largo Plazo no incide prácticamente en la solvencia, solamente se expresará el endeudamiento a Corto Plazo.

b. **Presentación**

1. En Autonomía financiera:

   - En cuadro numérico:

     Datos mensualizados:

     - Recursos Propios y Recursos Ajenos.
     - Índice de Autonomía de año actual, anterior y presupuesto.
     - Desvíos sobre año anterior y presupuesto.

- En gráfico:

  Representa la evolución del Índice de Autonomía de año actual, año anterior y presupuesto.

  Determina el Umbral de Autonomía.

Comentarios

Sobre la situación, evolución y desvíos.

2. En endeudamiento financiero:

   - En cuadro numérico:

     Datos mensualizados:

     - Recursos Propios y Recursos Ajenos.
     - Índice de endeudamiento de año actual, anterior y presupuesto.
     - Desvíos sobre año anterior y presupuesto.

   - En gráfico:

     Representa la evolución del Índice de endeudamiento: de año actual, año anterior y presupuesto.

     Determina el umbral de dependencia.

Comentarios

Sobre la situación evolución y desvíos.

c. **Fuentes**

Autonomía y endeudamiento:
   – Balance.

3.7.3.3.4 Equilibrio financiero

a. **Descripción**

Es el grado de estabilidad de la Empresa que da garantía a los acreedores, respecto a los compromisos de pago, tanto por inversiones en Activo Circulante como en Activo Fijo.

Este equilibrio guarda una relación directa entre las inversiones de la Empresa y las inversiones de los accionistas:

$$\text{Equilibrio financiero} = \frac{\text{Activo Total}}{\text{Recursos Propios}}$$

Para mantener el equilibrio financiero deben acercar el índice al valor 1 los factores que motivan el origen de los fondos, y la aplicación de los mismos.

Existe una banda de posiciones de equilibrio que va, desde la máxima estabilidad, hasta el desequilibrio absoluto:

$$\text{Máxima estabilidad} = \frac{\text{Activo Total}}{\text{Recursos Propios}} = 1$$

La Empresa se autofinancia totalmente.

$$\text{Desequilibrio absoluto} = \frac{\text{Activo Total}}{\text{Recursos Ajenos}} = 1$$

La Empresa está totalmente descapitalizada.

Ambas posiciones son extremas y prácticamente inexistentes en las Sociedades de Capital.

La Empresa, en condiciones normales, se sitúa en una de las posiciones intermedias:

$$1.\ \text{Situación de estabilidad óptima} = \frac{\text{Activo Fijo}}{\text{Recursos Propios}} < 1$$

En esta posición, los Recursos Propios financian el Activo Fijo y parte del Activo Circulante.

Existe una relación inversa entre grado e índice:

A menor índice mayor estabilidad.

$$2.\ \text{Estabilidad intermedia o relativa} = \frac{\text{Activo Fijo}}{\text{Recursos Propios}} > 1$$

En esta posición la Empresa no financia con Recursos Propios la totalidad del Activo Fijo.

Cuanto mayor índice menor estabilidad y, consecuentemente, más alto el coste financiero.

b. **Presentación**

Presentación de la información en:

– Cuadro numérico: datos mensualizados en año actual, año anterior y presupuesto:

- Activo Fijo.
- Recursos Propios.
- Índice de Estabilidad.

– Gráfico:

Representación de la evolución del ratio de Estabilidad, y determinación de las áreas de:

- Inestabilidad.
- Estabilidad moderada.
- Estabilidad óptima.

Comentarios

Sobre la situación, evolución y comparación del año actual con año anterior y presupuesto.

c. **Fuentes**

La fuente de información es el Balance.

3.7.3.4 Cobertura financiera

La Cobertura Financiera a Corto Plazo es el margen económico y temporal de que dispone la Empresa para atender puntualmente sus compromisos.

La Cobertura Financiera se determina en función del ciclo de explotación a Corto Plazo.

El ciclo de explotación a Corto Plazo se expresa mediante los procesos:

- Proveedores → Compras → Pago
- Clientes → Ventas → Cobro

Existirá cobertura cuando se den las siguientes circunstancias:

1. Que el Resultado Bruto de Explotación (RBE), sea positivo.

2. Que el crédito concedido por los proveedores supere al crédito concedido a clientes.

3.7.3.4.1 Crédito a clientes

a. **Descripción**

Las cuentas a cobrar constituyen la mayor parte del Activo Circulante en las empresas con actividad comercial predominante.

Su magnitud en relación a las ventas viene determinada por las condiciones comerciales (de venta), y la política financiera (de crédito).

Son datos imprescindibles para conocer la Cobertura Financiera:

– El ratio de rotación
– El plazo medio de cobro

1. El ratio de rotación indica cuantas veces son generadas y cobradas las cuentas a cobrar:

$$\text{Rotación} = \frac{\text{Ventas brutas}}{\text{Saldo medio}}$$

El análisis de la rotación de cobros, como de pagos, es importante para el control de la liquidez a plazo inmediato.

La rotación de cobro debe ser mayor que la de pago.

2. El período medio de cobro es una consecuencia de la rotación:

$$\text{Plazo medio de cobro} = \frac{360 \text{ días}}{\text{Rotación de cobro}} \quad \text{ó}$$

$$\text{Plazo medio de cobro} = 360 \text{ días} \left(\frac{\text{Saldo medio}}{\text{Ventas brutas}}\right)$$

El plazo medio de cobro es el intervalo medio de tiempo, necesario para convertir las cuentas a cobrar, en efectivo.

Cuanto mayor sea la rotación, menor será el plazo de cobro y, consecuentemente, mayor la cobertura.

Este ratio debe compararse con el crédito concedido por la Empresa a clientes.

El aumento del plazo medio de cobro sobre el crédito concedido a clientes puede obedecer a diversas causas:

• Deficiencias en la gestión de cobros.
• Dificultad a pesar del esfuerzo.
• Problemas financieros del cliente.

b. **Presentación**

Presentación en 3.7.3.4.3. Período de Maduración.

c. **Fuentes**

Las fuentes de información son las cuentas de clientes en Balance de año actual y anterior; y la Tendencia Anual Móvil- TAM, del Capítulo I.4, (Cifra de Negocio Consolidada) del presupuesto, IVA incluido.

3.7.3.4.2 Crédito de proveedores

a. **Descripción**

El nivel del Pasivo Circulante está también determinado por el nivel de la Cifra de Negocio.

Las compras que dan lugar a las cuentas a pagar, dependen del volumen de actividad por lo que, generalmente, las cuentas a pagar varían con las ventas si la política de precios (gestión de compras) y el crédito concedido por los proveedores permanecen constantes.

Como en Crédito a Clientes, son datos imprescindibles para conocer la Cobertura Financiera:

– El ratio de rotación.
– El plazo medio de pago.

El ratio de rotación indica cuántas veces son generadas y pagadas las cuentas a pagar:

$$\text{Rotación} = \frac{\text{Compras brutas}}{\text{Saldo medio}}$$

El período medio de pago es una consecuencia de la rotación:

$$\text{Plazo medio de pago} = \frac{360 \text{ días}}{\text{Rotación de pago}} \quad ó$$

$$\text{Plazo medio de pago} = 360 \text{ días} \left(\frac{\text{Saldo medio}}{\text{Compras brutas}} \right)$$

El plazo medio de pago es el tiempo que se tarda en pagar el exigible a Corto Plazo.

Cuanto menor sea la rotación, mayor será el plazo de pago, el crédito de proveedores será más alto y, en consecuencia, mayor la Cobertura.

Este ratio debe compararse con el crédito concedido por los proveedores a la Empresa.

La disminución del plazo medio de pago puede ser consecuencia de:

- Mala política de compras.
- Presión de proveedores por monopolio.
- Problemas financieros de los proveedores.

b. **Presentación**

Presentación en 3.7.3.4.3. Período de Maduración.

c. **Fuentes**

Las fuentes de información son las cuentas de proveedores, acreedores a Corto Plazo, efectos a pagar y pagarés en Balance del año actual y anterior; y la Tendencia Anual Móvil (TAM) de compras, obtenida del Coste Directo del presupuesto, IVA incluido.

3.7.3.4.3 Período de maduración

a. **Descripción**

Es consecuencia de los plazos medios de cobro y de pago.

Es el tiempo que transcurre, por término medio, entre el desembolso del dinero invertido en el ciclo de explotación, (pago a proveedores), y su recuperación (cobro de clientes).

También se puede definir como el tiempo medio durante el cual el ciclo de explotación de la Empresa debe ser financiado con Capital Circulante.

El ratio que determina el Período de Maduración es:

Plazo medio de cobro – Plazo medio de pago

b. **Presentación**

Presentación de la información:

- Cuadro numérico: datos mensualizados del año actual, año anterior y presupuesto de:
  - Rotación y Plazo medio de cobro.
  - Rotación y Plazo medio de pago.
- Gráfico:

  Representación de la evolución de los plazos medios de cobro y de pago, y el período de maduración.

  Determinación del Período normal de Maduración.

Comentarios

Sobre la evolución de la cobertura financiera, y su comparación con el año anterior y presupuesto.

Explicación de los desvíos.

c. **Fuentes**

Las fuentes de información son los plazos medios de cobro y de pago.

3.7.3.5 Rotación de capitales

El ratio de rotación es útil, pues permite comprobar cómo cada unidad monetaria invertida en un fondo se renueva en un período de tiempo (un año) a través del volumen de flujo (Cifra de Negocio), donde tal fondo (Activo Total o Recursos Propios) se ve implicado.

Con ello se obtiene el número de veces que (en el Ejercicio) la unidad monetaria se mueve en el fondo:

$$\frac{\text{Flujo del fondo (Cifra de Negocio)}}{\text{Fondo medio del período}}$$

El índice de rotación debe ser superior a 1 y, teóricamente, cuanto mayor sea el índice, mayor es la eficacia en la gestión comercial, aunque influye en el ratio su denominador.

La medida temporal del ratio se convierte en el plazo que, por término medio, la unidad monetaria permanece invertida en el fondo.

Cuanto mayor sea el tiempo, mayor es la eficacia.

3.7.3.5.1 Rotación del activo total

a. **Descripción**

Este índice que, además, refleja la Productividad Económica media anual, mide la eficacia de la inversión en la Empresa, expresada en tiempo:

$$\frac{\text{Cifra de Negocio}}{\text{Activo Total}} = \text{Rotación (índice)}$$

El índice de rotación depende de la CN y del valor del AT.

$$\frac{360 \text{ días}}{\text{Rotación}} = \text{Eficacia (días)}$$

b. **Presentación**

Presentación de la información:

− Cuadro numérico:

Datos mensualizados del año actual, año anterior y presupuesto de:

- Índice de rotación del fondo.
- Tiempo de permanencia de la inversión.

− Gráfico:

Expresa la evolución del tiempo de inversión en el fondo, del año actual, año anterior y presupuesto.

Compara la eficacia real con la eficacia media.

Comentarios

Sobre la evolución de la rotación del Activo Total, y su comparación con año anterior y presupuesto.

c. **Fuentes**

Las fuentes de información son:

− TAM (umbral de rentabilidad) = CN proyectada a final de Ejercicio.
− Balance de Situación = Activo Total.

Los cálculos serían:

− Rotación del Activo Total o Productividad Económica media anual = Cifra de Negocio anual (TAM), entre Activo Total = Índice.

− Eficacia de la inversión de la Empresa (plazo de inversión económica) = 360 días, entre Índice de rotación = Días.

3.7.3.5.2 Rotación de los recursos propios

a. **Descripción**

Este índice que, además de reflejar la Productividad Financiera media anual, mide la eficacia de la inversión de los accionistas, expresada en tiempo:

$$\frac{\text{Cifra de Negocio}}{\text{Recursos Propios}} = \text{Rotación (Índice)}$$

$$\frac{360 \text{ días}}{\text{Rotación}} = \text{Eficacia (días)}$$

b. **Presentación**

Presentación de la información:

– Cuadro numérico:

Datos mensualizados del año actual, anterior y presupuesto de:

- Índice de rotación del fondo.
- Tiempo de permanencia en la inversión.

– Gráfico:

Expresa la evolución del tiempo de inversión en el fondo, del año actual, año anterior y presupuesto.

Expone la comparación con la eficacia media.

Comentarios

Sobre la evolución de la rotación de los Recursos Propios, y comparación con el año anterior y presupuesto.

c. **Fuentes**

Las fuentes de información son:

– TAM del umbral de rentabilidad = CN proyectada a fin de Ejercicio.
– Balance de Situación = Recursos Propios.

Los cálculos serían:

– Rotación de los Recursos Propios o Productividad Financiera media anual = CN anual (TAM), entre Recursos Propios = Índice.

– Eficacia de la inversión de los accionistas (Plazo de inversión financiera) = 360 días entre Índice de rotación = Días.

3.7.3.6 Situación de tesorería

a. **Descripción**

Control y seguimiento permanente de la disponibilidad en efectivo, así como de la cartera de efectos, pagarés y valores realizables de inmediato.

Se obtiene tanto la disponibilidad inicial y final de un período determinado, como los ingresos y pagos realizados en dicho período, además de las previsiones a Corto Plazo.

3.7.3.6.1 Situación actual

Estado real de la Tesorería a una fecha determinada, contemplando:

- Disponible a primero de Ejercicio.
- Ingresos acumulados hasta la fecha actual, clasificados por naturaleza.
- Pagos acumulados hasta la fecha actual, clasificados por naturaleza.

La naturaleza de los ingresos y los pagos debe corresponderse con el Plan General de Contabilidad (PGC).

- Disponible a la fecha actual:
  - Tesorería.
  - Cartera de efectos y pagarés.
  - Cartera de valores, de Inversiones Financieras Temporales.

3.7.3.6.2 Previsiones a corto plazo

Partiendo del disponible final a una fecha determinada, se establecen las previsiones de cobro y de pago estimadas en el presupuesto, con las correcciones pertinentes en base a datos reales conocidos: las ventas y compras, saldos de clientes y proveedores y otros acreedores, condiciones de cobro y de pago estipuladas y, en función de los compromisos adquiridos, o compras de productos y servicios, que no están contabilizados en cuentas de acreedores (gastos generales).

Así mismo, se tendrán en cuenta los gastos e ingresos financieros, por créditos o inversiones financieras en vigor, respectivamente.

Las previsiones se hacen para cada uno de los tres meses siguientes a la fecha actual.

a. **Presentación**
   - Cuadro numérico:

     Expresa las disponibilidades a principio y fin de cada período.

     Ingresos y pagos reales acumulados a la fecha actual, e ingresos y pagos previstos para cada uno de los tres meses siguientes.

Comentarios

Sobre la situación real de tesorería y respecto a las previsiones, si éstas no se correspondieran con el presupuesto.

b. **Fuentes**

La fuente de información para la situación real de tesorería es el Balance:

– Ingresos:

Cuentas de clientes, ingresos extraordinarios, ingresos financieros, desinversiones, otros ingresos.

La contrapartida de las cuentas que justifican los ingresos, debe ser de Tesorería.

– Pagos:

Cuentas de proveedores, por operaciones de tráfico y por inversiones, de fianzas y depósitos, de inversiones financieras temporales, de Hacienda Pública, de organismos de la Seguridad Social, de gastos generales por suministros, servicios exteriores, sueldos y salarios, gastos extraordinarios, Gastos financieros, otros gastos.

La contrapartida de las cuentas que justifican los pagos, debe ser de Tesorería.

– Disponibilidad:

Es el resultado de la suma algebraica de:

- Disponible inicial + ingresos - pagos = Disponible final.
- El disponible, tanto inicial como final se compone de:
- Tesorería + Cartera efectos y pagarés + Cartera de valores.

La fuente de información para las previsiones es el presupuesto, con las correcciones que se efectúen en base a la evolución de la actividad y a los datos contables que justifiquen ingresos y/o pagos en los tres meses de previsión.

3.7.4 Control del inmovilizado

3.7.4.1 Inventario

En este capítulo se controla el Activo Inmovilizado inmaterial y material de la Empresa.

Desde que se realiza una inversión debe llevarse un control riguroso de los bienes incorporados al Activo Fijo de la Empresa.

A tal efecto, además del control contable, se efectúa un control y seguimiento extracontable, mediante dos documentos:

- Ficha de Inmovilizado.
- Inventario Permanente.

3.7.4.1.1 Ficha de inmovilizado

a. **Descripción**

Esta ficha se abre cuando se incorpora un elemento al Inmovilizado de la Empresa.

La Ficha de Inmovilizado tiene una vigencia equivalente a la vida del bien, es decir, hasta su baja en el Inventario, por cualquier causa.

b. **Presentación**

La información que facilita la Ficha de Inmovilizado, se divide en dos partes:

– Información general.
– Valoración.

1. **Información general:**

   • Código: de la cuenta donde se contabiliza el elemento.

   • Número identificativo: número correlativo que se adjudica cuando se da de alta en el inventario.

     A cada elemento físico se le pondrá una etiqueta en la que figurará el número y la fecha de incorporación.

   • Cantidad de elementos: Uno, o varios si cumplen los siguientes requisitos: misma denominación, fecha de entrada, procedencia, modelo o y precio.

   • Denominación: Nombre del elemento y datos específicos que lo distingan de otros similares o parecidos.

   • Procedencia: proveedor o donante. También puede ser la misma empresa, si ella ha fabricado o realizado el bien en cuestión.

   • Fecha de incorporación: la fecha de contabilización.

   • Modalidad: compra, donación, subvención, *leasing*, *renting*, etc.

   • Valor contable inicial: es el valor que el bien tiene en la fecha de incorporación al Inmovilizado:

     ◆ Compra: según factura del proveedor.

     ◆ Donación: valor venal.

     ◆ Subvención: según factura del proveedor, deducida subvención.

     ◆ *Leasing*: valor del contrato de *leasing*, sin carga financiera.

     ◆ *Renting*: si se pretende ejercer la opción a compra, aunque no figure en contrato de arrendamiento, el valor es el de las cuotas periódicas de arrendamiento para la vigencia del contrato.

- Variaciones: Las que se produzcan en el propio elemento o en su valor:

  - Incorporación de accesorios.
  - Grandes reparaciones.
  - Obsolescencia.
  - Otras causas de depreciación.
  - Actualización del valor por Ley.

  Se indica la fecha y las causas de la variación.

- Baja: se indica la fecha y las causas:

  - Venta.
  - Expropiación.
  - Pérdida.
  - Rotura.
  - Robo.
  - Obsolescencia.
  - Amortización.

2. **Valoración:**

La información es la siguiente:

- Año: el de incorporación y los años sucesivos hasta la baja.

- Valor inicial: de compra, donación, subvención, *leasing*, *renting*.

- Variaciones: del valor por las causas expuestas en el punto de variaciones.

- Valor bruto total: después de aumentadas o disminuidas las variaciones del valor inicial.

Este es el valor base para la amortización.

- Amortización: se indica el porcentaje que, generalmente, es el fiscal, aunque puede aplicarse el % en función de su vida útil.

  Para aplicación del tipo de amortización, se registra la dotación del Ejercicio.

  La variación es la que sufre la amortización en base a los cambios experimentados en el valor del elemento.

  Amortización acumulada que, lógicamente, es la suma algebraica de: Amortización acumulada del Ejercicio anterior, más la dotación del Ejercicio actual, más/menos las variaciones.

- Valor neto contable: Valor bruto – amortización acumulada.

  Se mantendrá una Base de Datos con todas las fichas de los bienes inmovilizados, incluso los inexistentes por baja.

c. **Fuentes**

Las fuentes de información son:

1. Factura del proveedor u otro documento justificativo de la incorporación del elemento al Inventario de la Empresa, en base al origen.
2. Contabilidad: cuentas de Inmovilizado y de Amortización.

3.7.4.1.2 Inventario permanente

a. **Descripción**

Relación de los bienes inmovilizados donde figura toda la información que emana de las fichas de inmovilizado.

Esta relación se va verificando periódicamente mediante inventarios físicos, de los elementos elegidos al azar, por muestreo, por orden o por cualquier otro método.

Anualmente se efectúa un inventario físico total, con la actualización de valores, por la dotación de amortizaciones y por las variaciones que resulten a consecuencia del inventario realizado.

En esta relación de inventario permanente figurarán todos los elementos, incluso los que se hubieran dado de baja, con el fin de que sea un documento histórico (Base de Datos) y que permita contrastar su información con la contabilidad. Así se facilitan las tareas de auditoría interna, externa o inspección fiscal.

b. **Presentación**

Cuadro que soporta la siguiente información:

1. Código.
2. Número asignado.
3. Cantidad.
4. Denominación.
5. Procedencia.
6. Fecha de incorporación.
7. Modalidad de la incorporación.
8. Valor contable.
9. Variaciones del valor.
10. Causa de la variación.
11. Valor bruto actual.
12. % de Amortización.
13. Importe amortización anterior.
14. Dotación o variación posterior.
15. Amortización acumulada.
16. Valor neto contable.
17. Fecha de baja.

c. **Fuentes**

La fuente de información es la ficha de inmovilizado.

INFORME DE GESTIÓN

SUPUESTO PRÁCTICO DEL LECTOR

I. Información Comercial

1. Cifra de Negocio por Unidades de Producción

Unidad de Producción		Año Actual			Año Anterior		Presupuesto		Desvío	
		Mes	Acumulado (A)		Acumulado (B)		Acumulado (C)		Acumulado	
Código	Denominación	€	€	%	€	%	€	%	A/B	1/3
1	Unidad 1	65	800	43%	700	47%	1000	45%	14%	-20%
2	Unidad 2	51	600	34%	500	33%	700	32%	20%	-14%
3	Unidad 3	13	150	9%	100	7%	150	7%	50%	0%
9	Otras Unidades - 9	21	250	14%	200	13%	350	16%	25%	-29%
	Total	150	1800	100%	1500	100%	2200	100%	20%	-18%

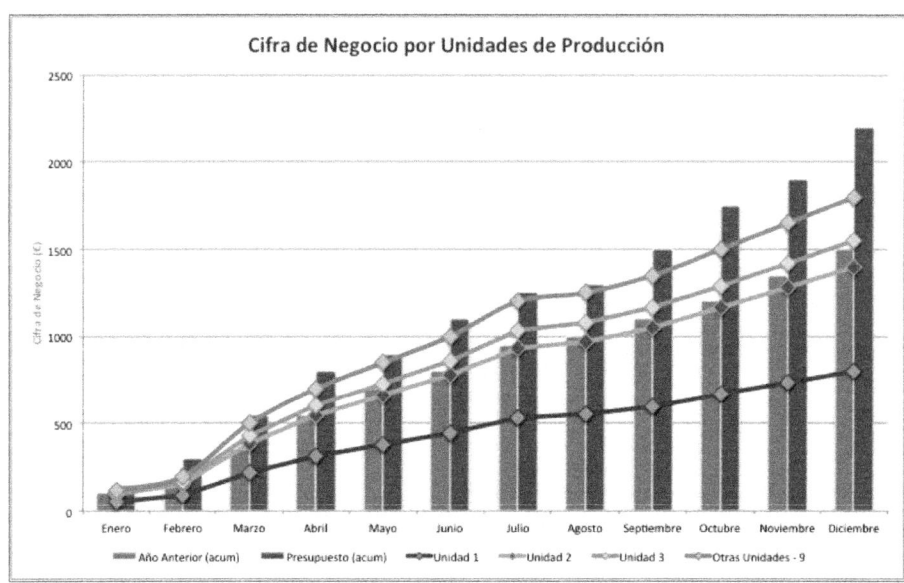

Comentarios:

SUPUESTO PRÁCTICO DEL LECTOR

I. Información Comercial

2. Cifra de Negocio por Naturaleza

Naturaleza		Año Actual			Año Anterior		Presupuesto		Desvío	
		Mes	Acumulado (A)		Acumulado (B)		Acumulado (C)		Acumulado	
Código	Denominación	€	€	%	€	%	€	%	A/B	A/C
1	Producto 1	62	750	41%	700	47%	950	43%	7%	-21%
2	Producto 2	54	650	36%	500	33%	750	34%	30%	-13%
3	Producto 3	21	250	14%	200	13%	300	14%	25%	-17%
9	Otros Productos	13	150	9%	100	7%	200	9%	50%	-25%
Total		150	1800	100%	1500	100%	2200	100%	20%	-18%

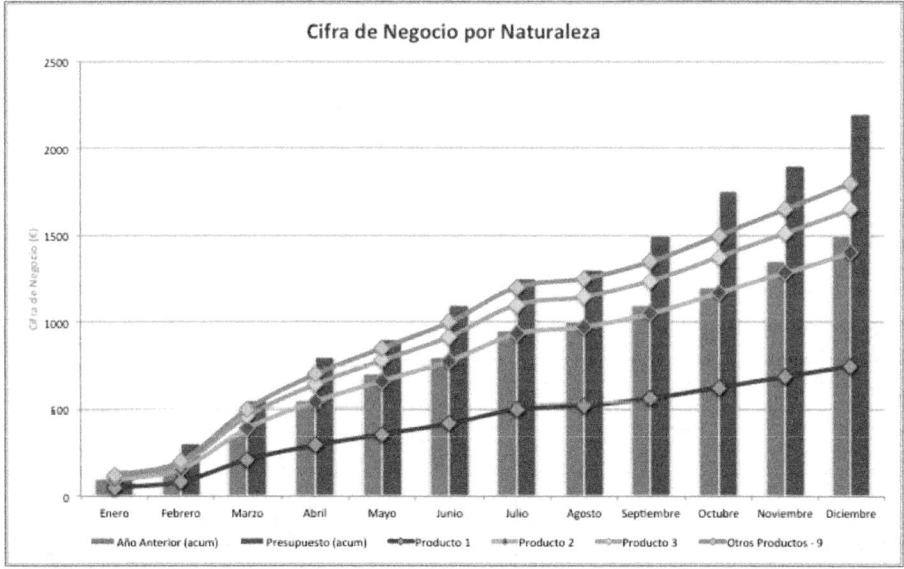

Cifra de Negocio por Naturaleza

Comentarios:

SUPUESTO PRÁCTICO DEL LECTOR

I. Información Comercial
3. Cifra de Negocio por Clientes

| Ranking | | Clientes | | Cifra de Negocio | | | | |
| Año Actual | Año Anterior | Código | Nombre | Año Actual | | | | Año Anterior |
				Mes	Acum.	% Cliente	% Acum.	Acum
1	--	1215	Lens, SL	70	420	23,3%	-23,3%	--
2	3	345	V. Car, SA	75	350	19,4%	-42,8%	110
3	2	750	Convar,SA	125	275	15,3%	-58,1%	95
4	--	1102	Zar, SA	150	150	8,3%	-66,4%	--
276			Resto Clientes	50	605	33,6%	-100,0%	1295
280			Total	470	1800	100,0%		1500

Comentarios:

SUPUESTO PRÁCTICO DEL LECTOR

I. Información Comercial
4. Cifra de Negocio Consolidada

Periodo	Año Actual		Año Anterior	Presupuesto	Desvío		TAM
	Mes	Acumulado (A)	Acumulado (B)	Acumulado (C)	Acumulado		
	€	€	€	€	A/B	A/C	€
Enero	120	120	100	150	20%	-20%	1520
Febrero	80	200	150	250	33%	-20%	1550
Marzo	300	500	250	650	100%	-23%	1750
Abril	200	700	400	800	75%	-13%	1800
Mayo	150	850	600	900	42%	-6%	1750
Junio	150	1000	750	1100	33%	-9%	1750
Julio	200	1200	950	1250	26%	-4%	1750
Agosto	50	1250	1000	1300	25%	-4%	1750
Septiembre	100	1350	1150	1500	17%	-10%	1700
Octubre	150	1500	1300	1750	15%	-14%	1700
Noviembre	150	1650	1400	1900	18%	-13%	1750
Diciembre	150	1800	1500	2200	20%	-18%	1800

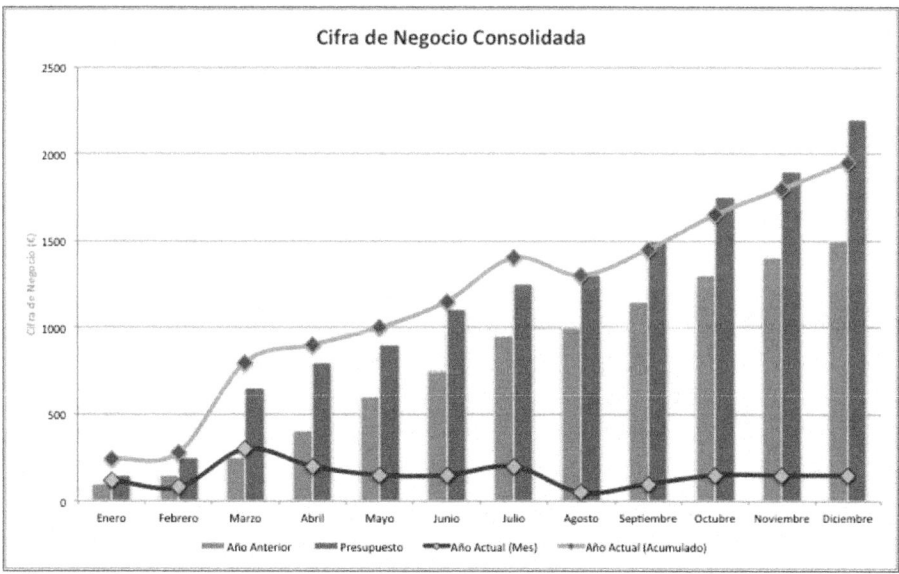

Cifra de Negocio Consolidada

Comentarios:

SUPUESTO PRÁCTICO DEL LECTOR

II. Análisis Económico
1. Actividad Económica: Cuenta de Explotación

Conceptos	Año Actual (A) €	Año Actual (A) %	Año Anterior (B) €	Año Anterior (B) %	Presupuesto (C) €	Presupuesto (C) %	Desvío A/B	Desvío A/C
Cifra de Negocio	1800	100%	1500	100%	2200	100%	20,0%	-18,2%
Coste Directo	-1170	-65%	-1050	-70%	-1320	-60%	11,4%	-11,4%
Resultado Bruto de Explotación (RBE)	630	35%	450	30%	880	40%	40,0%	-28,4%
Gastos Generales	-530	-29,4%	-410	-27,3%	-580	-26%	29,3%	-8,6%
Resultado Neto de Explotación (RNE)	100	5,6%	40	2,7%	300	13,6%	150,0%	-66,7%
Resultados Financieros	-20	-1,1%	-10	-0,7%	-20	-0,9%	100,0%	0,0%
Resultado Actividad Ordinaria (RAO)	80	4,4%	30	2,0%	280	12,7%	166,7%	-186,0%
Resultados Extraordinarios	0		0		0			
Resultados Antes de Impuestos (RAI)	80	4,4%	30	2,0%	280	12,7%	166,7%	-186,0%

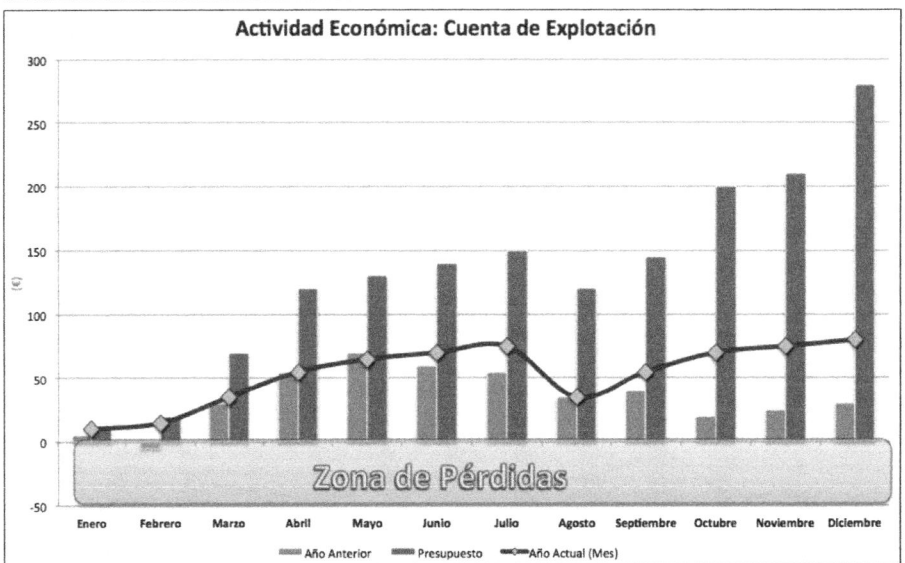

Comentarios:

SUPUESTO PRÁCTICO DEL LECTOR

II. Análisis Económico

1. Actividad Económica: Evolución de los Resultados

Conceptos	Resultados Relativos											
	Ene	Feb	Mar	Abr	May	Jun	Jul	Ago	Sep	Oct	Nov	Dic
Cifra de Negocio	100%	100%	100%	100%	100%	100%	100%	100%	100%	100%	100%	100%
Coste Directo	67%	60%	73%	71%	71%	70%	69%	69%	68%	65%	65%	65%
Res. Bruto de Explotación (RBE)	33%	40%	27%	29%	29%	31%	31%	31%	32%	35%	35%	35%
Gastos Generales	23%	31%	19%	20%	21%	22%	24%	27%	27%	29%	29%	29%
Res. Neto de Explotación (RNE)	10%	10%	8%	9%	9%	8%	7%	4%	5%	6%	6%	6%
Res. Financieros	2%	2%	1%	1%	1%	1%	1%	1%	1%	1%	1%	1%
Res. Actividad Ordinaria (RAO)	8%	8%	7%	8%	8%	7%	6%	3%	4%	5%	5%	4%
Res. Extraordinarios												
Res. Antes de Impuestos (RAI)	8%	8%	7%	8%	8%	7%	6%	3%	4%	5%	5%	4%

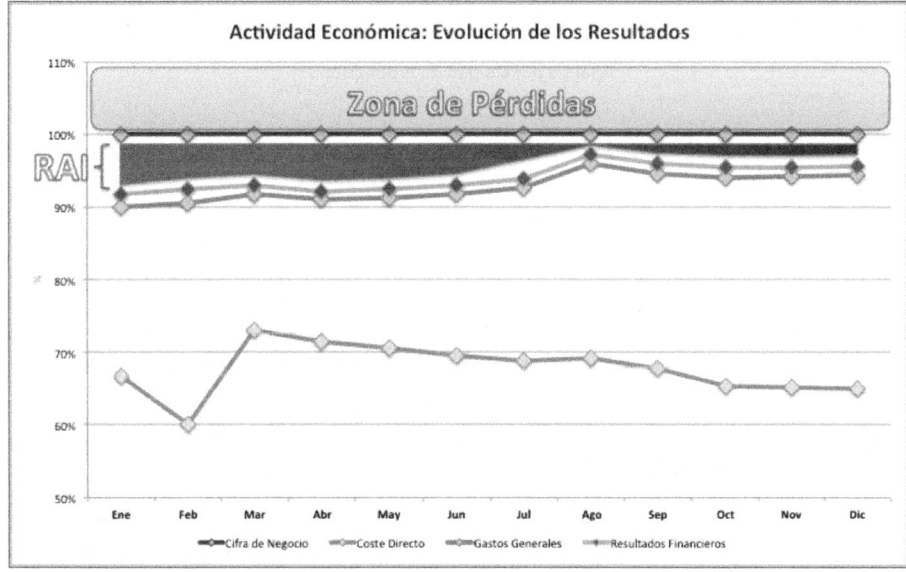

Actividad Económica: Evolución de los Resultados

Comentarios:

SUPUESTO PRÁCTICO DEL LECTOR

II. Análisis Económico
2. Análisis de Gastos por Unidades de Producción

| Unidad de Producción | | Año Actual | | | Año Anterior | | Presupuesto | | Desvío | |
| | | Mes | Acumulado (A) | | Acumulado (B) | | Acumulado (C) | | Acumulado | |
Código	Denominación	€	€	%	€	%	€	%	A/B	A/C
1	Unidad 1	23	248	45%	196	47%	273	45%	27%	-9%
2	Unidad 2	17	192	35%	140	33%	191	32%	37%	0%
3	Unidad 3	3	28	5%	28	7%	41	7%	0%	-32%
9	Otras Unidades	7	82	15%	56	13%	95	16%	46%	-14%
	Total	50	550	100%	420	100%	600	100%	31%	-8%

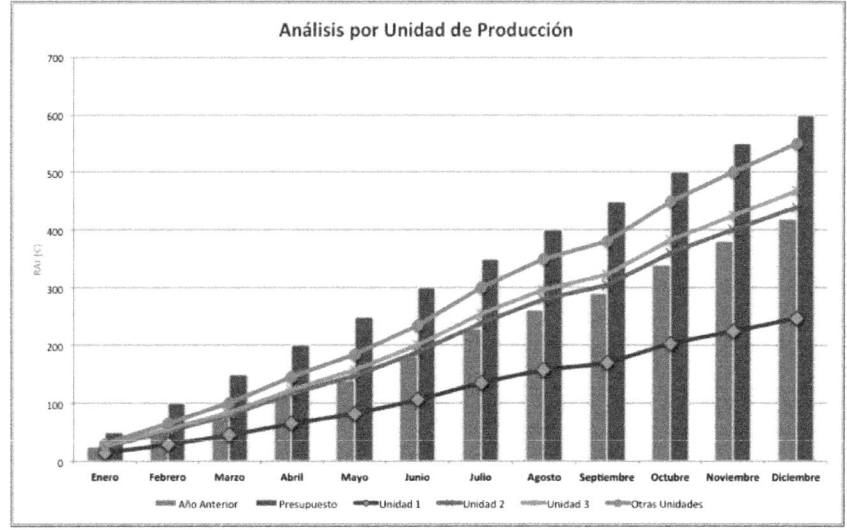

Análisis por Unidad de Producción

Comentarios:

SUPUESTO PRÁCTICO DEL LECTOR

II. Análisis Económico
2. Análisis de Gastos por Naturaleza

Cód.	Naturaleza	Año Actual (A)		Año Anterior (B)		Presupuesto (C)		Desvío - %	
		€	%	€	%	€	%	A/B	A/C
62	**Servicios Exteriores**								
621	Arrendamientos	40		60		100			
622	Reparación y Conservación	15		20		30			
623	Servicios Prof. Independientes	10		5		15			
624	Primas de Seguros	5		10		15			
626	Servicios Bancarios	5		4		5			
627	Publicidad y RRLL	5		0		0			
628	Suministros	105		10		20			
629	Otros Servicios	10		15		35			
	SUMA	195	35,5%	124	29,5%	220	36,7%	57%	-11%
63	**Tributos**								
631	Otros Tributos	5		5		5			
	SUMA	5	0,9%	5	1,2%	5	0,8%	0%	0%
64	**Gastos de Personal**								
641	Sueldos y Salarios	180		170		180			
642	Seguridad Social	50		45		50			
649	Otros Servicios Sociales	20		10		30			
	SUMA	250	45,5%	225	53,6%	260	43,3%	11%	-4%
66	**Gastos Financieros**								
662	Inst. Deudas a L/P	5		7		7			
663	Inst. Deudas a C/P	10		3		13			
669	Otros Gastos Financieros	5		0		0			
	SUMA	20	3,6%	10	2,4%	20	3,3%	100%	0%
67	**Gastos Extraordinarios**								
672	Pdas. Inmov. Material	0		0		0			
678	Gastos Extraordinarios	10		5		15			
679	Gastos Ejercicios Anteriores	0		0		0			
	SUMA	10	1,8%	5	1,2%	15	2,5%	100%	-33%
68	**Amortizaciones**								
681	Amortización Inm. Inmaterial	5		1		2			
682	Amortización Inm. Material	40		35		48			
	SUMA	45	8,2%	36	8,6%	50	8,3%	25%	-10%
69	**Provisiones**								
694	Prov. Insolv. Tráfico	25		15		30			
	SUMA	25	4,5%	15	3,6%	30	5,0%	67%	-17%
6	TOTAL	550	100%	420	100%	600	100%	31%	-8%

Comentarios:

SUPUESTO PRÁCTICO DEL LECTOR

II. Análisis Económico
3. Productividad y Rentabilidad Económica

Periodo	Año Actual (A)		Año Anterior (B)		Presupuesto (C)		Desvios (%)			
	Productividad	Rentabilidad	Productividad	Rentabilidad	Productividad	Rentabilidad	Productividad		Rentabilidad	
	Indice	%	Indice	%	Indice	%	A/B	A/C	A/B	A/C
Enero	0,1	1,2	0,1	0,9	0,2	1,3	0%	-50%	33%	-8%
Febrero	0,2	1,9	0,2	-0,5	0,3	5,7	0%	-33%	-480%	-67%
Marzo	0,4	3,3	0,4	4,1	0,5	7,3	0%	-20%	-20%	-55%
Abril	0,5	4,7	0,6	6,7	0,7	11,1	-17%	-29%	-30%	-58%
Mayo	0,6	6,2	0,8	8,1	0,8	12,4	-25%	-25%	-23%	-50%
Junio	0,7	6,2	0,9	7,3	0,9	12,9	-22%	-22%	-15%	-52%
Julio	0,8	6,3	1	6,6	1,1	12,8	-20%	-27%	-5%	-51%
Agosto	0,9	3,8	1,2	4,8	1,2	12	-25%	-25%	-21%	-68%
Septiembre	1	5,6	1,3	5,7	1,3	13,6	-23%	-23%	-2%	-59%
Octubre	1,1	6,6	1,5	3,5	1,3	16,1	-27%	-15%	89%	-59%
Noviembre	1,2	6,7	1,7	4,3	1,3	16,2	-29%	-8%	56%	-59%
Diciembre	1,5	8,7	1,8	4,8	1,4	18,7	-17%	7%	81%	-53%

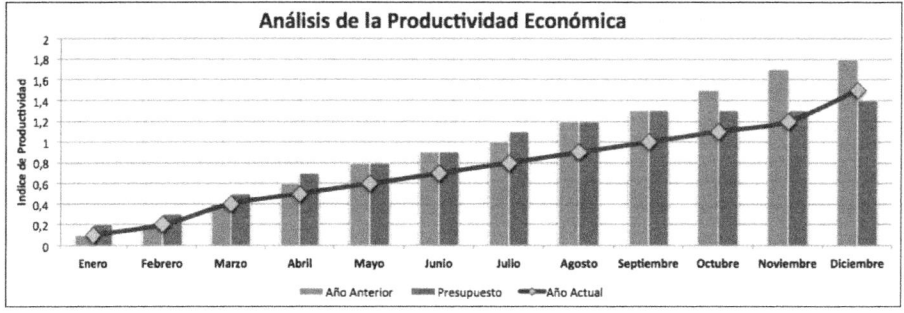

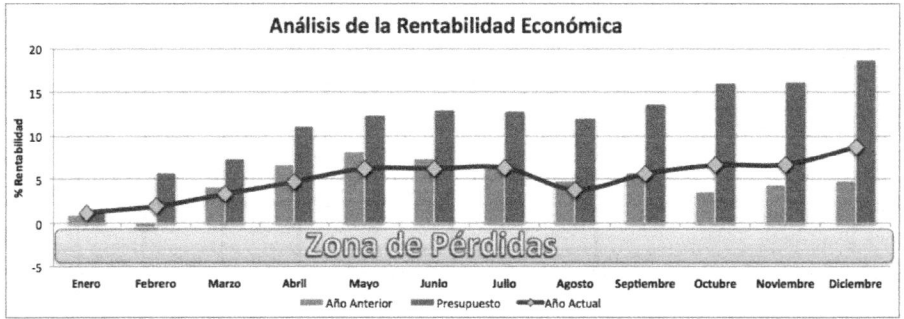

Comentarios:

SUPUESTO PRÁCTICO DEL LECTOR

II. Análisis Económico

3. Productividad y Rentabilidad Financiera

Periodo	Año Actual (A)		Año Anterior (B)		Presupuesto (C)		Desvíos (%)			
	Productividad	Rentabilidad	Productividad	Rentabilidad	Productividad	Rentabilidad	Productividad		Rentabilidad	
	Indice	%	Indice	%	Indice	%	A/B	A/C	A/B	A/C
Enero	0,2	1,0	0,2	0,9	0,3	1,7	0%	-33%	100%	6%
Febrero	0,4	2,7	0,3	0,9	0,5	8,6	33%	-20%	400%	-69%
Marzo	0,9	6,1	0,6	5,4	0,9	11,3	50%	0%	13%	-46%
Abril	1,2	9,3	1	9,6	1,2	19,5	20%	0%	-3%	-52%
Mayo	1,4	12,5	1,2	12	1,3	19,4	17%	8%	4%	-36%
Junio	1,7	11,8	1,4	10,3	1,6	20,9	21%	6%	15%	-44%
Julio	1,9	12,1	1,6	9,6	1,8	21,9	19%	6%	26%	-45%
Agosto	2,1	8,5	1,8	6,2	1,9	18	17%	11%	37%	-53%
Septiembre	2,2	12,1	1,9	7	2,2	21	16%	0%	73%	-42%
Octubre	2,4	14,2	2,2	3,6	2,4	27,4	9%	0%	294%	-48%
Noviembre	2,5	14,7	2,4	4,5	2,6	28,3	4%	-4%	227%	-48%
Diciembre	2,9	16,3	2,7	5,4	3	37,7	7%	-3%	202%	-57%

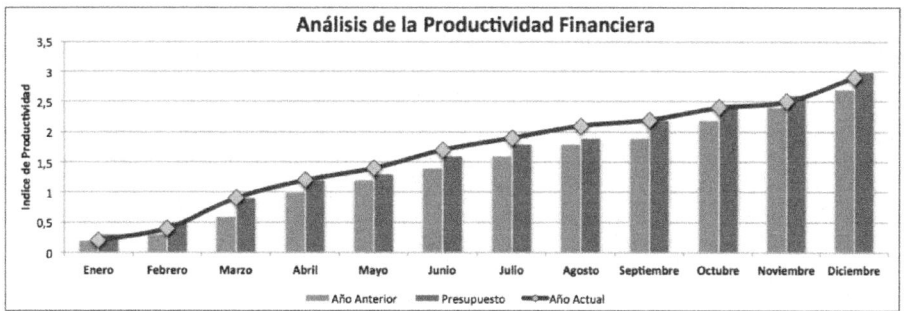

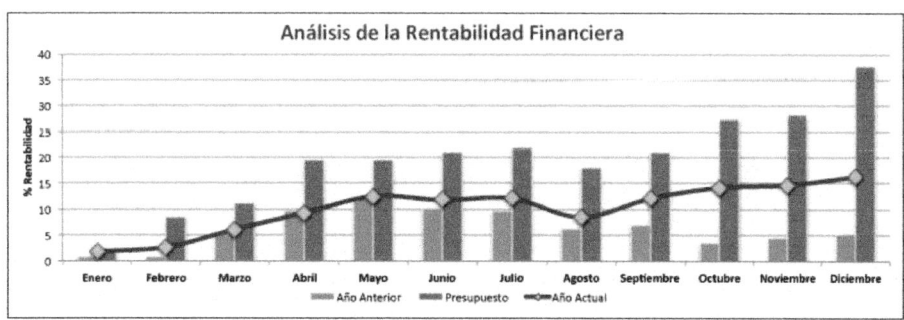

Comentarios:

SUPUESTO PRÁCTICO DEL LECTOR

II. Análisis Económico

3. Productividad y Rentabilidad de los Recursos Humanos

Periodo	Año Actual (A)		Año Anterior (B)		Presupuesto (C)		Desvíos (%)			
	Productividad	Rentabilidad	Productividad	Rentabilidad	Productividad	Rentabilidad	Productividad		Rentabilidad	
	Indice	%	Indice	%	Indice	%	A/B	A/C	A/B	A/C
Enero	6,3	53	5,9	29	6,8	45	7%	-7%	83%	18%
Febrero	5,3	39	4,4	-15	6,8	114	20%	-22%	-360%	-66%
Marzo	8,8	61	6,9	59	8,3	106	28%	6%	3%	-42%
Abril	9,2	72	7,9	79	9,1	136	16%	1%	-9%	-47%
Mayo	8,9	79	7,9	79	8,2	118	13%	9%	0%	-33%
Junio	8,8	154	7,4	56	8,3	106	19%	6%	175%	45%
Julio	8,4	109	7,5	43	8,1	97	12%	4%	153%	12%
Agosto	7,7	43	6,8	24	7,4	68	13%	4%	79%	-37%
Septiembre	7,5	56	6,7	24	7,6	73	12%	-1%	133%	-23%
Octubre	7,1	55	6,6	11	8	91	8%	-11%	400%	-40%
Noviembre	7,2	50	6,6	12	8	88	9%	-10%	317%	-43%
Diciembre	7,2	32	6,7	13	8,5	108	7%	-15%	146%	-70%

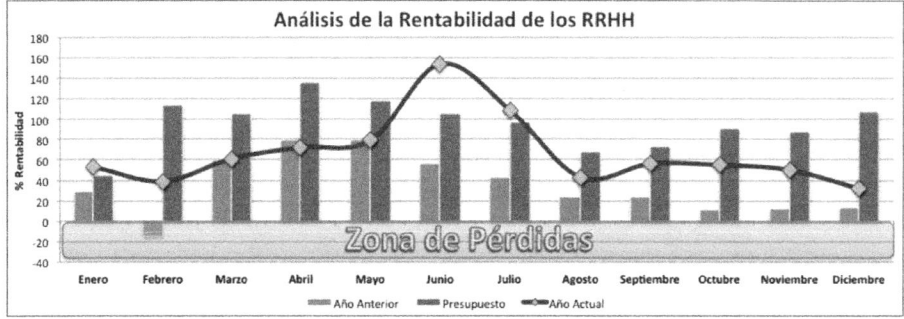

Comentarios:

SUPUESTO PRÁCTICO DEL LECTOR

II. Análisis Económico

4. Control Económico: Umbral de Rentabilidad

Periodo	Año Actual						Presupuesto				
	Cifra Negocio	Margen Bruto		Gastos Fijos		Umbral Rent	Cifra Negocio	Margen Bruto	Gastos Fijos		Umbral Rent
	Acumulado	€	%	Real	TAM	€	Acumulado	€	Acum	Total	€
Enero	120	40	33%	30	580	-540	150	60	50	600	-540
Febrero	200	80	40%	65	565	-485	300	150	100	600	-450
Marzo	500	135	27%	100	550	-415	550	250	150	600	-350
Abril	700	200	29%	145	545	-345	800	320	200	600	-280
Mayo	850	250	29%	185	535	-285	900	380	250	600	-220
Junio	1000	305	31%	235	535	-230	1100	440	300	600	-160
Julio	1200	375	31%	300	550	-175	1250	500	350	600	-100
Agosto	1250	385	31%	350	550	-165	1300	520	400	600	-80
Septiembre	1350	435	32%	380	530	-95	1500	600	450	600	0
Octubre	1500	520	35%	450	550	-30	1750	700	500	600	100
Noviembre	1650	575	35%	500	550	25	1900	760	550	600	160
Diciembre	1800	630	35%	550	550	80	2200	880	600	600	280

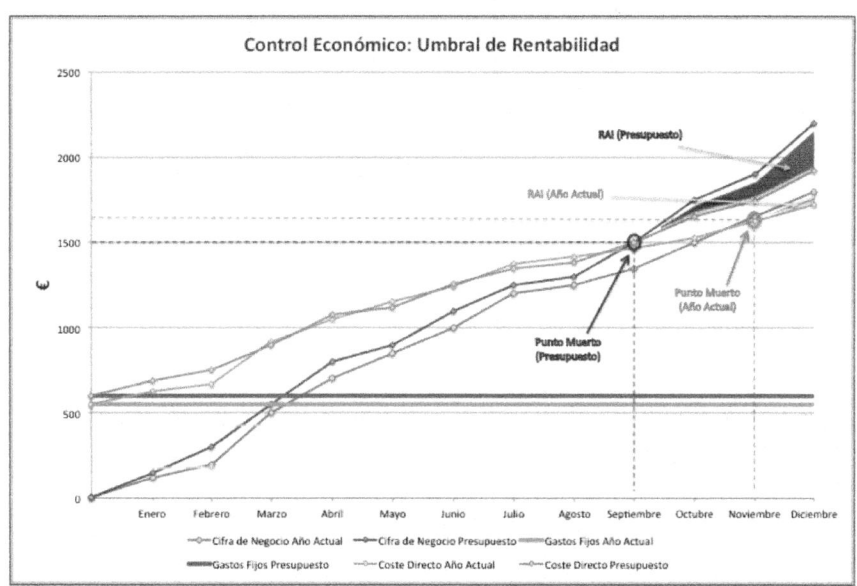

Comentarios:

SUPUESTO PRÁCTICO DEL LECTOR

II. Análisis Económico
4. Control Económico: Seguridad en la Gestión

Periodo	Cifra de Negocio		Coste Directo		Gastos Fijos	
	Importe (€)	Indice (%)	% s CN R-P	Indice %	Importe (€)	Indice (%)
Enero	-30	-20,0%	7	11,7%	-20	-40%
Febrero	-100	-33,3%	0	0,0%	-35	-35%
Marzo	-50	-9,1%	13	21,7%	-50	-33%
Abril	-100	-12,5%	11	18,4%	-55	-28%
Mayo	-50	-5,6%	11	18,4%	-65	-26%
Junio	-100	-9,1%	10	16,7%	-65	-22%
Julio	-50	-4,0%	9	15,0%	-50	-14%
Agosto	-50	-3,8%	9	15,0%	-50	-13%
Septiembre	-150	-10,0%	8	13,3%	-70	-16%
Octubre	-250	-14,3%	5	8,3%	-50	-10%
Noviembre	-250	-13,2%	5	8,3%	-50	-9%
Diciembre	-400	-18,2%	5	8,3%	-50	-8%

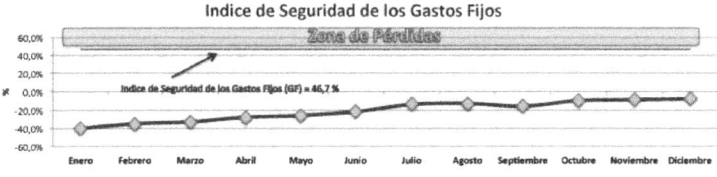

Indice de Seguridad de los Gastos Fijos

Indice de Seguridad en las Ventas

Indice de Seguridad del Coste Directo

Comentarios:

SUPUESTO PRÁCTICO DEL LECTOR

III. Estructura Financiera
1. Situación Patrimonial:
- Balance de Situación

Cód.	Conceptos	Año Actual - Mes en Curso €	%	Año Anterior €	%	Presupuesto €	%	Desvio - % 1/2	1/3
1	ACCIONISTAS	10	1%	10	1%	10	1%	0%	0%
1,2	- Inmovilizado Inmaterial	20		10		10			
2,2	- Inmovilizado Material	770		600		650			
3,2	- Inmovilizado Financiero	30		20		20			
2	Inmovilizado Bruto	820	71%	630	76%	680	43%	30%	21%
3	Fondo de Amortización	-95		-50		-100			
4	Inmovilizado Neto	725	63%	580	70%	580	36%	25%	25%
5	Gastos Cargo Varios Ejs.	0		0		0			
AF	ACTIVO FIJO	735	64%	590	71%	590	37%	25%	25%
1	- Existencias	0		0		0			
2	- Deudores	275		150		522			
3	- Inversiones Financ. Temporales	25		25		25			
4	- Tesorería	120		65		463			
AC	ACTIVO CIRCULANTE	420	36%	240	29%	1010	63%	75%	-58%
AT	Total Activo	1155	100%	830	100%	1600	100%	39%	-28%
1	- Capital	500		500		500			
2	- Reservas	40		40		40			
3	- Resultados Ejercicios Anteriores	20		0		20			
4	- Resultados Ejercicio	52		20		182			
RP	Recursos Propios	612	53%	560	67%	742	46%	9%	-18%
1,5	Ingresos Abonos Varios Ejercicios	0		0		0			
2,5	Provisiones a Largo Plazo	53		65		87			
3,5	Acreedores a Largo Plazo	0	0%	0	0%	0	0%	0%	0%
PF	PASIVO FIJO	665	58%	625	75%	829	52%	6%	-20%
1,6	- Acreedores privados	419		187		640			
2,6	- Acreedores públicos	31		3		101			
3,6	- Provisiones a Corto Plazo	40		15		30			
6	Recursos Ajenos a Corto Plazo	490	42%	205	25%	771	48%	139%	-36%
PC	PASIVO CIRCULANTE	490	42%	205	25%	771	48%	139%	-36%
PT	Total Pasivo	1155	100%	830	100%	1600	100%	39%	-28%

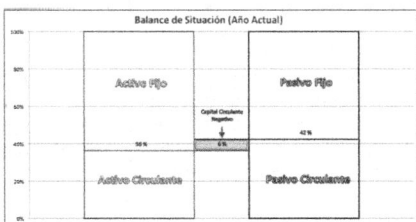

Balance de Situación (Año Actual)

Comentarios:

SUPUESTO PRÁCTICO DEL LECTOR

III. Estructura Financiera
2. Situación Financiera:
- Origen y Aplicación de Fondos

Cód.	Conceptos	Año Actual - Mes en Curso €	Año Anterior €	Variaciones Circulante Aumenta	Variaciones Circulante Disminuye	Variaciones Fondos Origen	Variaciones Fondos Aplicación
1	ACCIONISTAS	10	10				
1,2	- Inmovilizado Material	20	10				10
2,2	- Inmovilizado Material	770	600				170
3,2	- Inmovlizado Financiero	30	20				10
2	Inmovilizado Bruto	820	630				
3	Fondo de Amortización	-95	-50			45	
4	Inmovilizado Neto	725	580				
5	Gastos Cargo Varios Ejs.	0	0				
AF	ACTIVO FIJO	735	590				
1	- Existencias	0	0				
2	- Deudores	275	150	125			
3	- Inversiones Financieras Temporales	25	25				
4	- Tesorería	120	65	55			
AC	ACTIVO CIRCULANTE	420	240				
AT	Total Activo	1155	830				
1	- Capital	500	500				
2	- Reservas	40	40				
3	- Resultados Ejercicios Anteriores	20	0			20	
4	- Resultados Ejercicio	52	20			32	
RP	Recursos Propios	612	560				
1,5	Ingresos Abonos Varios Ejercicios	0	0				
2,5	Provisiones a Largo Plazo	53	65				12
3,5	Acreedores a Largo Plazo	0	0				0
PF	PASIVO FIJO	665	625				
1,6	- Acreedores privados	419	187		232		
2,6	- Acreedores públicos	31	3		28		
3,6	- Provisiones a Corto Plazo	40	15		25		
6	Recursos Ajenos a Corto Plazo	490	205				
PC	PASIVO CIRCULANTE	490	205				
PT	Total Pasivo	1155	830				
	SUMAS			180	285	97	202
	Variación del Capital Circulante			105			

Comentarios:

SUPUESTO PRÁCTICO DEL LECTOR

III. Estructura Financiera

3. Análisis de Solvencia: Fondo de Maniobra

Periodo	Año Actual				Año Anterior	Presupuesto
	Activo Circulante	Pasivo Circulante	Fondo de Maniobra		FM Relativo	FM Relativo
			Absoluto	Relativo		
Enero	275	204	71	1,35	0,78	1,25
Febrero	249	171	78	1,46	0,73	1,32
Marzo	476	388	88	1,23	1,02	1,40
Abril	580	469	111	1,24	1,08	1,41
Mayo	609	485	124	1,26	1,12	1,52
Junio	596	462	134	1,29	1,14	1,46
Julio	680	530	150	1,28	1,13	1,70
Agosto	609	472	137	1,29	1,12	1,55
Septiembre	565	421	144	1,34	1,18	1,55
Octubre	634	455	179	1,39	1,13	1,50
Noviembre	682	497	185	1,37	1,17	1,50
Diciembre	420	490	-70	0,86	1,17	1,31

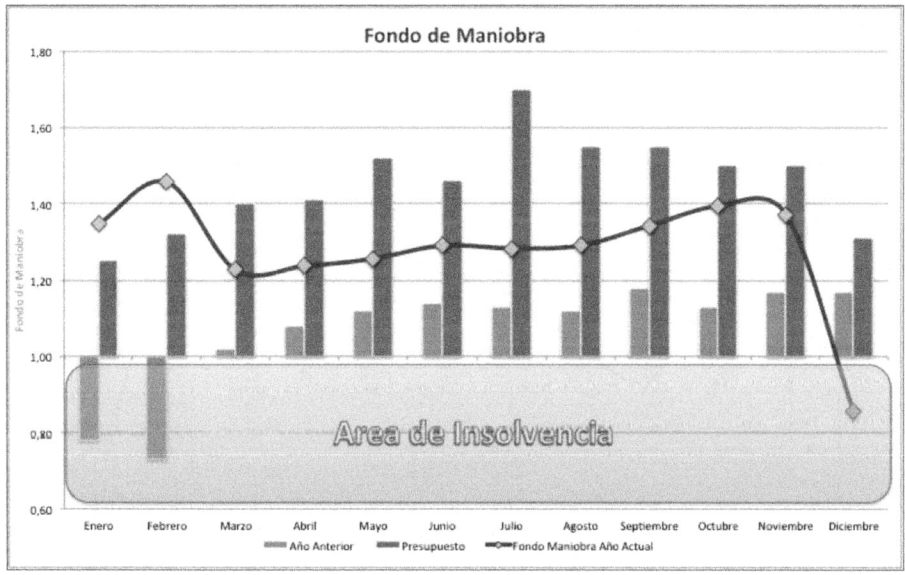

Comentarios:

SUPUESTO PRÁCTICO DEL LECTOR

III. Estructura Financiera
3. Análisis de Solvencia: Grado de Liquidez

Periodo	Disponible			Pasivo Circulante	Indice de Liquidez
	Tesorería	Cartera	Total		
Enero	111	25	136	204	0,67
Febrero	92	25	117	171	0,68
Marzo	146	25	171	388	0,44
Abril	233	25	258	469	0,55
Mayo	324	25	349	485	0,72
Junio	344	25	369	462	0,80
Julio	448	25	473	530	0,89
Agosto	534	25	559	472	1,18
Septiembre	454	25	479	421	1,14
Octubre	454	25	479	455	1,05
Noviembre	456	25	481	497	0,97
Diciembre	120	25	145	490	0,30

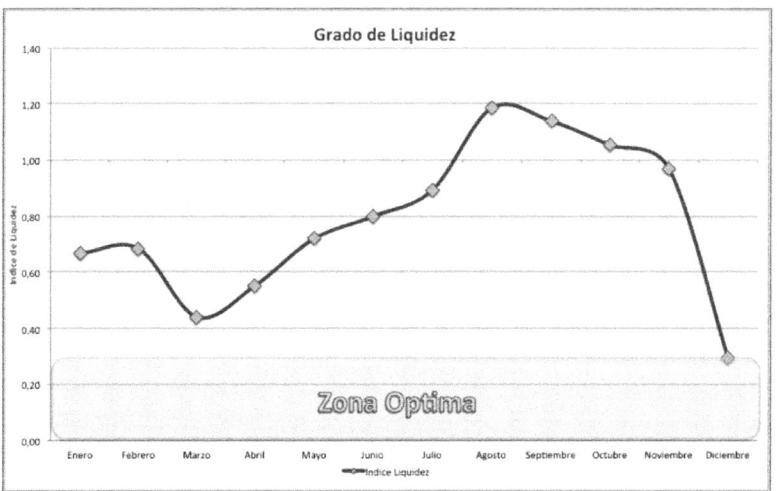

Comentarios:

SUPUESTO PRÁCTICO DEL LECTOR

III. Estructura Financiera

3. Análisis de Solvencia: Autonomía Financiera

Periodo	Recursos Propios	Recursos Ajenos	Autonomía Financiera			Desvios (%)	
	Año Actual	Año Actual	Año Actual (A)	Año Anterior (B)	Presupuesto (C)	A/B	A/C
Enero	563	204	2,76	5,84	2,36	-53%	17%
Febrero	566	171	3,31	6,17	2,49	-46%	33%
Marzo	572	388	1,47	2,86	2,10	-48%	-30%
Abril	571	469	1,22	2,16	1,75	-44%	-30%
Mayo	600	485	1,24	1,97	2,00	-37%	-38%
Junio	596	462	1,29	2,27	1,75	-43%	-26%
Julio	618	530	1,17	2,05	1,82	-43%	-36%
Agosto	601	472	1,27	2,50	2,01	-49%	-37%
Septiembre	604	421	1,43	3,02	1,82	-52%	-21%
Octubre	635	455	1,40	3,24	1,44	-57%	-3%
Noviembre	648	497	1,30	3,18	1,37	-59%	-5%
Diciembre	612	490	1,25	2,73	0,96	-54%	30%

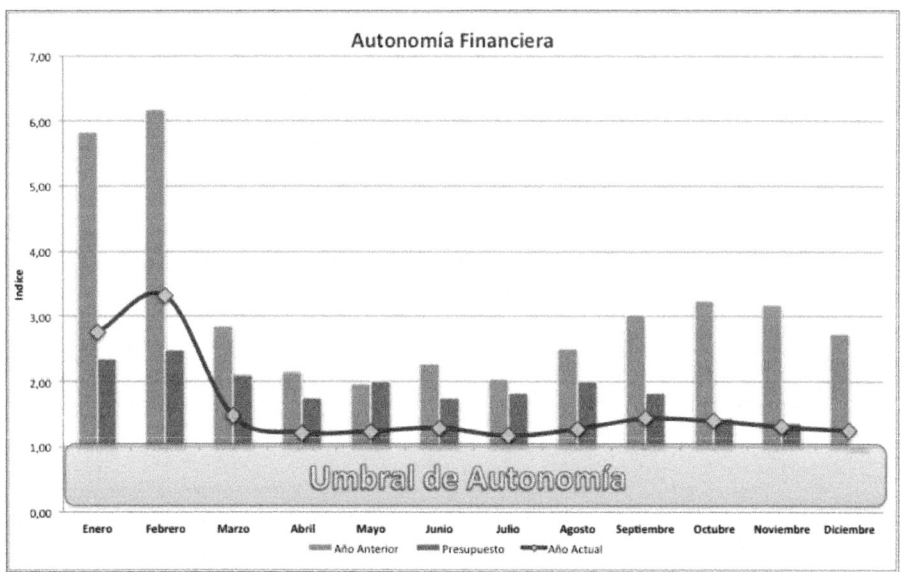

Comentarios:

SUPUESTO PRÁCTICO DEL LECTOR

III. Estructura Financiera

3. Análisis de Solvencia: Índice de Endeudamiento

Periodo	Recursos Propios Año Actual	Recursos Ajenos Año Actual	Indice de Endeudamiento			Desvios (%)	
			Año Actual (A)	Año Anterior (B)	Presupuesto (C)	A/B	A/C
Enero	563	204	0,36	0,17	0,42	113%	-14%
Febrero	566	171	0,30	0,16	0,40	89%	-24%
Marzo	572	388	0,68	0,35	0,48	94%	41%
Abril	571	469	0,82	0,46	0,57	79%	44%
Mayo	600	485	0,81	0,51	0,50	58%	62%
Junio	596	462	0,78	0,44	0,57	76%	36%
Julio	618	530	0,86	0,49	0,55	75%	56%
Agosto	601	472	0,79	0,40	0,50	96%	57%
Septiembre	604	421	0,70	0,33	0,55	111%	27%
Octubre	635	455	0,72	0,31	0,69	131%	4%
Noviembre	648	497	0,77	0,31	0,73	147%	5%
Diciembre	612	490	0,80	0,37	1,04	116%	-23%

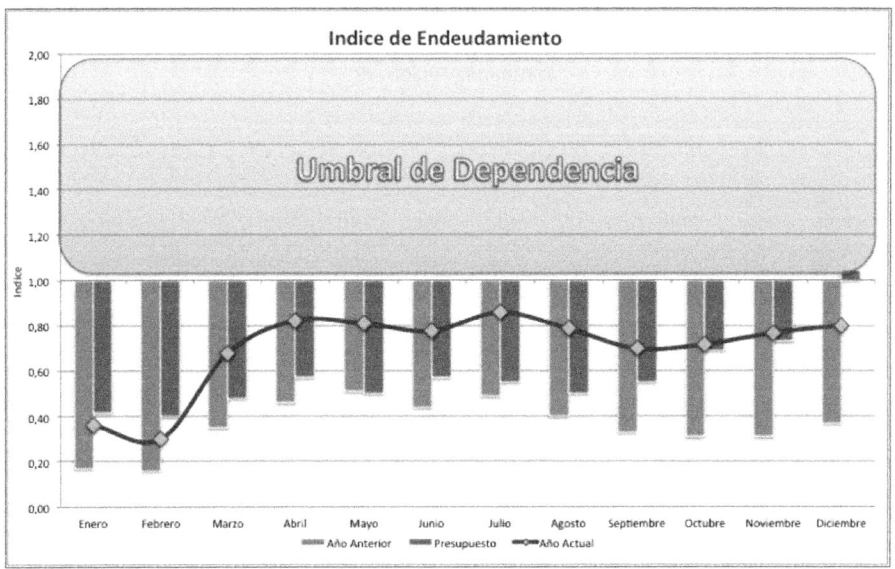

Comentarios:

SUPUESTO PRÁCTICO DEL LECTOR

III. Estructura Financiera

3. Análisis de Solvencia: Equilibrio Financiero

Periodo	Año Actual			Año Anterior			Presupuesto		
	Activo Fijo	Recs. Propios	Grado Estabil.	Activo Fijo	Recs. Propios	Grado Estabil.	Activo Fijo	Recs. Propios	Grado Estabil.
Enero	766	563	1,36	603	543	1,11	638	574	1,11
Febrero	762	566	1,35	600	537	1,12	632	585	1,08
Marzo	758	572	1,33	597	560	1,07	628	622	1,01
Abril	754	591	1,28	594	576	1,03	624	656	0,95
Mayo	750	600	1,25	591	586	1,01	620	670	0,93
Junio	746	596	1,25	608	580	1,05	616	671	0,92
Julio	742	618	1,20	605	577	1,05	612	685	0,89
Agosto	738	601	1,23	602	564	1,07	608	667	0,91
Septiembre	734	604	1,22	599	567	1,06	604	692	0,87
Octubre	730	635	1,15	596	552	1,08	600	729	0,82
Noviembre	737	648	1,14	593	557	1,06	596	743	0,80
Diciembre	735	612	1,20	590	560	1,05	590	742	0,80

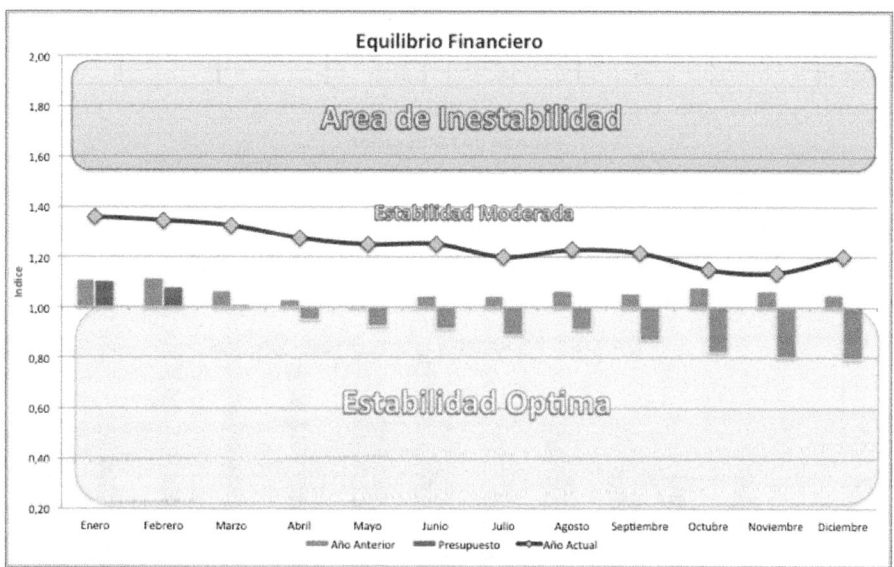

Comentarios:

SUPUESTO PRÁCTICO DEL LECTOR

III. Estructura Financiera

4. Cobertura Financiera:
- Crédito a Clientes
- Crédito de Proveedores
- Periodo de Maduración

Periodo	Año Actual			Año Anterior		Presupuesto	
	Plazo Medio		Periodo de Maduración (2-1)	Cobro	Pago	Cobro	Pago
	Cobro (1)	Pago (2)					
Enero	20	44	24	18	27	21	53
Febrero	19	37	18	12	26	20	51
Marzo	44	84	40	29	55	33	65
Abril	47	100	53	39	73	42	84
Mayo	38	97	59	33	80	49	75
Junio	34	97	63	20	69	28	86
Julio	30	106	76	32	75	26	84
Agosto	7	92	85	26	61	18	73
Septiembre	13	86	73	36	49	26	86
Octubre	25	97	72	41	44	44	116
Noviembre	32	103	71	34	45	52	124
Diciembre	47	113	66	31	55	73	150

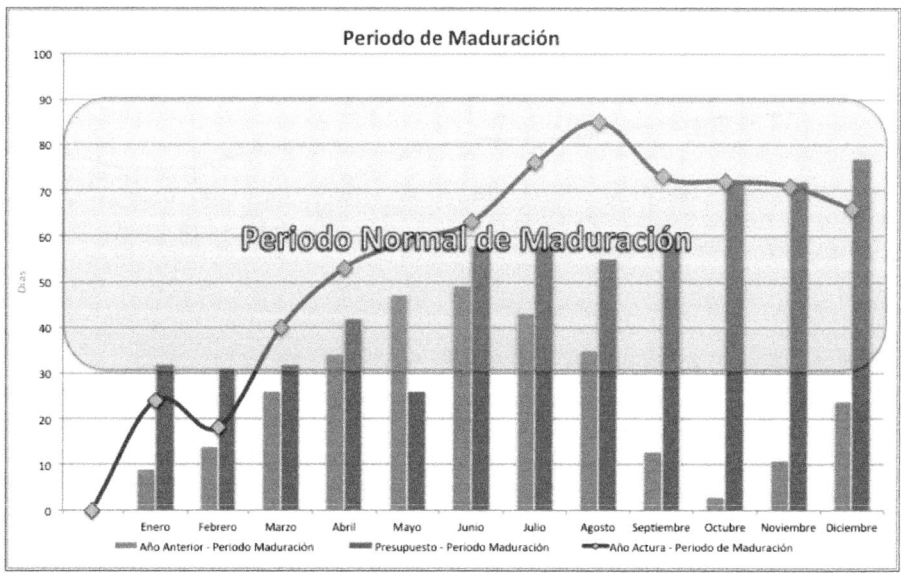

Comentarios:

SUPUESTO PRÁCTICO DEL LECTOR

III. Estructura Financiera

5. Rotación de Capitales: Rotación del Activo Total (Eficacia de la Inversión Económica)

Período	Año Actual		Año Anterior		Presupuesto	
	Indice	Días	Indice	Días	Indice	Días
Enero	2,1	171	2,2	164	2,3	157
Febrero	2,1	171	2,3	157	2,3	157
Marzo	1,7	212	1,9	189	2,1	171
Abril	1,6	225	1,7	212	1,9	189
Mayo	1,6	225	1,6	225	2	180
Junio	1,6	225	1,7	212	1,9	189
Julio	1,5	240	1,6	225	1,9	189
Agosto	1,6	225	1,7	212	2	180
Septiembre	1,6	225	1,8	200	1,8	200
Octubre	1,4	257	1,9	189	1,6	225
Noviembre	1,5	240	1,9	189	1,5	240
Diciembre	1,6	225	1,8	200	1,4	257

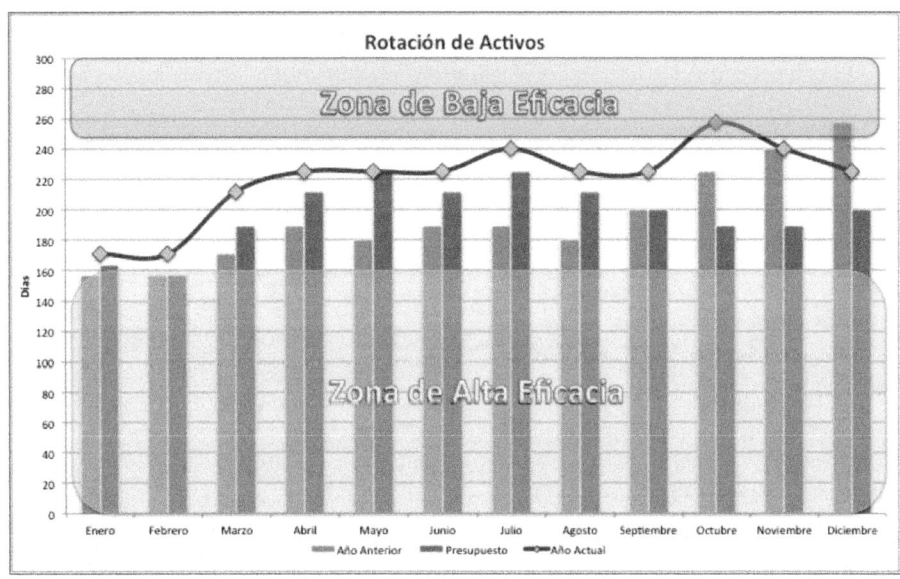

Comentarios:

SUPUESTO PRÁCTICO DEL LECTOR

III. Estructura Financiera

5. Rotación de Capitales: Rotación de los Recursos Propios (Eficacia de la Inv. Financiera)

Periodo	Año Actual		Año Anterior		Presupuesto	
	Indice	Días	Indice	Días	Indice	Días
Enero	3,9	92	2,8	129	3,8	95
Febrero	3,7	97	2,8	129	3,7	97
Marzo	3,8	95	2,7	133	3,5	103
Abril	3,6	100	2,6	138	3,4	106
Mayo	3,6	100	2,5	144	3,3	109
Junio	3,5	103	2,6	138	3,3	109
Julio	3,5	103	2,6	138	3,2	113
Agosto	3,6	100	2,6	138	3,3	109
Septiembre	3,4	106	2,6	138	3,2	113
Octubre	3,1	116	2,7	133	3	120
Noviembre	3	120	2,7	133	2,9	124
Diciembre	2,9	124	2,7	133	2,9	124

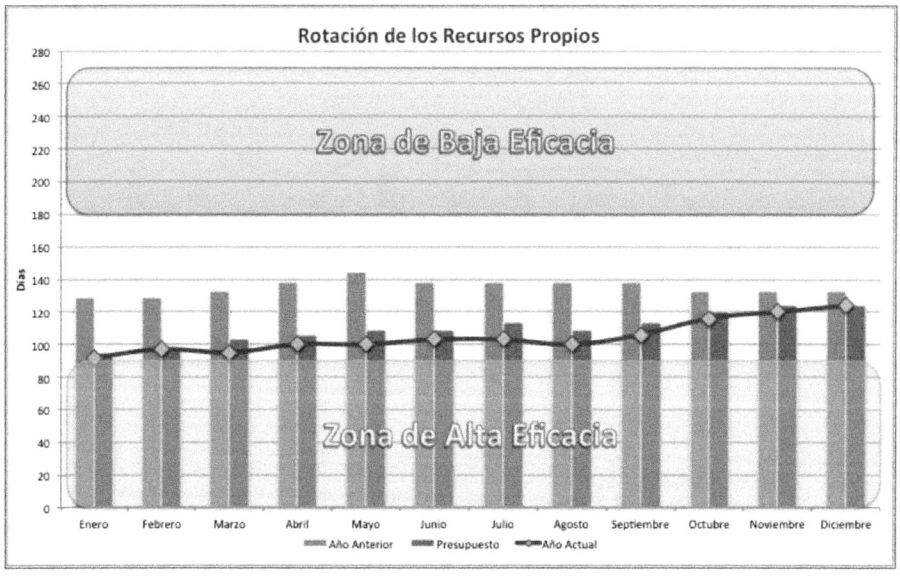

Comentarios:

SUPUESTO PRÁCTICO DEL LECTOR

III. Estructura Financiera
6. Situación de Tesorería
Previsiones a Corto Plazo

Conceptos	Año Anterior	Presupuesto		
	Diciembre	Enero	Febrero	Marzo
DISPONIBLE INICIAL	(76)	90	159	183
INGRESOS				
Clientes	1690	176	180	195
Ingresos Extraordinarios	0			
Desinversiones	0			
Otros Ingresos	0			
TOTAL	1690	176	180	195
PAGOS				
Proveedores Op. de Tráfico	1081	66	113	113
Proveedores por Inversiones	23	0	0	0
Finanzas y Depósitos	0	0	0	0
Invers. Financ. Temporales	0	0	0	0
Otras Inversiones Financ.	0	0	0	0
Hacienda Pública	77	4	11	18
Organismos de la Seg. Social	54	5	5	5
Suministros	10	2	2	2
Servicios Exteriores	114	15	15	15
Sueldos y Salarios	140	10	10	10
Gastos Extraordinarios	5	0	0	0
Gastos Financieros	10	0	0	5
Otros Pagos	10	5	0	0
TOTAL	1524	107	156	168
DISPONIBLE FINAL	90	159	183	210
Tesorería	65	134	158	185
Cartera de Efectos	0	0	0	0
Cartera de Valores	25	25	25	25
TOTAL	90	159	183	210

Comentarios:

SUPUESTO PRÁCTICO DEL LECTOR

IV. Control del Inmovilizado
1. Inventario (Ficha de Inmovilizado)

Ficha de Inmovilizado

- Código de Contabilidad   227
- Número Identificativo   0150
- Cantidad de Elementos   1
- Denominación   IBM P III D12Gb
- Procedencia   Concesionario IBM SA
- Fecha de Incorporación   01.01.1998
- Modalidad   Compra
- Valor Contable Inicial   10,00€

- Variaciones:
  + Fecha: 01.01.1998   + Causa: Ampliación Memoria RAM
  + Fecha: + Causa:

- Baja:
  + Fecha: 31.12.02   + Causa: Amortización

| Año | Valor Bruto | | | Amortización | | | Valor Neto Contable |
	Inicial	Variación	Total Bruto	%	Dotación Variación	Total Acumulado	
1998	10,00		10,00	25	2,5	2,5	7,5
1999	10,00	+1,00	11,00	25	2,75	5,25	5,75
2000	11,00		11,00	25	2,75	8	7
2001	11,00		11,00	25	2,75	10,75	0.25
2002	11,00		11,00	25	0,25	11	0

Comentarios:

SUPUESTO PRÁCTICO DEL LECTOR

IV. Control del Inmovilizado

1. Inventario (Inventario Permanente)

Cod.	Num.	Cdad.	Denominación	Procedencia	Fecha	Modalidad	Valor Contable	Variaciones	Causa	Valor Bruto Anual	Variaciones				Valor Neto Contable	Baja
											%	Anterior	Dotación Variación	Acumulada		
227	0150	1	Ordenador IBM PIII	Concesion IBM	01.#1.98	Compra	10,00	+1,00	Accesorios	11,00	25	10,75	0,25	11,00	0	X

Comentarios:

Capítulo 4

PREVENCIÓN DE RIESGOS LABORALES

4.1 SISTEMA DE GESTIÓN DE PREVENCIÓN DE RIESGOS LABORALES

El Sistema de Gestión de Prevención de Riesgos Laborales (SGPRL) define la Política de prevención y determina los procedimientos y recursos necesarios para prevenir y evitar riesgos en los centros de trabajo.

Los elementos fundamentales para la gestión de un sistema preventivo, son los siguientes:

- Política de prevención
- Actuación para la prevención
- Declaración de principios y compromisos
- Comunicación y documentación

4.1.1 Política de prevención

Es el primer punto a desarrollar, previamente a toda planificación preventiva.

La Norma UNE 81900:1996 EX da la siguiente definición a la política:

"*Son las directrices y objetivos generales de una organización, relativos a la Prevención de Riesgos Laborales, expresados formalmente por la Dirección*".

Estos objetivos han de traducirse en hechos, poniendo a punto una estructura, con los RR.HH. y materiales necesarios para poder desarrollarla, realizar correctamente sus funciones y las correspondientes actividades preventivas.

La Ley de Prevención de Riesgos Laborales (LPRL) y el Reglamento de los Servicios de Prevención (RSP) aportan una serie de conceptos fundamentales para poder definir el modelo preventivo a desarrollar en la empresa, entre los que cabe destacar:

- **Mejora continua**: la dirección de la empresa garantizará la seguridad y salud de los trabajadores en todos los aspectos relacionados con el trabajo, mediante el desarrollo de *una acción permanente, con el fin de perfeccionar los niveles de protección existentes* (Art. 14.2 de la Ley de Prevención de Riesgos Laborales).

- **Integración de la actividad preventiva**: *la integración de la prevención en todas las escalas jerárquicas de la empresa implica su atribución, y la asunción por éstas, de la obligación de incluir la prevención de riesgos en cualquier actividad que realicen u ordenen y en todas las decisiones que adopten* (Art.1.1 del Reglamento de los Servicios de Prevención).

Mediante una adecuada política preventiva, se trata de establecer, por parte de la dirección, el marco de trabajo y los medios necesarios para alcanzar los objetivos estratégicos que permitan promover y asegurar la salud de los trabajadores, para el logro de un desarrollo empresarial sostenible y la excelencia en la gestión empresarial.

4.1.2 Actuación para la prevención

La dirección de la Empresa deberá mantener actualizado el SGPRL como herramienta para asegurar que la actuación para la prevención sea la adecuada.

Los elementos esenciales para la gestión del sistema preventivo, además de la Política, son los siguientes:

- Identificación y evaluación de riesgos.
- Organización.
- Planificación.
- Ejecución y coordinación.
- Auditoría.

a. **Identificación y evaluación de riesgos**

La acción preventiva de la Empresa se planificará a partir de la evaluación inicial de riesgos, que será revisada en función del cambio en las condiciones de trabajo, y documentada a los efectos establecidos en el Art.23 de la LPRL.

b. **Organización**

En cumplimiento de la LPRL y del RSP, se establecerán los órganos que tienen responsabilidades en el ámbito de la seguridad y salud:

Servicio de Prevención, Delegados de Prevención y Comité de Seguridad y Salud.

La dirección de la Empresa debe definir documentalmente las responsabilidades del personal en todos los niveles jerárquicos, tal como la reglamentación define:

El establecimiento de una acción de prevención de riesgos integrada en la empresa, supone la implantación de un plan de prevención de riesgos que incluya:

La estructura organizativa, la definición de funciones, las prácticas, los planes, los procedimientos, los procesos y los recursos necesarios, para llevar a cabo dicha acción (Art.2.1 del Reglamento de Servicios de Prevención).

c. **Planificación**

La planificación preventiva se establece a partir de la evaluación inicial.

Es el conjunto de actividades a aplicar en función de la magnitud de riesgos y del número de trabajadores expuestos.

La planificación deberá contemplar siete puntos básicos:

1. **Medidas y actividades para eliminar y reducir riesgos**: medidas de prevención en el origen del riesgo, de protección colectiva, de protección individual, de formación e información, etc.

   Debería existir un sistema de registro para documentar dichas medidas o actividades, conforme a lo dispuesto en el Art. 23.1 de la LPRL y Art. 7.c del RSP.

2. **Información, formación y participación de los trabajadores**: disposición de procedimientos adecuados que permitan informar y formar a los trabajadores sobre los riesgos a los que están expuestos y las medidas preventivas a seguir.

3. **Actividades para el control de riesgos**: se consideran como tales las actividades para el control periódico de las condiciones de trabajo, de la actividad de los trabajadores y de su estado de salud, por ejemplo: inspecciones periódicas, tareas de mantenimiento o vigilancia de la salud.

   También es conveniente llevar un registro que permita verificar que estas actividades, efectivamente, se llevan a cabo.

4. **Actuaciones frente a cambios previsibles**: los cambios en las instalaciones, equipos o procedimientos de trabajo, en la plantilla de trabajadores, o las rotaciones de puestos de trabajo, pueden modificar significativamente las condiciones de seguridad y salud en el trabajo.

   La empresa deberá tener en consideración los aspectos relativos a la prevención a la hora de decidir sobre cambios, actualizando la evaluación de riesgos y la planificación preventiva, si fuera necesario.

5. **Actuaciones frente a sucesos previsibles**: deben planificarse las actuaciones a seguir ante riesgos graves e inminentes, situaciones de emergencia y necesidad de prestar primeros auxilios.

6. **Ejecución y coordinación**: en esta fase se lleva a la práctica todo lo planeado en las fases anteriores.

   El disponer de procedimientos documentados para el desarrollo de actividades preventivas facilitará la implantación de las medidas y la formación de las personas implicadas.

7. **Auditoría**: la auditoría cierra el ciclo de las actividades preventivas.

   La auditoría debe permitir examinar de forma sistemática, documentada y objetiva todos los componentes del Sistema de Gestión de Prevención de Riesgos Laborales y, concretamente, de la Seguridad y Salud en el Trabajo (SST).

   La empresa deberá establecer y mantener actualizado el procedimiento para el desarrollo de auditorías internas, asegurando que las auditorías externas, cuando procedan, sean lo menos desfavorables posible.

La evidencia de la existencia de un sistema de prevención es un requisito necesario. Además, habría que demostrar su existencia mediante, el manual de SGPRL, los procedimientos, especificaciones, instrucciones, registros y todo un conjunto de documentos para facilitar su correcto funcionamiento.

4.1.3 Declaración de principios y compromisos

La Política en materia de Prevención de Riesgos Laborales requiere unos principios de acción y unos objetivos a alcanzar por la dirección y los responsables de la organización.

La Política de PRL no es un compendio de normas de seguridad, sino que describe las interrelaciones de los elementos y actividades del SGPRL y proporciona orientación sobre la documentación básica a emplear, siendo reglamentaria la descrita en el Art.23.1 de la LPRL.

La Política de PRL lleva implícita una declaración de principios, en los que se basa, y la consecuente declaración de compromisos por parte de la dirección de la empresa:

- **Destinatarios**: todos los miembros de la empresa, incluso otros estamentos, como clientes, proveedores, contratas, etc.

- **Implicaciones y responsabilidades**: es responsabilidad de la dirección, a partir de un estudio de la situación actual y de la estrategia a seguir, para una evolución satisfactoria de las tareas de prevención.

- **Desarrollo**: se trata de establecer una cultura de seguridad y salud en la que se determinen comportamientos y hábitos de trabajo seguros, y los principios de la acción preventiva, que deberán ir encaminados a proteger la salud de los trabajadores y a reconocer el valor del Capital Humano como uno de los puntos clave del éxito de la empresa.

La Política de PRL asume los Principios que establece el Art.15 de la LPRL, siendo conveniente que en la **Declaración de Principios** de la empresa se incluyan además:

- La importancia de las personas y sus condiciones de trabajo para el propio desarrollo de la empresa, así como su necesaria implicación en sus objetivos.

- La mejora continua de las condiciones de trabajo y de todos los ámbitos de actuación de la empresa.

- La integración de la prevención en la estructura y en las actividades cotidianas y la responsabilidad asumida en su correcta gestión.

- La participación de los trabajadores en decisiones que afecten a sus condiciones de trabajo.

- La información y formación de los trabajadores en materia de PRL.

- La interrelación entre el trabajo bien hecho y unas condiciones seguras y dignas.

Por su generalidad, los Principios deben ir acompañados de los **Compromisos** necesarios que permitan llevarlos a término:

Como muestra, se podrían contraer los siguientes:

- Todos los miembros de la empresa estarán implicados en actividades preventivas para evitar daños personales y materiales, de acuerdo con las condiciones establecidas al respecto.

- Disponer de los recursos y procedimientos necesarios para el desarrollo de las diferentes actividades preventivas.

- Cualquier modificación o cambio sustancial que pueda afectar a las condiciones del puesto de trabajo será objeto de consulta a los trabajadores.

- El personal al mando realizará obligatoriamente actividades preventivas básicas, tales como investigación de accidentes, revisiones y observaciones periódicas de los lugares de trabajo, y elaboración y revisión de procedimientos de trabajo, además de otras actividades que específicamente se le encomienden.

- Se dispondrá de un plan de capacitación y entrenamiento de los empleados, en las tareas que se realicen.

Referencias legales y normativa:

- Legales: Ley 31/1995 de PRL, arts. 1, 15, 23 y 42.
- Normativa: UNE 81900:1996 Ex: Sistemas de Gestión de la PRL, apartados 4.1, 4.2 y 4.3.
  - OHSAS 18001:1999: Sistema de Gestión de Seguridad y Salud Laboral.
  - ISO 9000:2000: Sistemas de Gestión de Calidad.

4.1.4 Comunicación y documentación en materia de PRL

- **Objetivo**: establecer las formas de comunicación en materia de PRL y documentar la gestión mediante un sistema que permita a la organización de la empresa hacer un seguimiento y control de la actividad preventiva, así como su adaptación a los requisitos legales y normativas relevantes para dicha actividad.

- **Ámbito de aplicación**: todas las áreas y departamentos de la empresa.

Definiciones

a. **Comunicación**: proceso de transferencia de información a través de diferentes canales en función de su contenido.

   1. **Interna**: entre cualquier persona, área o departamento de la empresa.

      Alcanzan un alto grado de protagonismo:

      - **El Comité de Seguridad y Salud**

        Órgano paritario y colegiado de participación, dedicado a la consulta regular y periódica de las actuaciones de la empresa en materia de PRL.

      - **Los Delegados de Prevención**

        Representantes de los trabajadores con funciones específicas de prevención de riesgos laborales.

   2. **Externa**: con cualquier persona, unidad o servicio público o privado competente en materia de PRL.

b. **Documentación**

   1. **Manual de Gestión de PRL**: desarrollo del sistema de gestión de PRL adoptado, que establezca la política y la actuación para la prevención.

   2. **Plan de PRL:** conjunto de instrucciones y objetivos propuestos, en un tiempo determinado en materia de PRL.

      Define la programación en el tiempo de las diferentes tareas preventivas.

   3. **Procedimiento**: documento que describe como realizar una actividad preventiva de forma detallada, estableciendo cómo, quién y para qué se realiza dicha actividad.

   4. **Evaluación de riesgos**: para la seguridad y salud de los trabajadores, incluido el resultado de los controles periódicos de las condiciones de trabajo, de acuerdo con lo dispuesto en el párrafo a) del apartado 2 del artículo 16 de la Ley 54/2003.

   5. **La planificación de la actividad preventiva**: incluye las medidas de prevención y de protección a adoptar y, en su caso, material de protección que deba utilizarse, de conformidad con el párrafo b) del apartado 2 del artículo 16 de la Ley 54/2003.

   6. **Los resultados de la vigilancia de la salud**: previstos en el artículo 22 de la Ley 54/2003 y conclusiones obtenidas de los mismos en los términos recogidos en el último párrafo del apartado 4 de dicho artículo.

   7. **La relación de accidentes de trabajo y enfermedades profesionales**: que hayan causado al trabajador una incapacidad laboral superior a un día de trabajo, incluyendo en dicho supuesto una copia de la notificación a que se refiere el apartado 3 del artículo 23 de la Ley 54/2003.

4.2 PROCEDIMIENTOS DE PREVENCIÓN DE RIESGOS LABORALES

4.2.1 Organización de la actividad preventiva

El objetivo consiste en establecer la estructura organizativa de la Prevención de Riesgos Laborales que, al menos, se ajuste a los términos que exige la Ley, determinando las funciones y responsabilidades de toda la organización en esta materia.

Este objetivo afecta, o debe afectar, a todos los miembros de la empresa en función del puesto de trabajo.

La empresa es la responsable de montar la organización preventiva y de definir las funciones y responsabilidades.

A tal efecto, dará a conocer el organigrama y las dependencias funcionales de sus miembros.

4.2.1.1 Funciones y responsabilidades

El objetivo de la organización de la actividad preventiva es establecer la estructura para la Prevención de Riesgos Laborales la cual, como mínimo, se debe ajustar a los términos que exige la Ley respecto a los órganos protagonistas de la prevención de riesgos en la empresa, Delegados de Prevención, Comité de Seguridad y Salud y Servicio de Prevención, determinando sus funciones y responsabilidades.

La empresa tiene la mayor de las responsabilidades en materia de seguridad y salud laboral, tanto porque la Ley de PRL así lo determina, como porque los trabajadores que le prestan servicio deben estar por encima de productividad y rentabilidad a la hora de desarrollar su trabajo con la máxima protección para su seguridad y salud.

El empresario debe garantizar la seguridad y salud de los trabajadores adoptando las medidas necesarias para que la utilización de los lugares y medios de trabajo no provoque riesgos, y si ello no fuera posible, para que tales riesgos se reduzcan al máximo.

La legislación obliga a las empresas a promover la seguridad y salud de los trabajadores mediante la aplicación de las medidas y el desarrollo de las actividades necesarias para la prevención de los riesgos derivados del trabajo.

La información, la consulta, la participación y la formación de los trabajadores, es una obligación de la empresa en materia de PRL.

Se deberán diferenciar las funciones y responsabilidades en los diferentes niveles jerárquicos de la empresa en general, así como de los órganos especializados y dedicados a la PRL, en particular:

- La dirección de la empresa.
- Los responsables de unidades funcionales.
- Los mandos intermedios.
- Los trabajadores en general.
- El coordinador del plan de prevención.
- El delegado de prevención.
- El comité de seguridad y salud.
- El servicio de prevención.

a. **La dirección de la Empresa**

Tiene la obligación de organizar la actividad preventiva, asumiendo el cumplimiento y respeto a las normas y procedimientos en todos los estamentos y actividades de la empresa:

- Establecerá un sistema de Prevención de Riesgos que cuente con los medios adecuados para el alcance de sus fines.

- Integrará la actividad preventiva en todos los niveles del organigrama.

- Fomentará una cultura preventiva y promoverá actuaciones que no se limiten a la simple corrección "a posteriori" de situaciones de riesgo ya manifestadas.

- Desarrollará actividades de formación e información, dirigidas a tener un mejor conocimiento de los riesgos derivados del trabajo.

- Apoyará la consulta y la participación de los trabajadores en la gestión de la Prevención de Riesgos Laborales.

- Pondrá en práctica planes preventivos y de acción dirigidos a la mejora continua de la Seguridad y Salud Laboral.

b. **Los responsables de Unidades Funcionales**

Son los encargados de impulsar, coordinar y controlar el Sistema de Gestión de la Prevención.

En su área de influencia y responsabilidad asumirán y efectuarán las acciones preventivas que se determinen en los procedimientos para alcanzar los objetivos fijados, desempeñando las siguientes funciones:

- Apoyar a los mandos intermedios, para que puedan cumplir con sus cometidos. A tal fin, deberán asegurar que estén debidamente formados y que cuenten con los medios necesarios para su desarrollo.

− Efectuar un seguimiento de la eficacia del Sistema de Gestión establecido y de su cumplimiento para alcanzar las metas estableciendo o proponiendo, en su caso, las acciones correctoras o preventivas necesarias.

− Respetar las programaciones de acciones preventivas asignadas e implantar las medidas planificadas.

− Coordinar la actividad preventiva con las demás áreas o departamentos con los que comparta lugares de trabajo, equipos o tareas, para evitar que se puedan ocasionar situaciones de riesgo para los trabajadores.

− Velar por el cumplimiento de las normas de seguridad y salud establecidas para la eliminación o minimización de las situaciones de riesgo evaluadas e integrarlas, en lo posible, en los sistemas de trabajo.

− Supervisar periódicamente el estado de las condiciones de trabajo de acuerdo con el procedimiento de controles periódicos del Sistema de Gestión en su área de influencia/responsabilidad.

− Liderar las actividades de investigación de los daños a la salud producidos y, en su caso, controlar la implantación y eficacia de las medidas propuestas como resultado de dicha investigación.

− Promover y participar en la elaboración de procedimientos de trabajo en aquellas tareas con riesgos especiales que se realicen en su Unidad Funcional.

c. **Los mandos intermedios**

Desarrollan funciones específicas del sistema de gestión por delegación directa de los responsables operativos de los que dependen.

Además, al participar de forma activa en la ejecución de los procesos, son responsables de asegurar que se cumplan los procedimientos y normas preventivas relacionadas con los sistemas de trabajo y tareas que supervisan.

En su ámbito de competencia asumirán las siguientes funciones:

− Vigilar y controlar que se cumpla la normativa establecida e incluirla en las instrucciones que transmitan a los trabajadores que tienen a su cargo.

− Informar a los trabajadores de los riesgos y de las medidas a adoptar en los lugares de trabajo que ocupan y en los puestos de trabajo que desempeñan.

− Comunicar los posibles riesgos o deficiencias observados, o la ineficacia de las medidas previstas para su control o eliminación.

− En caso de incorporación de trabajadores, asegurarse de que reciban la información, formación y medios de protección establecidos para el desarrollo de sus tareas.

- Vigilar con especial atención aquellas situaciones peligrosas que pudieran surgir, bien sea en la realización de nuevas tareas, o bien en las ya existentes (para adoptar medidas correctoras inmediatas).

- Investigar todos los daños a la salud ocurridos en su área de trabajo, de acuerdo con el procedimiento establecido.

- Formar a los trabajadores para la correcta realización de las tareas que tengan asignadas y detectar las carencias al respecto.

- Comunicar las sugerencias de mejora y las situaciones de riesgo potencial que propongan los trabajadores.

- Fomentar entre sus colaboradores el desarrollo de una cultura preventiva acorde con la política fijada en el Sistema de Gestión de la Prevención.

- No asignar o permitir el desarrollo de actividades peligrosas a trabajadores que, aparentemente, o por indicación de los mismos, muestren incapacidad manifiesta para llevarlas a cabo con los niveles de seguridad y salud requeridos, solicitando, conforme a los cauces establecidos en el SGPRL, la intervención del área de Vigilancia de la Salud.

- Colaborar de forma activa en las acciones preventivas que se efectúen en su área de responsabilidad.

d. **Los trabajadores en general**

Los trabajadores, dentro de su área de competencia, deben:

- Velar a tenor de la información y formación recibida por el cumplimiento de las medidas de prevención, tanto en lo relacionado con su seguridad y salud en el trabajo, como por la de aquellas personas a las que pueda afectar su actividad profesional.

- Usar las máquinas, aparatos, herramientas, sustancias tóxicas o peligrosas y equipos con los que desarrollen su actividad, de acuerdo a su naturaleza y las medidas preventivas establecidas.

- Usar correctamente los medios y equipos de protección facilitados.

- No anular los sistemas y medios de protección.

- Comunicar de inmediato, conforme a lo establecido, cualquier situación que consideren pueda presentar un riesgo para su seguridad y salud, o la de terceros.

- Cooperar con sus mandos directos para poder garantizar que las condiciones de trabajo sean adecuadas y no entrañen riesgos para la seguridad y la salud.

- Mantener limpio y ordenado su entorno de trabajo, depositar y ubicar los equipos y materiales en los lugares asignados al efecto.

- Sugerir medidas que consideren oportunas en su ámbito de trabajo para mejorar la calidad, la seguridad y la eficacia del SGPRL establecido.

- Comunicar cualquier estado, de carácter permanente o transitorio, que merme su capacidad de desempeñar las tareas, o para tomar decisiones con el nivel de seguridad requerido.

e. **El coordinador del Plan de Prevención**

Personal de la empresa designado por la dirección para coordinar e integrar las diferentes actividades del Sistema de Gestión de Prevención de Riesgos Laborales.

En el ámbito de sus competencias y responsabilidades, asumirá las siguientes funciones:

- Cooperar con el Servicio de Prevención adoptado por la Empresa para el desempeño de las actividades en las áreas de trabajo asignadas.

- Desarrollar las actividades aplicando los diferentes procedimientos de la acción preventiva del SGPRL.

- Canalizar las comunicaciones entre el personal y el Servicio de Prevención y viceversa.

- Vigilar el cumplimiento de los objetivos y, en su caso, proponer acciones preventivas, para corregir las desviaciones o incumplimiento de los mismos.

- Atender las consultas que se puedan efectuar por los trabajadores o sus representantes.

- Conservar la documentación del SGPRL.

- Coordinar las acciones necesarias para la implantación y mantenimiento del Plan de Emergencias.

- Responsabilizarse de la organización de las relaciones con servicios externos, en particular en materia de primeros auxilios, asistencia médica de urgencia y lucha contra incendios, de forma que se garantice la rapidez y eficacia de sus actuaciones.

- Seleccionar, formar y adiestrar a los componentes de los distintos equipos de emergencia.

- Realizar simulacros y redactar los informes derivados de los mismos.

- Dirigir las emergencias, tomando decisiones y comunicando las órdenes oportunas para su buen fin.

f. **El Delegado de Prevención**

Es el representante de los trabajadores con funciones específicas y responsabilidad en materia de Prevención de Riesgos Laborales.

Tiene la facultad y obligación de colaborar con la dirección de la Empresa en la mejora de la acción preventiva y la promoción y fomento de la cooperación de los trabajadores en la ejecución de la normativa sobre PRL.

Las funciones con responsabilidad del Delegado de Prevención se pueden clasificar:

1. **De consulta**

   En base al Art.36 de la Ley 31/1995, el Delegado de Prevención ostenta el derecho de consulta con carácter previo a la toma de decisión empresarial relativa a las siguientes materias:

   - Planificación y organización del trabajo en la Empresa y la introducción de nuevas tecnologías en todo lo relacionado con las consecuencias que éstas pudieran tener para la seguridad y salud de los trabajadores.

   - Organización y desarrollo de las actividades de protección de la salud y prevención de los riesgos profesionales en la Empresa, incluida la designación de los trabajadores encargados de dichas actividades o el recurso a un servicio de prevención externo.

   - Designación de los trabajadores encargados de las medidas de emergencia.

   - Aportación de procedimientos de información relativos a riesgos para la salud y seguridad para los trabajadores, medidas y actividades de prevención y protección aplicables a estos riesgos, medidas de emergencia adoptadas, etc.

   - Aportación de documentación que incluya todo lo referente a la actividad preventiva tales como, evaluación de riesgos, planificación, medidas y material de protección, resultados de los controles periódicos de condiciones de trabajo, práctica de controles médicos de la salud de los trabajadores, relación de accidentes de trabajo y enfermedades profesionales que hayan causado incapacidad temporal superior a un día de trabajo, etc.

   - Proyecto y organización de la formación en materia preventiva.

2. **De vigilancia y control**

   El Delegado de Prevención tiene facultades para solicitar la visita de técnicos de los organismos responsables del INSHT o de los equivalentes en las CC.AA., e incluso de técnicos municipales con responsabilidades en la materia.

En este contexto, el Delegado de Prevención tiene asignadas otra serie de competencias y responsabilidades, no menos importantes que las enumeradas como de consulta:

- Participar en la elaboración puesta en práctica y evaluación de los planes y programas de prevención de riesgos en la Empresa.

- Efectuar visitas por propia iniciativa en los centros o áreas de trabajo y comunicarse en jornadas de trabajo con los trabajadores en todo lo relacionado con su seguridad y salud.

- Acompañar en sus visitas de inspección en el recinto de la Empresa, tanto a los propios técnicos de prevención como a los inspectores de Trabajo y Seguridad Social.

- Aportar propuestas de mejoras que contribuyan a elevar el nivel preventivo de la Empresa.

- Promover iniciativas sobre métodos y procedimientos para la efectiva prevención de los riesgos.

- Participar, mediante emisión de informes, en la elaboración de la memoria y programación anual de actividades del Servicio de Prevención.

3. **De información**

Incluye un abanico de facultades de acceso a una variada documentación, lo que le va a permitir comprobar la veracidad de los datos suministrados por el empresario sobre riesgos y medidas de protección, vigilancia de la salud, evaluación de riesgos y planificación de la actividad preventiva, resultados de los controles del estado de salud de los trabajadores, relación de accidentes de trabajo y enfermedades profesionales.

Dichas facultades posibilitan la realización de las siguientes acciones:

- Efectuar visitas por propia iniciativa para conocer la situación de la prevención de riesgos laborales en los centros de trabajo.

- Conocer y analizar los daños producidos en la salud y en la integridad física de los trabajadores de la Empresa.

- Comprobar la documentación obrante en la Empresa o en el Servicio de Prevención, sobre las condiciones de trabajo existentes.

- Tener acceso y emitir informe respecto a la memoria y programación anual de los servicios de prevención.

g. **El Comité de Seguridad y Salud**

Según el Art.38 de la Ley de PRL, el Comité de Seguridad y Salud es el órgano paritario y colegiado de participación destinado a la consulta regular y periódica de las actuaciones de la Empresa en materia de prevención de riesgos.

El Comité está formado por los delegados de prevención de una parte, y por el empresario o sus representantes, en número igual al de los delegados de prevención, de la otra.

Sus funciones y responsabilidades son las contempladas en el Art. 39 de la Ley de Prevención de Riesgos Laborales, destacando entre ellas:

– Participar en la elaboración, puesta en práctica y evaluación de los planes y programas de prevención de la Empresa.

– Debatir los proyectos en materia de planificación, de organización del trabajo o introducción de nuevas tecnologías, de organización y desarrollo de las actividades de prevención y protección, a las que se refiere el Art. 16 de la LPRL, y de organización de la formación sobre prevención.

– Promover iniciativas sobre métodos y procedimientos para la efectiva prevención de los riesgos, proponiendo a la Empresa la mejora de las condiciones o corrección de las deficiencias existentes.

– Conocer la situación relativa a la prevención de riesgos en el centro de trabajo, realizando a tal efecto las visitas que estime oportunas.

– Poder consultar cuantos documentos e informes relativos a las condiciones de trabajo sean necesarios para el cumplimiento de sus funciones, así como los procedentes de la actividad del servicio de prevención, en su caso.

– Conocer y analizar los daños producidos en la salud o en la integridad física de los trabajadores con objeto de valorar sus causas y proponer las medidas preventivas oportunas.

– Conocer la memoria y programación anual de los Servicios de Prevención.

– Las específicas sobre su funcionamiento a tenor de lo establecido en el procedimiento correspondiente.

h. **El Servicio de Prevención**

La organización de los recursos necesarios para el desarrollo de las actividades preventivas se realizará por la dirección de la Empresa, con arreglo a alguna de las opciones siguientes, de acuerdo con lo que establece el Reglamento de los Servicios de Prevención (RD 39/1997):

– Asunción personal por el empresario.
– Designación de trabajadores.
– Constitución de un servicio propio.
– Servicio de prevención mancomunado.
– Contratación de un servicio de prevención ajeno.

Además de lo que establece el Reglamento, se considera necesario que todo centro de trabajo disponga de, al menos, una persona que desarrolle funciones de coordinación en materia de Prevención de Riesgos Laborales y actúe de nexo de unión con el servicio de prevención propio, mancomunado o ajeno, cuando existan diferentes centros de trabajo.

Sus funciones serían similares a las del trabajador designado.

– **Opción 1:** Asunción personal por el empresario

En este caso, la dirección se responsabilizará personalmente de desarrollar las actividades de prevención, si concurren las siguientes circunstancias:

- Que se trate de una empresa de menos de 6 trabajadores.
- Que su actividad no esté considerada como peligrosa o de riesgos.
- Que el empresario desempeñe su función profesional, de forma habitual en el centro de trabajo.
- Que tenga la capacidad correspondiente a las funciones preventivas que va a asumir, en base a la actividad de la Empresa y de los riesgos a los que puedan estar sometidos los trabajadores.

La vigilancia de la salud, así como aquellas otras actividades preventivas no asumidas por la dirección, deberán cubrirse mediante otras opciones.

– **Opción 2:** Designación de trabajadores

La dirección designará a uno o varios trabajadores para desempeñar las diferentes actividades de prevención.

Los trabajadores designados tienen que ser suficientes y contar con la capacidad, los medios y el tiempo necesarios para realizar sus funciones.

Las actividades de prevención que por su complejidad o cualificación no puedan ser ejercidas por los trabajadores designados, se realizarán a través de uno o varios servicios externos.

– **Opción 3:** Servicio de Prevención propio

Para grandes empresas o aquellas en las que los trabajadores desempeñen actividades especialmente peligrosas.

El servicio de prevención propio constituirá una unidad organizativa específica y sus miembros no deben dedicarse a otros cometidos que no sean de la prevención propiamente dicha.

El servicio de prevención propio deberá estar en condiciones de proporcionar a la Empresa el asesoramiento y apoyo que precise en todo lo referente a prevención de riesgos.

– **Opción 4:** Servicio de Prevención mancomunado

Podrá constituirse entre empresas que desarrollen actividades en un mismo centro, edificio, polígono, o que pertenezcan a un mismo sector productivo o grupo empresarial.

Los servicios de prevención mancomunados tienen la consideración de servicios propios de las empresas que los constituyen y tendrán que contar con los medios exigidos para aquéllos.

– **Opción 5:** Servicio de Prevención ajeno

El empresario podrá concertar el servicio de prevención con una entidad especializada ajena a la Empresa:

• Cuando se trate de empresas no obligadas a contar con servicio de prevención propio.

• Cuando no estando obligadas a servicio de prevención propio, dada la peligrosidad de su actividad o alto riesgo de siniestralidad, la autoridad laboral decida el establecimiento de un servicio de prevención, optando las afectadas por el concierto con entidad especializada.

• Para garantizar, en caso de que el propio empresario asuma la actividad preventiva, la realización de la vigilancia de la salud.

Las entidades que quieran actuar como servicios de prevención ajenos deberán estar acreditadas por la autoridad laboral competente.

Contarán con personal cualificado en cada una de las especialidades preventivas básicas.

Dispondrán de la organización, instalaciones, personal y equipos necesarios para el desempeño de su actividad.

4.2.1.2 Evaluación de riesgos

1. **El riesgo laboral**

   a. **Definiciones**

   El riesgo laboral es la posibilidad de que un trabajador, en el desempeño de sus funciones en la jornada laboral, sufra un determinado daño.

   El riesgo laboral es la situación de trabajo que puede romper el equilibrio físico, mental y social de las personas.

   b. **Fuentes de riesgo**

   Pueden ser, en sí mismas, fuentes de riesgo, además de las actividades que realiza el trabajador, las instalaciones, máquinas, equipos de trabajo, materiales, sustancias a manipular, etc., que existen en la Empresa.

c. **Factores de riesgo**

Los factores de riesgo se clasifican en cuatro tipos:

- **Las condiciones de trabajo**

   Condiciones materiales que influyen sobre la accidentabilidad, como son:

   - Deficiencias de construcción.

   - Insuficiencia de mecanismos de seguridad en maquinaria.

   - Ausencia de señalización que informe de la presencia de peligros: de incendios, eléctricos, de agua

   - Espacios reducidos de trabajo.

   - Almacenamiento inadecuado de productos peligrosos.

   - Falta de orden y limpieza.

- **La organización del trabajo**

   - Forma de fragmentación del trabajo.

   - Reparto de tareas entre diferentes individuos.

   - Distribución horaria.

   - Velocidad de ejecución.

- **Factores inherentes a las tareas**

   Automatización, complejidad, monotonía, minuciosidad, nocturnidad, turnicidad, que pueden ocasionar fatiga, estrés, pérdida de atención.

- **Factor humano**

   Las propias condiciones personales del trabajador determinan, a su vez, una serie de factores que pueden incidir de manera importante en el riesgo laboral, en función de cómo realice su labor.

Además pueden incidir en las posibilidades de riesgo:

- La edad, el estado de salud, aspectos fisiológicos, nivel de formación, experiencia profesional.

Las actuaciones peligrosas y prácticas inseguras como son:

- Negligencia, imprudencia, falta de adaptación, descuidos, falta de atención y comportamientos temerarios.

B - PROCEDIMIENTOS DE PREVENCIÓN DE RIESGOS LABORALES

1.- Organización de la Actividad Preventiva

1.2. Evaluación de riesgos

FICHA DE EVALUACIÓN DE RIESGOS

Puesto de trabajo	Trabajador	Factores de Riesgo			
		i Condiciones de trabajo	ii Organización del trabajo	iii Inherentes a las tareas	iv Factor numano
Resultado de la evaluación.-Puntuación de 1 a 5					

2. **Sistema de evaluación**

La evaluación de riesgos consiste en la realización de un análisis sistemático de todos los aspectos de la actividad laboral para:

  – Determinar los elementos que pueden causar lesiones o daños para la salud.

  – Analizar la posibilidad de eliminar los elementos peligrosos.

  – Buscar las medidas de prevención o protección que deben adoptarse para controlar los riesgos.

a. **Objetivo**

Establecer el procedimiento de evaluación de riesgos inicial y periódico que permita identificar los peligros o factores de riesgo de los lugares de trabajo, a fin de poder eliminarlos o minimizarlos, priorizando las medidas preventivas a tomar y aportando los medios oportunos de control.

b. **Alcance**

La evaluación de riesgos debe abarcar todas las tareas y puestos de trabajo y debe contemplar todos los riesgos del propio puesto o del entorno que no se hayan podido evitar y que pueden afectar a la seguridad y salud de los trabajadores.

c. **Implicaciones y responsabilidades**

La evaluación de riesgos es responsabilidad de la dirección de la Empresa.

Dicha evaluación se realizará con el apoyo, coordinación y asesoramiento del Servicio de Prevención (cuando exista) o de los trabajadores asignados para tal fin.

En caso de tareas contratadas, el responsable de realizar la evaluación de riesgos será, en principio, la empresa contratada, si bien la empresa titular deberá facilitar información sobre riesgos específicos del área de trabajo del personal de la contrata.

d. **Desarrollo**

Tal como expone la legislación, se debe realizar una evaluación inicial de riesgos a partir de la cual se planificará la acción preventiva.

Esta evaluación inicial deberá revisarse siempre que:

* Se efectúen cambios en los equipos de trabajo y en las tareas se introduzcan nuevas tecnologías o se modifique el acondicionamiento de los lugares de trabajo.

* Se cambien las condiciones de trabajo al variar de forma significativa algún aspecto relativo a las instalaciones, a la organización o a los métodos de trabajo.

* Se detecten daños en la salud de los trabajadores.

* Se aprecie que las actividades de prevención son inadecuadas o insuficientes.

* Legalmente exista establecida una periodicidad de evaluación para determinados riesgos.

Se podrían considerar cuatro fases en la evaluación de riesgos:
– Preparación.
– Ejecución.
– Registro.
– Control.

a. **Preparación**

- Análisis de antecedentes y datos necesarios sobre el Puesto de Trabajo a evaluar.

- Medidas a adoptar, destacando las siguientes:

  - ◆ Designación de quienes han de realizar la evaluación y cómo ha de llevarse a término: procedimientos, plazos, comunicación a los puestos, personal afectado

  - ◆ Aportación a los evaluadores de toda la información y medios necesarios para efectuar correctamente esta actividad: metodología, equipos, tecnología, organización del trabajo, frecuencias

b. **Ejecución**

Se requiere el análisis sistemático de todos los componentes del trabajo, desde las actividades habituales a aquellas que son ocasionales o incluso anormales, pero que pueden acontecer.

Aplicando los criterios que el procedimiento demande en la evaluación es preciso analizar:

- La parte material de las instalaciones, máquinas, equipos y herramientas.

- El entorno del lugar de trabajo.

- El comportamiento humano en la ejecución de las tareas.

- Los aspectos relativos a la gestión y organización del trabajo.

c. **Registro**

Al finalizar el trabajo de evaluación en los puestos de trabajo, habrá que registrar y recoger documentalmente la siguiente información:

- La identificación del Puesto de Trabajo.
- Los riesgos existentes o potenciales.
- La relación de trabajadores afectados.
- El resultado de la evaluación.
- Las medidas preventivas procedentes.
- La referencia de los criterios y procedimientos de evaluación exigibles y aplicados.
- Técnico responsable de la evaluación y competencia profesional para tal actividad.

Los registros de la evaluación estarán a disposición de los trabajadores y de la autoridad laboral competente en la Empresa.

d. **Control**

Tras la evaluación se deberá programar y organizar el control de la aplicación de las medidas de prevención y protección, con el fin de asegurar el mantenimiento de su eficacia en el tiempo.

Sea cual fuere el método de evaluación utilizado, éste debe poder facilitar la planificación de las actividades y medidas preventivas a tomar.

Estas medidas deberán ser básicamente de tres tipos:

- Medidas materiales.
- Información a trabajadores.
- Procedimientos y sistemas de control.

La tarea de evaluación de riesgos se facilita de manera personalizada, mediante la aplicación informática editada por el INSHT con el título de: "*Evaluación de las condiciones de trabajo en las Pymes*".

4.2.1.3 Detección de riesgos

a. **Comunicación de riesgos detectados y sugerencias de mejora**

1. **Objetivo**

Es objetivo de este procedimiento establecer el mecanismo para que el trabajador pueda comunicar los riesgos detectados o cualquier deficiencia en el centro de trabajo, proponiendo las sugerencias de mejora que considere oportunas.

También se pretende abrir un cauce de participación y diálogo entre los diferentes estamentos de la Empresa para facilitar el proceso de innovación y mejora continua que toda organización precisa.

2. **Implicaciones y responsabilidades**

Cualquier persona que detecte un factor de riesgo o que conciba una idea concreta para mejorar las condiciones de trabajo, deberá comunicarlo por escrito al mando directo, con copia al Comité de Seguridad y Salud, o al servicio de prevención adoptado por la Empresa.

Los responsables de las unidades funcionales afectadas deberán controlar el estado de las acciones correctoras acordadas y establecidas y comunicarlas, así como su resultado, a la dirección de la Empresa y a los órganos competentes en PRL, Comité de Seguridad y Salud y Servicio de Prevención.

3. **Desarrollo**

Para que la implantación del sistema de comunicación sea efectivo se requiere una voluntad decidida de todos los miembros de la Empresa en su desarrollo y mejora y un compromiso del personal con mando a la hora de tomar decisiones.

Evidentemente la comunicación de riesgos y sugerencias de mejora, por escrito, tiene una serie de ventajas:

- Se agiliza la adopción de medidas.

- Permite disponer de un mayor conocimiento de las situaciones de riesgo o con deficiencias.

- Facilita el control de riesgo.

- Ayuda en la aplicación de algún sistema de seguimiento y control de las actuaciones que se derivan de la comunicación.

- Al estar claramente definidas por escrito las obligaciones y responsabilidades, se incentiva la adopción de acciones correctoras.

- Se facilita la participación y la aportación de ideas por parte de los que mejor conocen los puestos de trabajo y su entorno: los trabajadores.

Cada empresa, en función de su organización interna, deberá establecer su propio circuito de comunicaciones, de manera que se asegure un seguimiento y control del sistema.

El sistema precisa de un *feedback* incentivador, clave para mantener un nivel de confianza aceptable en el mismo.

Otra de las variables del éxito del sistema es la formación.

b. **Seguimiento y control de las acciones correctoras**

1. **Objetivo**

El objetivo es establecer el procedimiento para asegurarse de que la implantación de las medidas correctoras acordadas se realice adecuadamente en los plazos previstos y que cumpla con todos los requisitos.

Considerando la diversidad de medidas y acciones correctoras surgidas, tanto de la propia actividad preventiva como de las comunicaciones de riesgos y sugerencias de mejora, la aplicación de este procedimiento tratará de mantener un método general de seguimiento y control de dichas medidas en cada una de las unidades funcionales de la Empresa.

2. **Implicaciones y responsabilidades**

La dirección de la Empresa propiciará los recursos necesarios para que este procedimiento se lleve a cabo y también recibirá, con la periodicidad que se estipule, información del seguimiento y control de las acciones correctoras aplicadas.

Los responsables de las diferentes unidades funcionales deberán coordinar las acciones correctoras llevadas a cabo en su área, así como controlar y registrar su cumplimiento y eficacia.

Los diferentes órganos responsables de la PRL (Coordinador de Prevención, Comité de Seguridad y Salud, Delegados de Prevención, Servicio de Prevención adoptado) recibirán información de las acciones correctoras implementadas y de este procedimiento, en general, y efectuarán un seguimiento y control para garantizar el buen fin del mismo.

3. **Desarrollo**

Por acción correctora se entiende el proceso normal y sistemático de implantación de mejoras.

Existe acciones y actividades, planificadas o no, cuyo objetivo es la detección de carencias, disfunciones, desviaciones o, en general, cualquier tipo de deficiencias y la consecuente aplicación de medidas correctoras. Entre éstas se encuentran:

- Evaluaciones de riesgos.
- Investigación de accidentes.
- Inspecciones de seguridad.
- Observaciones del trabajo.
- Controles médicos, higiénicos y ergonómicos.
- Comunicaciones de riesgos y sugerencias de mejora.
- Auditorías.
- Reclamaciones o quejas por parte del trabajador y personal del entorno de la actividad de la Empresa.

A raíz de estas y otras actividades no establecidas formalmente se crea la necesidad de implantar un procedimiento de seguimiento y control para comprobar su funcionamiento ante la situación de riesgo o deficiencias detectadas.

Cada acción correctora requiere un seguimiento específico pero, en todo caso, se debe comprobar y registrar si cumple los siguientes requisitos:

- Que el responsable de realizar el seguimiento de las medidas ejecuta su tarea tal y como está establecida.

- Que se cumplen los plazos previstos.

- Que el grado de disminución del riesgo o deficiencia que se consigue es suficiente.

- Que los medios y recursos utilizados para solucionar el problema son los previstos.

Con una frecuencia prudencial se deberá efectuar un balance del grado de cumplimiento y efectividad de las acciones emprendidas en las diferentes unidades funcionales afectadas.

4.2.1.4 Objetivos en materia de PRL

La determinación de objetivos deberá realizarse a partir del estudio y análisis de la situación actual de la Empresa con el fin de priorizar y optimizar la asignación de los recursos.

Anualmente se elaborarán documentos que incluyan los objetivos generales en materia de PRL aplicables a todos los centros de la Empresa.

La documentación mínima contemplada en la Ley 54/2003 debe ser:

- Manual del Sistema de Gestión de la Prevención.
- Plan de Prevención.
- Procedimientos del Sistema de Gestión de la Prevención
- Evaluación de riesgos.
- Planificación de la actividad preventiva.
- Resultados de la Vigilancia de la Salud.
- Relación de accidentes de trabajo y enfermedades profesionales.

Así mismo, se redactará la Carta Anual de Objetivos por la dirección de la Empresa, y se divulgará a todos los responsables de la organización y responsables de la Prevención de Riesgos Laborales.

Los objetivos cumplirán con los siguientes requisitos:

- Ser medibles.
- Ser específicos para la Empresa.
- Ser claros y concretos.
- Ser compatibles con la legislación.
- Ser realistas y posibles.
- Estar documentados.
- Estar dirigidos a la mejora continua de la protección de la Seguridad y Salud de los trabajadores (SST).
- Ser revisados anualmente.

Los objetivos irán encaminados hacia una mejora de las condiciones de trabajo; en consecuencia, a la contribución del bienestar laboral, a la disminución de la siniestralidad y, en general, a la eficiencia de la actividad productiva.

4.2.2 La seguridad y la salud en el trabajo

¿En qué consisten la Seguridad y la Salud laborales?

Constituyen una disciplina muy amplia que abarca múltiples campos especializados y debe tender a:

a. El fomento y el mantenimiento del grado más elevado posible de bienestar físico, mental y social de los trabajadores, sea cual fuere su ocupación.

b. La prevención entre los trabajadores de las consecuencias negativas que sus condiciones de trabajo puedan tener en la salud.

c. La protección de los trabajadores en su lugar de empleo frente a los riesgos a que pueden dar lugar los factores negativos para la salud.

d. La colocación y el mantenimiento de los trabajadores en un entorno laboral adaptado a sus necesidades físicas y mentales.

e. La adaptación de la actividad laboral al Capital Humano.

En síntesis, la Seguridad y la Salud laborales abarcan el bienestar social, mental y físico de los trabajadores.

4.2.2.1 Protocolo para la vigilancia de la salud

a. **Objeto**

Determinar el procedimiento para la Vigilancia de la Salud que deberá realizarse mediante exámenes de salud de los trabajadores practicados de acuerdo con los riesgos inherentes al Puesto de Trabajo que van a desempeñar; exámenes iniciales, o que están desempeñando; exámenes periódicos, así como en el caso de modificación de las circunstancias laborales por cambio de puesto o tras baja laboral por enfermedad.

Los resultados facilitarán la identificación de problemas, ayudarán a la planificación preventiva y a la valoración de las medidas que se fueran aplicando con fines preventivos.

b. **Ámbito de aplicación**

Todos los trabajadores con independencia de la categoría profesional a la que pertenezcan y del tipo de contrato.

c. **Implicación y responsabilidades**

Los agentes implicados en el proceso de Vigilancia de la Salud (VS) y que tienen responsabilidad directa y proporcional en función de su papel en el Sistema de Gestión de PRL en la Empresa son los siguientes:

1. **RR.HH.**

   - Aportará la primera información para el inicio del Examen de Salud y facilitará la remisión del trabajador al Servicio Médico de VS.

   - Informará al trabajador del carácter obligatorio del Examen de Salud en caso de ocupar un puesto de trabajo con riesgo de enfermedad profesional. Si como consecuencia de la evaluación de riesgos no fuera así, el Examen de Salud será voluntario.

   - Establecerá los mecanismos necesarios para conocer que todo trabajador ha cubierto los trámites sobre VS.

   - Archivará en el expediente del trabajador los documentos generados en el proceso.

2. **Servicio de Vigilancia de la Salud**

   Órgano específico al que podría sustituir el Comité de Seguridad y Salud.

   - Confeccionará el calendario anual de los exámenes de salud periódicos.

   - Comunicará al trabajador la cita para el examen de salud.

   - Controlará la asistencia de los trabajadores al examen de salud, comunicando las faltas a RR.HH., así como relación de los asistentes para reenvío a la Mutua de Accidentes.

   - Proporcionará certificación médica a RR.HH. con el resultado del examen de salud y recomendaciones sobre su aptitud, cuando sea preciso.

   - Remitirá informe al trabajador incluyendo conclusiones y recomendaciones médico-preventivas en relación a su aptitud para el desempeño de las tareas propias de su puesto de trabajo.

3. **Trabajadores**

   - Colaborarán y participarán en el cumplimiento de este proceso de VS, dada la importancia de la interrelación entre situaciones de riesgo y salud de los trabajadores.

   - Cumplimentarán los cuestionarios para el examen de salud, que remitirán directamente al Centro Médico que procederá al examen de salud para garantizar la confidencialidad.

4. **Unidad de Riesgos Laborales**

   Organización activa dentro de la Empresa en el campo de la PRL.

- Remitirá al Servicio de VS informe sobre identificación y evaluación de riesgos laborales de cada puesto de trabajo.

- Investigará en el caso de que se haya producido un daño para la salud del trabajador con relación a la causalidad respecto al puesto de trabajo.

4.2.2.2 Procedimiento para exámenes de salud

La Vigilancia de la Salud es un derecho básico del trabajador, a la vez que una obligación esencial del empresario, por el que éste deberá garantizar a los trabajadores a su servicio una vigilancia adecuada a su estado de salud, vigilancia que será periódica en función de los riesgos que se puedan producir en el trabajo.

SALUD	----------	POSITIVAMENTE	----------	Con salud ideal aceptable se puede realizar un buen trabajo
Influye en el				
TRABAJO	----------	NEGATIVAMENTE	----------	Sin salud las personas no pueden ejercer su actividad
SALUD	----------	POSITIVAMENTE	----------	Se desarrollan capacidades físicas e intelectuales
Influye en el				
TRABAJO	----------	NEGATIVAMENTE	----------	Pueden ocasionar: daño, fatiga y estrés

Riesgo profesional |

1. **Plan de actuación**

   Contempla la Vigilancia de la Salud que incluye:

   - La evaluación de riesgos de los puestos de trabajo.

   - El análisis de las necesidades y recursos en base a los factores de riesgo, resultado de la evaluación.

   - Exámenes generales de salud de los trabajadores, y específicos respecto a los factores de riesgo a los que estén expuestos en su Puesto de Trabajo.

2. **Exámenes de salud**

   Estudio de la salud de los trabajadores con criterios de salud ocupacional.

1. **Consentimiento de los trabajadores**

   La VS de los trabajadores solo podrá llevarse a cabo cuando presten su consentimiento.

   El empresario habrá de instrumentar el medio documental más apropiado que refleje, de forma indubitable, el cumplimiento de su obligación y consecuente negativa individual del trabajador a someterse a reconocimiento médico.

2. **Modalidades de los exámenes de salud**

   La Ley de PRL generaliza la obligación que tiene todo empresario de la realización de exámenes de salud, independientemente de la dimensión numérica y actividad productiva desarrollada por la Empresa.

   - **Atendiendo a su periodicidad**

     ◆ Examen de Salud Inicial (ESIN)

       ○ Previo al inicio del trabajo.

       ○ Tras cambio de puesto o inicio de una nueva tarea.

       ○ Después de ausencia o baja prolongadas.

     ◆ Examen de Salud Periódico (ESPER)

       ○ Por riesgo dependiente del trabajo.

       ○ A petición del trabajador.

   - **En función de su contenido**

     ◆ **Examen de Salud Básico**

       Técnica instrumental médico-preventiva aplicada en el ESIN que permite conocer su estado de salud basal, su historia clínica personal y laboral, y los riesgos a los que pudiera estar sometido, los cuales serán incorporados a la historia a partir de la evaluación realizada por los responsables de PRL de la Empresa.

     ◆ **Examen de Salud Específico**

       Técnica instrumental médico-preventiva, que se aplica al trabajador en función de los riesgos inherentes a su actividad profesional y, en concreto, a su Puesto de Trabajo.

3. **Desarrollo del procedimiento**

   El proceso de la Vigilancia de la Salud deberá seguir las siguientes pautas:

   a. Estará sometido a protocolos específicos establecidos por las autoridades sanitarias y otros medios existentes con respecto a factores de riesgo a los que esté expuesto el trabajador.

b. Los exámenes de salud iniciales deberán llevarse a cabo con posterioridad a la contratación.

c. Los exámenes de salud se orientarán a describir el eventual origen profesional de las patologías de los trabajadores y a perfeccionar la actividad preventiva mediante la aplicación de criterios epidemiológicos.

d. Los exámenes de salud no deben efectuarse para fines ajenos a las funciones preventivas, como el control de absentismo u otros fines distintos a la Vigilancia de la Salud.

e. El personal sanitario del servicio de prevención presente en el centro de trabajo se encargará de los primeros auxilios y la atención de urgencia.

f. Cuando se haya producido un daño para la salud de los trabajadores, o aparezcan indicios de que las medidas preventivas establecidas son insuficientes, el empresario llevará a cabo una investigación, a fin de detectar las causas de estos hechos.

4. **Implicación y responsabilidades**

a. **Departamento de RR.HH.**

Iniciación de los trámites para el ESIN.

A tal efecto procederá de la siguiente manera:

- Información al trabajador del carácter obligatorio del ESIN en el caso de desempeñar tareas de riesgo.

- Comunicación a los responsables de la VS de las nuevas incorporaciones de personal y otras incidencias a fin de programar el ESIN.

- Comunicación al trabajador de la realización del ESIN.

- Establecimiento de mecanismos para conocer que todo trabajador ha cubierto sus trámites sobre VS.

- Archivo en el expediente personal de todos los documentos generados.

b. **Servicio de Vigilancia de la Salud**

Preparación y realización en su caso de los exámenes de salud.

- Comunicación a los trabajadores de la cita para el ESIN, previa recepción de la notificación por parte de RR.HH. de las nuevas incorporaciones y otras circunstancias que lo exijan.

- Confección del calendario anual del ESPER, en el que constará, entre otros datos, el Puesto de Trabajo.

- Citación a cada trabajador para el Examen de Salud.

- Información a RR.HH. de las ausencias al ESPER.

- Comunicación individualizada por trabajadores dirigida a RR.HH., con reenvío a la Mutua Patronal de Accidentes, informando de la realización del Examen de Salud, cumpliendo con lo dispuesto en los artículos 196 y 197 de la Ley General de la SS.

- Certificación médica con el resultado del Examen de Salud, con las recomendaciones sobre su aptitud, cuando corresponda, dirigida a RR. HH.

- Informe dirigido al trabajador, incluyendo conclusiones y recomendaciones médico-preventivas en relación con su aptitud para el desempeño de las tareas de su puesto de trabajo.

Copia de este informe puede ser remitida a la Empresa, si fuera preciso, a fin de introducir o mejorar medidas de prevención y protección, para que el trabajador pueda desarrollar con seguridad sus funciones.

c. **Trabajadores**

- Colaboración y participación en el cumplimiento de lo contenido en este procedimiento, dada la importancia de la interrelación entre situaciones de riesgo y su salud.

- Cumplimentación del cuestionario para ESIN o ESPER, según proceda (adjunto).

- Envío directo al Servicio de VS del cuestionario para garantizar la confidencialidad cuando reciba la citación para el Examen de Salud.

- Preguntas, demandas, consultas, quejas y reclamaciones al Comité de Seguridad y Salud Laboral, como órgano paritario y consultivo que es, dirigidas a evitar riesgos y mejorar sus condiciones de trabajo para preservar su salud.

PROCEDIMIENTO PARA EXÁMENES DE SALUD

Con objeto de efectuar su Examen de Salud Inicial/Periódico, rogamos siga las instrucciones siguientes para cumplimentar el cuestionario:

1. Lea detenidamente cada pregunta.

2. Para cumplimentarlo ponga una X en la respuesta que desee en todos los epígrafes del cuestionario.

3. Una vez finalizado el cuestionario ponga la fecha y firme.

4. La información contenida en este cuestionario es CONFIDENCIAL y solo será examinada por el médico de Vigilancia de la Salud.

CUESTIONARIO PARA EXAMEN DE SALUD: INICIAL/PERIÓDICO

Nombre .... Apellidos ....

Fecha de reconocimiento .... Edad ....Fecha de nacimiento ....

Sexo: ...hombre O mujer O   Puesto de trabajo..

Profesión .... Teléfonos ....

País de origen .... Localidad de residencia ....

Dirección ....

¿Cree tener algún riesgo profesional? Sí ☐ No ☐ ¿Cuál? ....

¿Ha tenido algún problema de salud en los últimos 5 años? Sí ☐ No ☐ ¿Cuál? ....

¿Bebe alcohol? Sí ☐ No ☐ ¿Cuánto? ....

¿Fuma? Sí ☐ No ☐ ¿Cuántos cigarrillos al día? ...¿A qué edad comenzó a fumar? ...

¿Se incorpora por 1ª vez a este Centro? Sí ☐ No ☐ Fecha de incorporación ....

¿Ha tenido algún accidente? Sí ☐ No ☐

Enfermedad profesional: Sí ☐ No ☐

¿Baja laboral? Sí ☐ No ☐

¿Padece alguna invalidez o minusvalía? Sí ☐ No ☐ Tipo y grado ....

¿Le han realizado examen de salud en otro centro? Sí ☐ No ☐Fecha ....

¿Médico de Vigilancia de la Salud? Nombre ....

¿Médico de Atención primaria? ....Centro de Salud ....

CONTESTE A LAS SIGUIENTES CUESTIONES

1. Información general:

    − ¿Ha variado su peso últimamente?   Sí ☐ No ☐

        • ¿Cuántos Kg.?............................¿Desde cuándo?..................................

    − ¿Se siente cansado?   Sí ☐ No ☐
    − ¿Ha padecido algún tumor maligno?   Sí ☐ No ☐
    − ¿Ha padecido algún tumor benigno?   Sí ☐ No ☐
    − ¿Le han efectuado alguna intervención quirúrgica?   Sí ☐ No ☐
    − ¿Le han realizado alguna vez transfusión de sangre?   Sí ☐ No ☐
    − ¿Está tomando alguna medicación?   Sí ☐ No ☐
        • ¿Para qué la toma?

2. Cabeza:

    − ¿Padece dolor en alguna parte de la cabeza?   Sí ☐ No ☐
        • ¿En qué parte?

3. Ojos:

    − ¿Necesita lentes correctoras para ver de lejos o de cerca?   Sí ☐ No ☐
    − ¿Ha visto doble en alguna ocasión?   Sí ☐ No ☐
    − ¿Tiene la visión borrosa o ha perdido visión?   Sí ☐ No ☐
    − ¿Tiene con frecuencia los ojos rojos o inflamados?   Sí ☐ No ☐
    − ¿Le molesta la luz en los ojos?   Sí ☐ No ☐

4. Oídos:

    − ¿Tiene dificultad para oír?   Sí ☐ No ☐
    − ¿Siente zumbidos o silbidos?   Sí ☐ No ☐
    − ¿Padece dolor de oídos?   Sí ☐ No ☐
    − ¿Presenta secreciones por el oído?   Sí ☐ No ☐

5. Nariz:

    − ¿Se le obstruye la nariz cuando no está resfriado?   Sí ☐ No ☐
    − ¿Moquea estacionalmente?   Sí ☐ No ☐
    − ¿Tiene alteraciones del olfato?   Sí ☐ No ☐
    − ¿Ha sufrido alguna vez hemorragia nasal excesiva?   Sí ☐ No ☐

6. Garganta:

    − ¿Padece dolor de garganta grave o frecuente?   Sí ☐ No ☐
    − ¿Tiene la voz ronca últimamente?   Sí ☐ No ☐

7. Columna:

    − ¿Siente dolor o rigidez cervical?   Sí ☐ No ☐
    − ¿Siente dolor dorsal o lumbar?   Sí ☐ No ☐

8. Mamas:

- ¿Ha tenido algún bulto en el pecho usted o algún familiar?   Sí ☐ No ☐

9. Aparato respiratorio:

- ¿Tose con mucha frecuencia?   Sí ☐ No ☐
- ¿Ha tosido alguna vez expulsando sangre?   Sí ☐ No ☐
- ¿Ha notado alguna vez sibilancias al respirar?   Sí ☐ No ☐
- ¿Sufre bronquitis en más de una ocasión al mes?   Sí ☐ No ☐
- ¿Padece asma bronquial?   Sí ☐ No ☐

10. Aparato circulatorio:

- ¿Tiene la tensión alta?   Sí ☐ No ☐
- ¿Tiene palpitaciones?   Sí ☐ No ☐
- ¿Tiene dolor en el pecho en reposo o haciendo deporte?   Sí ☐ No ☐
- ¿Le cuesta trabajo respirar en reposo o haciendo deporte?   Sí ☐ No ☐
- ¿Tiene que descansar cuando sube 2 pisos por escalera?   Sí ☐ No ☐
- ¿Tiene las piernas o los tobillos hinchados?   Sí ☐ No ☐
- ¿Nota calambres en las piernas cuando camina?   Sí ☐ No ☐
- ¿Tiene varices, varículas o los pies morados o fríos?   Sí ☐ No ☐
- ¿Toma medicación anticoagulante?   Sí ☐ No ☐
- ¿Le salen cardenales o moratones?   Sí ☐ No ☐
- ¿Ha sido tratado de alguna enfermedad cardíaca?   Sí ☐ No ☐
- ¿Tiene que pararse al andar?   Sí ☐ No ☐

11. Aparato digestivo:

- ¿Tiene alguna dificultad al tragar?   Sí ☐ No ☐
- ¿Padece ardor de estómago?   Sí ☐ No ☐
- ¿Ha vomitado sangre en alguna ocasión?   Sí ☐ No ☐
- ¿Tiene dolor de estómago después de las comidas?   Sí ☐ No ☐
- ¿Padece de estreñimiento de forma habitual?   Sí ☐ No ☐
- ¿Tiene diarrea frecuentemente?   Sí ☐ No ☐
- ¿Alguna vez sus heces han sido negras?   Sí ☐ No ☐
- ¿Ha observado sangre roja en las heces?   Sí ☐ No ☐
- ¿Ha tenido ictericia, cólicos biliares o nefríticos?   Sí ☐ No ☐

12. Aparato genitourinario:

- ¿Le escuece al orinar?   Sí ☐ No ☐
- ¿Le cuesta comenzar a orinar?   Sí ☐ No ☐
- ¿Orina con menos frecuencia que antes?   Sí ☐ No ☐
- ¿Alguna vez ha orinado muy oscuro?   Sí ☐ No ☐
- ¿Padece alguna enfermedad renal?   Sí ☐ No ☐
- ¿Padece o ha padecido algún trastorno de próstata?   Sí ☐ No ☐

13. Alergias:

- – ¿Padece o ha padecido algún tipo de alergia?   Sí ☐ No ☐
- – ¿Ha tenido algún tipo de reacción anafiláctica?   Sí ☐ No ☐
- – ¿Padece o ha padecido rinitis o conjuntivitis alérgica?   Sí ☐ No ☐
- – ¿Padece alergia al látex, goma o caucho?   Sí ☐ No ☐
- – ¿Padece alergia a algún tipo de medicamentos?   Sí ☐ No ☐

14. Aparato músculo-esquelético:

- – ¿Padece dolor o rigidez articular en espalda, brazos o piernas? Sí ☐ No ☐
- – ¿Ha tenido en alguna ocasión las articulaciones hinchadas?   Sí ☐ No ☐
- – ¿Ha tenido o tiene hernias de disco, de pared o inguinal?   Sí ☐ No ☐
- – ¿Ha tenido bajas por alteraciones músculo-esqueléticas?   Sí ☐ No ☐

15. Piel:

- – ¿Tiene algún problema en la piel: erupción, eczema o sangrado? Sí ☐ No ☐
- – ¿Ha observado algún cambio en la coloración de la piel?   Sí ☐ No ☐

16. Sistema nervioso:

- – ¿Padece vértigo o mareo?   Sí ☐ No ☐
- – ¿Ha tenido convulsiones alguna vez?   Sí ☐ No ☐
- – ¿Tiene debilidad muscular o parálisis?   Sí ☐ No ☐
- – ¿Nota pérdida de la sensibilidad, hormigueos o acorchamiento?   Sí ☐ No ☐
- – ¿Ha notado temblores o "torpeza" en las manos o pies?   Sí ☐ No ☐
- – ¿Toma alguna medicación?   Sí ☐ No ☐

17. Salud mental:

- – ¿Ha sido atendido alguna vez por un psiquiatra?   Sí ☐ No ☐
- – ¿Ha tomado medicación prescrita por un psiquiatra?   Sí ☐ No ☐
- – ¿Se encuentra triste, aburrido o deprimido?   Sí ☐ No ☐
- – ¿Ha perdido memoria o le falta últimamente?   Sí ☐ No ☐
- – ¿Tiende a la alegría o exaltación excesiva?   Sí ☐ No ☐
- – ¿Sufre angustia, ansiedad o nerviosismo?   Sí ☐ No ☐
- – ¿Tiene temores injustificados o miedo excesivo a las alturas?   Sí ☐ No ☐
- – ¿Se obsesiona con ideas absurdas o toma precauciones
  excesivas?   Sí ☐ No ☐
- – ¿Cambió su carácter?   Sí ☐ No ☐
- – ¿Cambió la actitud de los que le rodean?   Sí ☐ No ☐
- – ¿Padece insomnio o alteraciones del sueño?   Sí ☐ No ☐

18. Otras enfermedades:

- – ¿Padece otra enfermedad no señalada anteriormente?   Sí ☐ No ☐

  • Especificar ....

19. ¿Durante el último año?

- ¿Se ha modificado su estado de salud?   Sí ☐ No ☐
- ¿Ha sido operado de algo?   Sí ☐ No ☐
- ¿Le han practicado algún procedimiento médico?   Sí ☐ No ☐
- ¿Ha estado de baja laboral?   Sí ☐ No ☐
- ¿Ha acudido a alguna consulta médica?   Sí ☐ No ☐
- ¿Ha sido atendido en urgencias?   Sí ☐ No ☐
- ¿Ha sido atendido por especialidad psiquiátrica?   Sí ☐ No ☐
- ¿Ha tomado alguna medicación?   Sí ☐ No ☐
- ¿Ha sido ingresado en algún hospital?   Sí ☐ No ☐
- ¿Le han practicado análisis clínicos?   Sí ☐ No ☐
- ¿Le han practicado Rx o ecografía?   Sí ☐ No ☐

20. Observaciones:

Comentarios sobre temas no mencionados: ………………………………………

…………………………………………………………………………………………….

Declaro poseer la capacidad funcional necesaria para el desempeño de las tareas propias de mi trabajo habitual, no habiendo ocultado información sobre mi estado de salud.

Fecha y firma del trabajador:

……

d. **Unidad de Riesgos Laborales y Generales (URLG)**

Órgano activo en la Empresa en el campo de la prevención de riesgos.

Puede ejercer de coordinador entre el Servicio de VS y los trabajadores en todo lo relacionado con exámenes de salud.

- Informe de la identificación y evaluación de riesgos laborales de cada trabajador y, consecuentemente, de cada Puesto de Trabajo, para ser enviado al Servicio de VS e incorporado a su historial clínico-laboral.

- Investigación, en el caso de que se haya producido un daño para la salud del trabajador, con relación a la causalidad, respecto al Puesto de Trabajo.

- Confección, en coordinación con el Servicio de VS y el Departamento de RR.HH. del calendario de exámenes de salud periódicos, teniendo en cuenta las necesidades del servicio para evitar problemas de funcionalidad en la Empresa.

e. **Realización de los exámenes de salud**

Previamente a la realización del Examen de Salud, (tanto inicial como periódico) el Departamento de RR.HH. entregará a cada trabajador un cuestionario que deberá devolver cumplimentado al Servicio de VS, para facilitar el examen que se le va a hacer.

f. **Resultados de la Vigilancia de la Salud**

Una vez citado el trabajador para el Examen de Salud, caben seis posibilidades de actuación del mismo:

1. Que no acepte la realización del Examen.

    En este caso, deberá dejar por escrito su decisión de no aceptación y la razón de la misma.

2. Que no acuda al Examen.

    El Servicio de VS remitirá al trabajador una segunda citación.

    VS facilitará a la URLG relación de los trabajadores que no han acudido al Examen de Salud, habiendo sido citados.

3. Que acuda al Examen pero no lo complete.

    Dada esta circunstancia atípica, se seguirá el mismo proceso que en el caso 2.

4. Que no acuda tras la segunda citación o no complete el examen.

    Si esto ocurre, y no obedece a causa justificada, VS lo comunicará a URLG, y ésta, a su vez, a RR.HH., para que se adopte la decisión correspondiente.

5. Si la causa de no acudir al Examen hubiera estado justificada se le dará al trabajador una tercera cita, siguiendo el mismo proceso que en la segunda.

6. Que acuda a la cita y complete el Examen.

    VS pondrá en conocimiento de RR.HH. de que se ha cumplido el trámite de Reconocimientos Médicos a efectos de la Mutua de AT y EP.

Realizado el Examen de Salud a todos los trabajadores, VS remitirá a RR.HH. certificación sobre la aptitud para el desempeño de las tareas de su Puesto de Trabajo, que contendrá una de las siguientes conclusiones:

– Apto.
– Apto con restricciones/adaptación.
– No apto.
– En observación.

Así mismo VS redactará una Memoria Anual de Actividades, en la que como mínimo quedarán reflejados los siguientes datos:

– Resultados de los exámenes de salud iniciales.
– Resultados de los exámenes de salud periódicos.

4.2.2.3 Higiene y seguridad en el trabajo

La higiene general en el trabajo incluye los comportamientos sobre la propia higiene personal del trabajador, así como de los medios con los que cuenta en el centro de trabajo para llevarla a cabo.

a. **La higiene personal en el centro de trabajo**

La salud y el bienestar en el trabajo dependen de la interacción entre el ambiente físico y los hábitos personales del trabajador.

El beneficio de un sano ambiente de trabajo puede no ser efectivo debido a la falta de responsabilidad por parte de los propios trabajadores o de la dirección de la Empresa.

Resulta difícil practicar una buena higiene personal en el centro de trabajo, sino se cuenta con instalaciones adecuadas, como duchas con agua caliente, productos de aseo y limpieza, taquillas y otros elementos.

Para que una higiene personal sea efectiva se deben tomar una serie de medidas, tales como:

- El agua que se utilice debe cumplir todos los requisitos que la legislación contempla, además de estar identificada como potable.
- Utilizar fuentes de chorro, lo que evitará la utilización de vasos o utensilios compartidos.
- No comer ni beber en el Puesto de Trabajo y menos aún cuando las condiciones ambientales no sean sanas o tengan contaminación o polvo.
- Antes de proceder a la comida hay que lavarse las manos, incluso despojarse de la ropa de trabajo si está sucia o contaminada.
- Guardar la comida en sitio fresco y herméticamente cerrado.
- Cuando se produzca la menor lesión o arañazo, proceder a su inmediata desinfección y tapar la herida.
- Cuando se está trabajando en ambientes contaminados es necesario bañarse o ducharse diariamente para evitar infecciones cutáneas de tipo bacteriano o parasitario.
- Proceder a un profundo lavado de nariz y boca cuando se está trabajando con polvo, humo, gases, mercurio o plomo.
- Utilizar ropa apropiada a las condiciones de trabajo a desarrollar.

En lo referente a la higiene personal en el centro de trabajo, los servicios médicos o de prevención, junto a los Delegados de Prevención, deben efectuar una eficiente labor formativa, de manera que todos los trabajadores cumplan escrupulosamente con las medidas de salud e higiene establecidas, tanto individuales como colectivas.

b. **Orden y limpieza en los centros de trabajo**

1. **Objetivo**

El objetivo es establecer unas normas básicas de actuación de la Empresa para mantener los centros ordenados y limpios, y conseguir un ambiente agradable, así como un trabajo más eficiente y seguro.

2. **Implicaciones y responsabilidades**

Los jefes de las unidades funcionales y los mandos intermedios serán los responsables de transmitir a sus trabajadores las normas de orden y limpieza que deben cumplir y fomentar buenos hábitos de trabajo.

Deberán facilitar los medios necesarios para que los trabajadores puedan mantener sus áreas de trabajo en condiciones aceptables.

También realizarán inspecciones de orden y limpieza.

Todo el personal de la Empresa está involucrado en mantener limpio y ordenado su entorno de trabajo y cumplirá con las normas establecidas.

3. **Desarrollo**

Es imprescindible elaborar un plan de acción para la mejora sustancial del orden y la limpieza en los lugares de trabajo, sensibilizando e informando a todos los miembros de la Empresa, definiendo objetivos y funciones para llevarlos a término, y estableciendo los controles necesarios para su cumplimiento.

El desarrollo de una acción preventiva en esta materia requiere un plan constituido por un conjunto de acciones:

- **Eliminar lo innecesario y clasificar lo útil**
  - Se facilitarán los medios para eliminar lo que no sirva.
  - Se establecerán los criterios para priorizar la eliminación y se clasificará en función de su utilidad.
  - Se actuará sobre las causas de acumulación.

- **Acondicionar los espacios para guardar y localizar el material fácilmente**
  - Se guardarán adecuadamente las cosas en función de quién, cómo, cuándo y dónde se haya de encontrar lo que se busca.
  - Cada emplazamiento estará concebido en base a su funcionalidad y rapidez de localización.
  - Se habituará al personal a colocar cada cosa en su sitio y a eliminar de forma inmediata lo que no sirve.

- **Evitar ensuciar y limpiar después**
  - Se controlará y se eliminará todo lo que pueda ensuciar, actuando en el origen.

 ◆ Se organizará la limpieza del lugar de trabajo y de los elementos clave, con los medios necesarios.

 ◆ Se aprovechará la limpieza como medio de control del estado de las cosas.

- **Favorecer el orden y la limpieza**

 ◆ Se procurará que el entorno favorezca comportamientos adecuados.

 ◆ Se aprovechará la señalización de los lugares de trabajo para facilitar la información respecto a las actuaciones coherentes con el programa de orden y limpieza.

 ◆ Se subsanarán las anomalías con rapidez.

 ◆ Se normalizarán procesos y procedimientos de trabajo acordes con el orden y la pulcritud.

 ◆ Una tarea no se considerará finalizada mientras no se deje el lugar de trabajo ordenado y limpio.

- **Control y revisiones periódicas**

 Se comprobará periódicamente que el centro de trabajo está limpio y ordenado. Para ello se dispondrá de un cuestionario de chequeo que permita revisar con frecuencia determinada y por parte de los responsables de las áreas de trabajo, los aspectos a controlar.

c. **Control de riesgos higiénicos**

1. **Objetivo**

 El objetivo es eliminar o reducir al máximo los riesgos derivados de la exposición de contaminantes ambientales presentes en el entorno de trabajo que pueden provocar daños para la salud o enfermedad profesional, mediante técnicas de identificación, valoración y control de los mismos.

2. **Alcance**

 Este procedimiento afectará a todos los ámbitos de trabajo, en los cuales, el trabajador puede verse expuesto a riesgos higiénicos.

 Se consideran los siguientes contaminantes que pueden estar presentes en el ambiente de trabajo, y provocar daños a la salud:

- Contaminantes físicos:

 Ruido, calor, radiaciones…

- Contaminantes químicos:

 Polvo, humo, fibras, nieblas, gases, vapores…

- Contaminantes biológicos:

 Microbios, virus, bacterias, mohos…

3. **Implicaciones y responsabilidades**

El empresario deberá proporcionar los medios para que los trabajadores estén protegidos frente a los riesgos higiénicos a los que puedan estar expuestos.

Asumirá los resultados de la evaluación de riesgos y aplicará las medidas preventivas y de control pertinentes.

El Servicio de Prevención que rija en la Empresa llevará a efecto una inspección para identificar los contaminantes presentes en cada Puesto de Trabajo y, de acuerdo con sus resultados, decidirá sobre las medidas preventivas o correctoras que sea necesario aplicar en cada caso.

4. **Desarrollo**

La Higiene Industrial es una técnica que sirve para identificar, valorar y controlar los riesgos de los puestos de trabajo que puedan provocar enfermedad profesional o daños a la salud de los trabajadores expuestos a los contaminantes.

El riesgo higiénico se puede reducir mediante:

- El correcto control de los equipos que emiten contaminantes.

- El control de la exposición a contaminantes, actuando, en primer lugar, sobre el foco.

- La disponibilidad de fichas de seguridad de todos los productos químicos con los que trabaje la Empresa.

- La información y la formación del personal.

- La disponibilidad de equipos de protección adecuados, dando prioridad a la protección colectiva sobre la individual.

4.2.2.4 Accidentes de trabajo y enfermedades profesionales

La prevención de accidentes y enfermedades profesionales más eficaz se inicia cuando los procedimientos de trabajo se encuentran todavía en fase de concepción, cuando en el procedimiento de trabajo se pueden implantar condiciones de seguridad.

a. **Accidentes de trabajo**

1. **Concepto**

Accidente de trabajo es la lesión corporal que el trabajador sufre como consecuencia del trabajo por cuenta ajena (Art.115.1 tr. LGSS).

Se incluyen también: el accidente "in itínere"; el que ocurre en el Ejercicio de la actividad sindical; y el producido en actos de salvamento en la Empresa.

Se excluyen: el producido por causa de fuerza mayor y el debido a dolo o imprudencia temeraria.

2. **Causa**

En algunos casos es fácil determinar la causa de un accidente laboral, pero muy a menudo hay una cadena oculta de hechos que han producido el accidente que ha provocado lesiones al trabajador.

Es preciso establecer un procedimiento de investigación de accidentes, así como el registro y control de todos los que acontezcan, con el fin de adoptar, una vez conocidas las causas, las medidas necesarias para evitar la repetición de otros similares y lograr la reducción de la siniestralidad laboral.

Según la Ley de PRL, deben ser investigados los accidentes con consecuencias lesivas para los trabajadores. Sin embargo, es aconsejable investigar y registrar todos los accidentes, incluso los que no hayan provocado lesiones.

3. **Implicaciones y responsabilidades**

La investigación de accidentes deberá ser realizada por los directores de las áreas funcionales en las que se produce el suceso, contando con la colaboración de los órganos de Prevención existentes en la Empresa.

Cuando se trata de investigaciones de cierta complejidad, recabarán la ayuda de técnicos especializados en función de la causa del siniestro, y también con personal experto de la Mutua de AT y EP, formando un equipo de trabajo.

La dirección de la Empresa informará a los Delegados de Prevención y Comité de Seguridad y Salud de los accidentes acaecidos y de los resultados de las investigaciones.

Todos los trabajadores deberán informar a sus mandos de cualquier accidente o incidente que presencien y colaborar en el esclarecimiento e investigación sin ocultar datos o pruebas relevantes.

4. **Desarrollo**

Para conseguir el mejor conocimiento de las causas que provocaron un accidente, se deberán evitar demoras en la investigación y analizar lo antes posible los documentos, partes materiales del entorno afectado, testimonio de las personas afectadas

Se debe partir de la premisa de que rara vez una única causa provoca un accidente. Más bien al contrario, todos los accidentes tienen varias causas que suelen estar relacionadas y que pueden agruparse en cuatro grandes bloques:

MATERIALES	AMBIENTALES	INDIVIDUALES	ORGANIZATIVAS
1. Órganos móviles alejados del punto de operación	11. Aberturas y huecos desprotegidos	20. Incapacidad física para el trabajo	30. Tarea extraordinaria/ inhabitual para el operario
2. Zona de operación desprotegida	12. Zonas de trabajo tránsito y almacén no delimitadas	21. Deficiencia física para el puesto	31. Apremio de tiempo/ritmo de trabajo elevado
3. Parada de emergencia ineficaz	13. Dificultad en el acceso al PT	22 . Falta de cualificación para la tarea	32. Monótono/ rutinario/aislamiento
4. Ausencia de medios para la consignación de la maquinaria	14. Dificultad de movimientos en el PT	23. Inexperiencia	33. Formación inexistente o insuficiente sobre el método de trabajo
5. Productos peligrosos no identificados	15. Escaleras inseguras o en mal estado	24. Deficiente asimilación o interpretación de órdenes	34. Instrucciones inexistentes confusas, contradictorias o insuficientes
6. Materiales con aristas/perfiles cortantes	16. Pavimento deficiente o inadecuado	25. Incumplimiento de órdenes de trabajo	35. Método de trabajo inexistente o inadecuado
7. Inestabilidad en el almacenamiento	17. Vías de evacuación no practicables	26. Retirada de protecciones o dispositivos de seguridad	36. Mantenimiento inexistente o inadecuado
8. Deficiente protección frente a contactos eléctricos	18. Falta de orden y limpieza	27. No utilización de EPI	37. Inexistencia o insuficiencia de tareas de identificación/ evaluación de riesgos
9. Instalaciones de extinción de incen dios incorrectas	19.	28. Incapacidad mental	38. Falta de corrección de riesgos ya detectados
10. ….......………….		29.	39. Inexistencia de los EPI o ser inadecuados
			40. Intervenciones ante emergencias no previstas
			41. ....

En principio, los responsables de los lugares de trabajo en los que ha sucedido el accidente deben ser capaces de identificar las causas que ellos mismos pueden solucionar.

Los responsables de las unidades funcionales deben asegurarse de que las causas básicas debidas a fallos de gestión han sido detectadas y se han tomado las medidas pertinentes para su corrección.

No existe un método único ni de valor universal para la investigación de accidentes, sin embargo, cualquier procedimiento deberá definir quién, cuándo y cómo debe procederse y deberá contemplar también las siguientes etapas:

- **Reaccionar ante el accidente de forma adecuada y positiva**

  El responsable del área donde se ha producido el accidente se hará cargo de la situación, preocupándose de que la persona afectada reciba los primeros auxilios, y dando instrucciones para que se eviten accidentes potenciales secundarios.

- **Reunir información suficiente acerca del accidente**

  Identificar las fuentes de evidencias en el lugar de los hechos y entrevistar a los testigos del acontecimiento.

  Debe crearse un clima de confianza ante esta actividad para poner en evidencia que solo se pretende encontrar soluciones que eviten daños a los trabajadores expuestos.

- **Analizar todas las causas significativas**

  Se deben formular las siguientes preguntas:

  - ¿Qué tuvo que ocurrir para que este hecho se produjera?
  - ¿Fue necesario?
  - ¿Qué otras cosas tuvieron que suceder?

  Es importante que toda la información del análisis conste documentalmente.

- **Tomar medidas correctoras para evitar que se vuelva a repetir el accidente**

  Puede que sea necesario añadir sistemas de protección, informar o formar al trabajador, y tomar medidas aconsejables.

- **Seguimiento de la puesta en práctica de las medidas de control**

  Se debe verificar que las acciones emprendidas se cumplan, sean eficaces y no tengan efectos adversos.

- **Mantener un registro de siniestralidad**

  Se deben guardar, de forma ordenada, los partes de accidente con baja o sin ella, tal como la reglamentación exige con los documentos establecidos al efecto.

  A partir de la información extraíble de los partes internos de investigación mencionados, debería recogerse y tratarse estadísticamente la información más importante de los accidentes:

- Datos del accidente:

  Lugar, forma, agente material causante, daños y costes generados, etc.

- Datos del accidentado:

  Nombre, ocupación, experiencia, etc.

- Identificación de las causas.

- Medidas correctoras a adoptar.

5. **Costes producidos por el accidente**

   Es recomendable calcular, aunque sea orientativamente, los costes originados por el accidente, teniendo en cuenta las pérdidas materiales, los daños personales, el tiempo perdido por el accidentado y por otras personas y otros costes.

   - **Costes para el trabajador afectado**

     - **Costes directos**

       - El dolor y el padecimiento de la lesión.

       - La pérdida de ingresos.

       - La posible pérdida del empleo.

       - Los costes que acarrea la atención médica.

     - **Costes indirectos**

       Son imprecisos y difícilmente calculables, pero el más evidente es el padecimiento humano que se causa en las familias de los trabajadores afectados, que no se puede compensar con dinero.

   - **Costes para la Empresa**

     Se estima que los costes de los accidentes laborales son enormes.

     Para una Pyme el coste de tan solo un accidente puede suponer una catástrofe económica y financiera.

- **Costes directos**

  - Tener que pagar un trabajo no realizado.

  - Los pagos que hay que efectuar en concepto de tratamiento médico.

  - Indemnización.

  - La reparación o sustitución de máquinas e instalaciones dañadas.

  - La disminución o la interrupción temporal de la producción.

  - El aumento de los gastos de administración.

  - La posible disminución de la calidad del trabajo.

  - Las consecuencias negativas en la moral de los trabajadores.

- **Costes indirectos**

  - La sustitución del trabajador lesionado.

  - La formación de un nuevo trabajador y el coste del tiempo para el aprendizaje de las tareas del Puesto de Trabajo.

  - El tiempo necesario para que adquiera el nivel y ritmo del trabajador al que sustituye.

  - Dedicación de tiempo en burocracia, investigación, informes y formularios.

  - Preocupación de los compañeros del accidentado que influye negativamente en las relaciones laborales.

  - Las malas condiciones de seguridad en el lugar de trabajo pueden influir negativamente en la imagen pública de la Empresa.

b. **Enfermedades profesionales**

1. **Concepto**

   Enfermedad profesional es aquella contraída a consecuencia del trabajo por cuenta ajena en las actividades especificadas en el Real Decreto 1995/78, y que esté provocada por la acción de los elementos indicados (Art.116tr. LGSS), desde el punto de vista técnico.

2. **Características de la enfermedad laboral**

   - Inicio lento.
   - No violenta, oculta, retardada.
   - Previsible: Se conoce por indicios lo que va a ocurrir.
   - Oposición individual muy considerable.

3. **Factores de enfermedad profesional**

- Tiempo de exposición.
- Concentración del agente contaminante en el ambiente de trabajo.
- Características personales del trabajador.
- Presencia de varios contaminantes al mismo tiempo.
- La relatividad de la salud.
- Condiciones de seguridad.
- Factores de riesgo en la utilización de máquinas y herramientas.
- Diseño del área de trabajo.
- Almacenamiento, manipulación y transporte.
- Sistemas de protección contra incendios.

4. **Tipos de enfermedad profesional**

- Producidas por agentes químicos.
- Enfermedades de la piel.
- Enfermedades por inhalación.
- Infecciosas y parasitarias.
- Producidas por agentes físicos.
- Enfermedades sistemáticas

5. **Agentes productores de enfermedades**

- Físicos: ruido, calor, radiaciones
- Químicos: sustancias cancerígenas, polvos, gases
- Biológicos: bacterias, virus, parásitos
- Psicosociales: organización, trabajo, horario
- Ergonómicos: posturas, carga física, carga mental

6. **Condiciones**

- Diagnóstico médico.
- Incapacidad laboral.
- Presencia de un factor causal en el ambiente laboral.

4.2.3 Formación e información a trabajadores

Es imprescindible en la Empresa garantizar la información y formación necesaria, suficiente y adecuada, en materia de PRL a todos los trabajadores. Tanto inicialmente (en el momento de su contratación, o en un cambio de puesto de trabajo) como continuada a lo largo de su vida profesional, en función de las necesidades planteadas en cada situación.

El objeto general consiste en diseñar, planificar, organizar y establecer el programa de información y formación preventiva de la Empresa.

4.2.3.1 La información para la prevención

1. **Objetivo**

   Se debe informar a todos los trabajadores directamente, o a través de sus representantes y Servicio de Prevención constituido en la Empresa de:

   – Los riesgos generales y específicos de su Puesto de Trabajo que les afecten y de las medidas de prevención y protección adoptadas para combatirlos.

   – Las acciones que se lleven a efecto en la Empresa en materia de prevención.

   – Las medidas establecidas para luchar contra incendios, evacuación y primeros auxilios.

   También se debe comunicar sobre:

   – Cualquier cambio o modificación que se produzca en su Puesto de Trabajo.

   – La información que debe proporcionarse al personal foráneo que accede a la Empresa.

2. **Implicaciones y responsabilidades**

   Aunque la responsabilidad legal recae en el empresario, serán los mandos directos los que deberán transmitir a los trabajadores a su cargo la información necesaria para que la ejecución de las tareas sea correcta y segura.

   Los trabajadores tienen derecho a estar informados sobre los riesgos laborales a los que están sometidos.

   Por su parte, los responsables de realizar evaluaciones de riesgos son los encargados de informar de los riesgos identificados en cada Puesto de Trabajo (generalmente los Delegados de Prevención y el Servicio de Prevención, si hubiera).

3. **Desarrollo**

   La información tiene como finalidad dar a conocer a los trabajadores su medio de trabajo y todas las circunstancias que lo rodean, concretándolas en los posibles riesgos, su gravedad y las medidas de prevención y protección adoptadas.

   La información no exime de la formación ni de la elaboración de procedimientos de trabajo escritos, a fin de asegurar que el trabajador adquiere los conocimientos y destrezas necesarios para la correcta ejecución de su tarea.

4.2.3.2 Planes de formación/información

Una persona correctamente formada e informada sobre su tarea, el entorno en que se desenvuelve, los medios que utiliza y los riesgos que comporta el empleo de ellos, se considera menos expuesta a sufrirlos que otra, cuya información y formación sean inexistentes o incompletas.

Una adecuada información a los trabajadores sobre los riesgos profesionales de su Puesto de Trabajo, así como sobre la manera de prevenirlos, es determinante en la eficacia de cualquier política preventiva.

Los trabajadores deberán ser formados en la utilización de los aparatos e informados de sus riesgos, siempre que se produzca nueva incorporación de maquinaria y equipos de trabajo y siempre que un nuevo trabajador se incorpore a un puesto de trabajo.

Dentro de la política de prevención de la Empresa tienen vital importancia los planes de formación e información a los trabajadores en materia de PRL.

1. **Objetivo**

   Garantizar la información y formación necesarias, suficientes y adecuadas en materia de PRL a todos los trabajadores de la Empresa.

   La formación/información será planificada en función de los resultados de la evaluación inicial de riesgos y de las necesidades detectadas.

   Su elaboración requiere la aplicación y desarrollo de un proceso secuencial que debe incluir las siguientes etapas:

   – **Estudio e información de la Empresa**

     Trata del análisis de las necesidades que son susceptibles de mejora mediante la información.

   – **Desarrollo y ejecución**

     Consiste en la fijación de los objetivos, los contenidos, los destinatarios, su diseño, metodología y planificación, con el fin de lograr que las acciones formativas e informativas que integran el Plan se ajusten a los objetivos marcados.

   – **Verificación**

     Tiene como finalidad la comprobación de los resultados obtenidos con la aplicación y desarrollo del Plan, tanto desde el punto de vista social, como puntual de cada una de las acciones formativas e informativas que lo integran, con el fin de introducir las modificaciones necesarias para subsanar a tiempo las desviaciones que puedan presentarse, sin que se vean afectados los objetivos del Plan.

2. **Metodología en la información/formación**

La formulación de objetivos tiene que dar lugar a la fijación de los contenidos informativos y formativos, así como a la metodología a emplear en cada caso, teniendo en cuenta las particularidades existentes.

El cuadro que se expone refleja la relación existente entre cada tipo de objetivo y la metodología concreta a utilizar.

OBJETIVOS	METODOLOGÍA	
	Métodos	Actuación del profesor
COGNITIVOS	DIDÁCTICOS (tradicionales) Basados fundamentalmente en la comunicación unilateral profesor-alumno.	- Básicamente expositiva. - Conducta fundamentalmente verbal.
AFECTIVOS	FORMATIVOS (modernos) Basados en la participación del alumno y el aprovechamiento pedagógico del grupo.	- Esencialmente animadora. - Generadora de inquietudes y preguntas. - Aporta información a demanda de los alumnos.
PSICOMOTORES	INSTRUCTIVOS (adiestramiento) Basados en la práctica y la repetición de la conducta.	- Especialmente práctica. - Modelo de actuación. - La intervención verbal deja paso a la demostración.

3. **La información/formación en PRL**

Se entiende por información/formación en PRL en la Empresa aquella que, al menos, contempla el conocimiento de la situación real: causas, consecuencias y medidas que se han de adoptar para su control.

La información/formación en esta área constituye uno de los pilares fundamentales en los que se basa la PRL, ya que sin una información/formación adecuada de todos los sujetos implicados en la misma, desde la dirección hasta los trabajadores de base, así como de los Delegados de Prevención (que apoyan y potencian el conjunto de acciones preventivas de la Empresa), difícilmente podrá abordarse de forma eficiente la prevención de riesgos.

4. **Desarrollo de la información/formación**

Deberá impartirse dentro de la jornada laboral por personal debidamente cualificado, ya sea de la propia Empresa o externo, y si por causas de fuerza mayor no fuera posible las horas empleadas fuera de la jornada se considerarán tiempo real de trabajo a todos los efectos, asumiendo su coste el empresario.

5. **Programa anual de formación/información**

   Integrado en el Plan de Formación/información de la Empresa.

   La dirección de la Empresa, apoyada por los responsables de la PRL, establecerá anualmente un programa informativo/formativo en materia de PRL.

   En este programa deberán figurar:

   – Objetivos generales y específicos.
   – Responsables de impartir la formación/información.
   – Destinatarios.
   – Contenidos y metodología a seguir.
   – Cronograma.
   – Modalidades de evaluación en cada caso.
   – Soportes y recursos técnicos y humanos.

   El programa de formación/información preventiva deberá estructurarse según los destinatarios del mismo, habiendo las siguientes clases de destinatarios:

   – Directivos.
   – Técnicos en PRL.
   – Mandos intermedios.
   – Trabajadores.
   – Delegados de prevención.

4.2.3.3 Formación inicial y continuada

Con la formación se trata de conseguir, a través de la adquisición de conocimientos y destrezas, un mejor aprovechamiento de los recursos disponibles y, en general, conseguir la máxima eficacia y seguridad en el trabajo.

Cabe diferenciar tres tipos de formación preventiva a la hora de elaborar el procedimiento de formación:

- Formación preventiva inicial.
- Formación preventiva específica del Puesto de Trabajo.
- Formación preventiva actualizada.

1. **Formación preventiva inicial**

   La incorporación del personal a la Empresa viene precedida de la firma del contrato.

   En este momento se facilitará al trabajador, independientemente del cargo a desempeñar y del Puesto de Trabajo a ocupar, la información de acogida, en la que deberán figurar temas de carácter general como:

   – Política de la Empresa en PRL.

   – Normas generales de prevención.

– Exposición de riesgos generales y específicos de su puesto de trabajo, y de las medidas de prevención y protección adoptadas para combatirlos.

– Plan de Emergencia.

Esta información debe facilitarse entre los primeros días del inicio del trabajo.

El tiempo requerido para la formación y los medios didácticos de apoyo con los que se contará, se definirán con antelación para que la formación sea eficiente.

La formación preventiva inicial debe registrarse para constancia de que ha sido impartida.

2. **Formación preventiva específica del Puesto de Trabajo**

Este proceso de formación está comprendido en el Programa de Formación Inicial.

Una vez impartida la formación general inicial, los trabajadores recién incorporados recibirán formación de riesgos específicos de su puesto de trabajo o función, con el objetivo de que ejecuten de forma segura las tareas y, en especial, las operaciones críticas de su puesto de trabajo.

Se combinarán las explicaciones teóricas con las prácticas para su mayor comprensión y asimilación.

Cuando los trabajos se realicen en instalaciones o con equipos peligrosos, se dispondrá de un procedimiento de habilitación por parte de la dirección que asegure que las personas autorizadas tienen la cualificación y la destreza necesarias para actuar de forma autónoma.

Este proceso de formación estará integrado en el Plan de Formación/Información.

Al acabar el ciclo formativo se dispondrá de mecanismos de control para verificar la eficacia de la acción formativa realizada.

Se efectuarán pruebas de evaluación para determinar los resultados alcanzados.

Estos resultados deberán registrarse y archivarse.

3. **Formación preventiva actualizada**

Periódicamente se actualizará la formación teniendo en cuenta los posibles cambios en el Puesto de Trabajo o alguna introducción de nuevos elementos de producción, materiales o tecnología que requieran formación específica para su utilización, y que puedan representar riesgos, que deberán evaluarse y, en consecuencia, considerarse en el Plan de Formación/Información.

Recibirán una capacitación especial en materia de Gestión de Prevención de Riesgos Laborales:

– **Directivos**

- Prevención general de riesgos.

– **Técnicos en PRL**

- Formación específica en PRL de todos aquellos aspectos que sean necesarios para la mejora del cumplimiento de sus tareas y el óptimo desarrollo de sus funciones.

– **Mandos intermedios**

- Formación actualizada sobre seguridad de los servicios y áreas a su cargo.

- Formación práctica por la incorporación en su área funcional de nuevos equipos, tecnologías o materiales que modifiquen sustancialmente las condiciones de seguridad y salud.

– **Trabajadores**

- Asistirán a sesiones informativas y formativas, con el fin de asegurar el mantenimiento de conocimientos actualizados sobre los temas tratados en la formación inicial y en la específica del Puesto de Trabajo.

– **Delegados de Prevención**

- Deberán asistir a sesiones informativas y formativas con el fin de poder colaborar con la dirección de la Empresa en la mejora de la acción preventiva, y ejercer una labor de vigilancia y control sobre el cumplimiento de la normativa de PRL.

Registro y archivo

- La dirección de la Empresa o el Departamento de RR.HH. mantendrá el registro de la Formación/Información recibida por el trabajador desde el momento de su incorporación.

- Los informes correspondientes se registrarán y archivarán según el procedimiento establecido por la Empresa a tal fin.

- Así mismo, se dispondrá de un registro actualizado del nivel de formación de cada trabajador.

4.3 PLANES DE PREVENCIÓN DE RIESGOS LABORALES

4.3.1 Principios generales de la acción preventiva

De acuerdo con el Art.15 de la LPRL, los Principios de Acción Preventiva son:

1. **Evitar los riesgos**

   Precisión: se utilizarán sistemas de protección solo frente a aquellos riesgos que no hayan podido evitarse.

   Previamente se habrán adoptado todas las medidas necesarias para eliminar aquellos riesgos que pueden evitarse.

2. **Evaluar los riesgos que no se pueden evitar**

   Aclaración: en aquellos riesgos que no se hayan podido evitar habrá que evaluar la probabilidad de que se produzca el daño, así como la severidad que tendría ese daño, en caso de producirse.

   En función del resultado de esta evaluación, se establecerá el plan de acción.

3. **Combatir los riesgos en su origen**

   Ejemplo: en un proceso químico que exija la manipulación de sustancias peligrosas volátiles, siempre será recomendable utilizar equipos que realicen el proceso de manera confinada, sin dejar escapar ningún tipo de vapores y disponer en el recinto de extractores ambientales que se encarguen de filtrar y renovar permanentemente el aire viciado.

4. **Adaptar el trabajo a la persona**

   En lo que respecta a la concepción de los puestos de trabajo, así como a la elección de los equipos y los métodos de trabajo y de producción a atenuar el trabajo monótono y repetitivo y a reducir los efectos del mismo en la salud.

5. **Tener en cuenta la evolución de la técnica**

   Ejemplo: la fibra de amianto era un producto muy utilizado hace unos años en la fabricación de trajes ignífugos para bomberos y también en los procesos productivos de determinados materiales de construcción (fibrocemento, aislantes termoacústicos).

   A raíz del estudio de las consecuencias nocivas para la salud, que su inhalación ocasionaba, y facilitado por la aparición de nuevos materiales con similares características, hoy en día la fibra de amianto ha quedado en desuso.

6. **Sustituir lo peligroso por lo que entrañe poco o ningún peligro**

   Ejemplo: profundizando en el ejemplo anterior, determinadas fibras sintéticas han sustituido al amianto en la fabricación de trajes ignífugos.

   Las nuevas fibras carecen de efectos nocivos conocidos, tanto en la fabricación, como en su utilización.

   En la construcción el amianto-cemento ha sido sustituido progresivamente por perfiles de chapa metálicos o planchas de polímeros plásticos.

7. **Planificar la prevención**

   Ejemplo: la progresiva evolución de la técnica hace que constantemente aparezcan en el mercado nuevas máquinas y sistemas de producción cada vez más seguros.

   Resultaría económicamente inviable para cualquier empresa renovar la maquinaria cada vez que apareciera en el mercado un nuevo sistema.

   Habrá que estudiar las medidas más adecuadas en cada caso, y que no siempre tendrán que implicar la renovación de la maquinaria.

8. **Adoptar las medidas que antepongan la protección colectiva a la individual**

   Ejemplo: en un taller de pintura con pistola siempre sería preferible la disposición de un sistema de aspiración localizada que eliminara los posibles vapores tóxicos generados por los disolventes en el foco de emisión, antes que dotar al trabajador de una incómoda mascarilla con filtro químico, la cual le ocasionaría molestias durante su utilización diaria.

9. **Dar las debidas instrucciones a los trabajadores**

   Aclaración: una adecuada información a los trabajadores sobre los riesgos profesionales de su Puesto de Trabajo, así como sobre la manera de prevenirlos es determinante en la eficacia de cualquier política preventiva.

   Los trabajadores deberán ser formados en la utilización de los aparatos e informados de sus riesgos siempre que se produzca nueva incorporación de maquinaria y siempre que un nuevo trabajador se incorpore a un puesto de trabajo.

4.3.1.1 Guías para la acción preventiva

La guía para la acción preventiva en Pymes, dirigida especialmente al trabajo en oficina, ayuda a mantener bajo control los problemas relacionados con la Seguridad y Salud de los trabajadores.

- Ayuda a buscar y valorar sistemáticamente los principales riesgos que pudieran existir.

- Proporciona un informe escrito de sus resultados en materia de Seguridad y Salud en el trabajo.

- Sugiere mejoras que han demostrado ser útiles en la práctica.

Ejemplo de modelo de guía aplicada a cada Puesto de Trabajo, en la que se exponen:

a. **Aspectos a considerar como causas potenciales de riesgo en el trabajo**:

   a. Posibles peligros.

   b. Preguntas aclaratorias.

   c. Acciones preventivas para mejorar la seguridad.

b. **Método para la valoración de riesgos**:

   a. Gravedad de las consecuencias.

   b. Probabilidad de riesgo.

   c. Valoración del riesgo.

   d. Plan de mejora.

A. Aspectos a considerar como causas potenciales de riesgo en el trabajo

EJEMPLOS			
Causas potenciales	a) Posibles peligros	b) Preguntas aclaratorias	c) Acciones de mejora
1. Locales Superficie	Superficies peligrosas	¿Se pueden producir caídas o roturas?	Reparar y allanar el suelo
2. Locales Alturas	Escaleras Huecos	¿Se corre el riesgo de caer de altura?	Asegurar escaleras Cubrir huecos
3. Electricidad	Contacto eléctrico	¿Equipos eléctricos malas condiciones?	No utilizar sin revisión
4. Agentes Físicos	Altos ruidos permanentes	¿Distracción en trabajo y sordera?	Medir decibelios Aislar los sonidos
5. Sustancias Químicas	Contacto productos peligrosos	¿Se manipulan de forma segura?	Respetar indicaciones fabricante
6. Agentes Biológicos	Presencia de virus bacterias, ácaros	¿Se trata su exterminación?	Desinfección de equipos y locales
7. Incendio Explosión	Equipos sin revisar falta de control	¿Prevención y evacuación?	Control instalaciones eléctricas y productos inflamables
8. Puestos de Trabajo	Iluminación y medio ambiente	¿Daños vista y otros sentidos?	Regular iluminación y temperatura Cuidar buen ambiente
9. Organización del trabajo	Estrés y mala relación trabajadores	¿Perjuicio convivencia y rendimiento?	Atención al bienestar de los trabajadores

B. Método para la valoración de riesgos

Este método permitirá realizar, mediante apreciación directa de la situación, una valoración de los riesgos, para los que no existe una reglamentación específica.

En cada situación de peligro identificada debe preguntarse:

1º. La gravedad de las **consecuencias** que puede causar ese peligro en forma de daño para el trabajador.

Por ejemplo:

a) Gravedad de las consecuencias		
1. Ligeramente dañino	– Cortes y magulladuras pequeñas – Irritación de los ojos por polvo – Dolor de cabeza	– Disconforme – Molestias e irritación
2. Dañino	– Cortes profundos – Quemaduras – Torceduras y fracturas menores – Conmociones	– Asma, dermatitis – Trastornos músculoesquelético – Incapacidad menor
3. Muy dañino	– Amputaciones – Fracturas mayores – Lesiones múltiples – Intoxicaciones	– Lesiones fatales – Incapacidad física – Cáncer y otras enfermedades crónicas

2º. Una vez determinada la gravedad de las consecuencias, procede la pregunta por la **probabilidad** de que esta situación tenga lugar.

b) Probabilidad del riesgo	
Baja	Es muy raro que se produzca daño
Media	El daño ocurrirá ocasionalmente
Alta	Lo más probable es que se produzca daño

Estas probabilidades son el resultado de dos factores:

- **La frecuencia** con la que puede presentarse esta situación.
- **La posibilidad** de que se den juntas las circunstancias necesarias para que se produzca el daño.

Una vez estimados ambos parámetros, se puede valorar el riesgo:

c) Valoración del riesgo				
		CONSECUENCIAS		
		Ligeramente dañino	Dañino	Muy dañino
PROBABILIDAD	Baja	Riesgo trivial 1	Riesgo tolerable 2	Riesgo moderado 3
	Media	Riesgo tolerable 2	Riesgo moderado 3	Riesgo importante 4
	Alta	Riesgo moderado 3	Riesgo importante 4	Riesgo intolerable 5
	Cada grupo de riesgo tiene un valor de 1 a 5			

Por último y, en función de la valoración del riesgo, se preparará el Plan de mejora de las condiciones de trabajo.

d) Plan de mejora de las condiciones de trabajo		
RIESGO	¿Se deben tomar nuevas acciones preventivas?	¿Cuándo hay que realizar las acciones preventivas?
Trivial	No se requiere acción específica	
Tolerable	No es necesario mejorar la acción preventiva	
Moderado	Se deben hacer esfuerzos para reducir el riesgo con inversiones precisas	Fijar un período de tiempo para implantar las medidas que reduzcan el riesgo
Importante	Puede que se precisen recursos considerables para controlar el riesgo	No debe comenzar hasta que se haya reducido el riesgo
Intolerable	Debe prohibirse el trabajo si no es posible reducir el riesgo aún con recursos ilimitados	INMEDIATAMENTE No debe comenzar ni continuar el trabajo hasta que se reduzca o elimine el riesgo

4.3.1.2 Medidas y acciones para eliminación o reducción de riesgos

Una vez llevada a cabo la evaluación de riesgos en los puestos de trabajo y en función de los resultados obtenidos, se procederá a planificar la acción preventiva para implantar las medidas pertinentes con el fin de eliminarlos o reducirlos.

Las medidas de prevención que eliminan o disminuyen la probabilidad de materialización de los riesgos serán prioritarias respecto a las medidas de protección, cuyo objetivo es minimizar sus consecuencias.

La protección colectiva es, a su vez, prioritaria frente a la protección individual.

Entre las medidas encaminadas a la reducción y eliminación de riesgos en el origen, se apuntan procedimientos sobre las siguientes actuaciones:

- Instrucciones de trabajo.
- Señalización de seguridad.
- Equipos de protección individual (EPI).

a. **Instrucciones de trabajo**

En la utilización de equipos o en la realización de tareas críticas serán una buena herramienta para poder evitar actuaciones inseguras, bien sea debido a su complejidad y dificultad, bien debido a que la mala ejecución u omisión en dichas tareas, lo que puede repercutir significativamente en la calidad y seguridad del proceso.

1. **Objetivo**

Establecer la metodología para la elaboración y el tratamiento de las instrucciones de trabajo.

2. **Implicaciones y responsabilidades**

La elaboración correrá a cargo del director de la unidad funcional correspondiente a los puestos de trabajo objeto de las instrucciones, pues es quien tiene mejor conocimiento de sus actividades.

Los trabajadores deberán cumplir con lo indicado en las instrucciones y comunicar a su mando directo las carencias o deficiencias que encuentren en su aplicación.

Los Delegados de Prevención serán consultados previamente a la aprobación de las instrucciones.

3. **Desarrollo**

Las instrucciones de trabajo exponen secuencialmente los pasos a seguir para la correcta realización de las tareas, por lo tanto, deben servir de guía al trabajador en el desarrollo de actividades que pueden ser críticas.

Para la elaboración e implantación de las instrucciones se deberán seguir las siguientes fases:

- Determinación de las tareas o actividades objeto de instrucción.
- Planificación de la elaboración de las instrucciones.
- Estudio o análisis de la tarea a sistematizar.
- Redacción de la instrucción.
- Revisión periódica y actualización.

Existe una serie de tareas que, debido a su criticidad, han de disponer de instrucciones de trabajo por escrito.

A modo de ejemplo, y por su frecuencia en general, se citan las siguientes:

- Operaciones normales con riesgo de graves consecuencias (empleo de sustancias o procesos químicos peligrosos, máquinas, instalaciones energéticas, electricidad, trabajos en altura).
- Trabajos en condiciones térmicas extremas.
- Operaciones en espacios confinados.
- Operaciones con aporte de calor en lugares o instalaciones con peligro de incendio o explosión.
- Situaciones de emergencia.
- Control de las actividades de contratas.
- Intervenciones de personal foráneo en instalaciones.
- Carga, descarga, y movimiento de vehículos.
- Paradas y puestas en marcha de máquinas e instalaciones.
- Operaciones de mantenimiento y limpieza.
- Situaciones de alteración de los procedimientos normales de operación.
- Empleo ocasional de equipos con funciones clave.
- Trabajo en solitario o alejado del lugar habitual de trabajo.

b. **Señalización de seguridad**

Se entiende por "señalización de seguridad" el conjunto de estímulos que condicionan la actuación del individuo que los recibe, frente a unas circunstancias que se pretende resaltar.

A los trabajadores se les ha de dar la información y formación necesarias para que tengan un adecuado conocimiento del sistema.

Entra dentro de este sistema toda señalización de seguridad óptica y acústica que debe montarse en los centros de trabajo.

1. **Objetivo**

Establecer el procedimiento de señalización que debe utilizarse para informar sobre advertencias, prohibiciones, obligaciones u otras indicaciones, para un mejor control y prevención de riesgos laborales.

2. **Implicaciones y responsabilidades**

El empresario deberá adoptar las medidas precisas para que, siempre que resulte necesario, en los lugares de trabajo exista una señalización de seguridad adecuada, y complementaria a otras medidas de prevención y protección.

El funcionamiento del sistema y su conservación estarán a cargo del responsable de la unidad funcional correspondiente.

Todos los trabajadores y personal foráneo deberán cumplir con las obligaciones y respetar las prohibiciones que la señalización exija.

3. **Desarrollo**

La señalización, como técnica preventiva, conviene emplearla con mesura, ya que su utilización indiscriminada puede llegar a neutralizar o eliminar su eficacia.

En general, se utilizará la señalización cuando se quiera resaltar alguno de los aspectos siguientes:

- Riesgos, prohibiciones u obligaciones.
- Zonas con peligro de caídas, choques o golpes.
- Salidas y vías de comunicación.
- Almacenamiento de sustancias y preparados peligrosos.
- Equipos de protección contra incendios.
- Medios y equipos de salvamento y socorro.
- Situaciones de emergencia.
- Maniobras peligrosas.
- Trabajos especiales.
- Instalaciones y equipos especiales.

Para que la señalización sea efectiva y cumpla con su finalidad en la prevención de riesgos deberá:

- Atraer la atención de los implicados.
- Dar a conocer el riesgo o condición peligrosa con suficiente antelación.
- Ser suficientemente clara para su captación.
- Manifestar el mensaje sin equívocos.
- Posibilidad real, en la práctica, de cumplir con lo indicado.

c. **Equipos de protección individual y ropa de trabajo**

La protección individual es la técnica que tiene, por misión, proteger a la persona de un riesgo específico procedente de su ocupación laboral.

Se contempla cualquier equipo o ropa de trabajo destinados a ser llevados o sujetados por el trabajador, para que le protejan de uno o varios riesgos que puedan amenazar su seguridad o salud, así como cualquier otro complemento o accesorio destinado a tal fin.

1. **Objetivo**

Establecer el método de elección, suministro y mantenimiento de los equipos de protección individual (EPI) y ropa de trabajo para su fin primordial.

2. **Implicación y responsabilidades**

El empresario deberá tomar las medidas necesarias para determinar los puestos de trabajo en los que deba recurrirse a la protección individual y precisar, para cada uno de los puestos, los riesgos frente a los que debe ofrecerse protección, las partes del cuerpo a proteger y el equipo o equipos que deban utilizarse.

Los mandos intermedios colaborarán activamente con el empresario a la hora de evaluar los puestos en los que deban utilizarse EPI, instruir sobre su correcto uso y preocuparse de su mantenimiento y sustitución de los mismos cuando presenten anomalías o deterioro.

Los trabajadores son responsables de utilizar y cuidar los equipos y ropa de trabajo.

También deberán informar de inmediato a su mando directo de cualquier defecto, anomalía o daño apreciado en el EPI que, a su juicio, pueda entrañar una pérdida de su eficacia protectora.

3. **Desarrollo**

La utilización de EPI es el último recurso que se debe aplicar para hacer frente a los riesgos específicos, y se debe recurrir a ella cuando se hayan agotado todas las demás vías de prevención de riesgos, es decir, cuando no se hayan podido evitar o reducir suficientemente por medios de protección colectiva.

La norma es: "*primero la prevención colectiva, después la prevención individual*".

Para llegar a la elección del EPI se deberán seguir los siguientes pasos:

− Localización del riesgo.
− Definición de las características del riesgo.
− Determinación de las partes del cuerpo a proteger:

  • Cabeza, ojos, oídos, vías respiratorias, manos, pies y otras.

− Elección del EPI.
− Normalización interna del uso.
− Distribución del EPI.
− Utilización y mantenimiento.

4.3.1.3 Sistemas de control de riesgos

El riesgo al que esté expuesto un trabajador está en función de la probabilidad de que suceda, y también de las consecuencias que podría tener para su salud, en caso de que se produjera.

a. **Actividades para el control de riesgos**

– De control activo
– De control reactivo

1. **Control activo**

   Son las actuaciones que se llevan a cabo para controlar el cumplimiento de las actividades establecidas en materia de PRL, con la finalidad de que los trabajos se realicen con la máxima eficacia y seguridad.

   Entre otras actuaciones:

   • Observaciones planificadas del trabajo.
   • Mantenimiento preventivo del edificio, instalaciones y equipos.
   • Inspecciones y revisiones de seguridad en el ámbito del trabajo.
   • Auditorías del sistema preventivo.
   • Controles ambientales de riesgos higiénicos y ergonómicos.
   • Vigilancia de la salud de los trabajadores.

2. **Control reactivo**

   Son las actuaciones seguidas para investigar, analizar y registrar los fallos producidos en el Sistema de Gestión de PRL instalado en la Empresa.

   Entre estas actuaciones, cabría destacar el análisis e investigación de Accidentes/Incidentes, Primeros Auxilios y Plan de Emergencia, como esenciales para el control de los riesgos, que ya hubieran ocasionado consecuencias graves en los trabajadores y en instalaciones y equipos de trabajo.

b. **Medidas de control en función de tres líneas de acción**

Siempre que sea posible, será preferible adoptar medidas de control de riesgos en el origen, a medidas de control en el medio de transmisión, y éstas serán más eficaces que los sistemas de control de riesgos sobre el propio trabajador:

– Control del riesgo en origen
– Control del riesgo en el medio de transmisión
– Control del riesgo sobre el propio sujeto expuesto al peligro

1. **Control del riesgo en origen**

   Los riesgos en el origen se pueden controlar mediante:

   • Selección de equipos y diseños adecuados.

   • Sustitución de productos peligrosos por otros que entrañen menos peligro.

   • Aislamiento o confinamiento del proceso de emisión de un agente dañino.

- Utilización de métodos húmedos para evitar o disminuir la contaminación en el proceso.

- Extracción localizada en el punto donde se genera la contaminación o invasión de gases y polvos peligrosos.

2. **Control de riesgos en el medio de transmisión**

Cuando la actuación sobre el foco resulte imposible o insuficiente, procede actuar sobre el medio de propagación.

Los medios más comunes pueden ser:

- **Orden y limpieza**

  Es imposible tener un programa de salud efectivo a menos que el mantenimiento, el orden y la limpieza sean adecuados y el trabajador haya sido informado de la necesidad de tales medidas.

- **Ventilación general**

  Este método consiste en la mezcla del aire contaminado con aire puro, a fin de mantener la concentración de contaminantes presente en los ambientes industriales por debajo de límites aceptables.

  Este sistema es recomendable cuando:

  - La toxicidad a eliminar es baja.

  - Los trabajadores están suficientemente alejados del foco de emisión.

  - La cantidad de contaminante generado no es grande.

  - La emisión de contaminante es uniforme.

- **Separación entre emisor y receptor**

  El aumento de la distancia entre el punto donde se genera el contaminante y el operario más próximo implicará que éste llegará muy diluido a la zona de influencia del trabajador.

  Esta medida también es eficaz y recomendable en determinados procesos con un nivel elevado de ruido.

- **Sistemas de alarma**

  La actuación de sistemas de alarma alerta a los trabajadores de la situación de peligro, permitiendo la adopción de medidas de control antes de que los contaminantes puedan suponer un daño para su salud.

3. **La protección del receptor**

Las actuaciones sobre el trabajador están justificadas cuando la acción sobre el origen y sobre el medio de transmisión han sido imposibles o insuficientes.

4.3.2 Planteamiento de la PRL

Consiste en establecer una metodología para la planificación de las actividades preventivas necesarias para eliminar, reducir o controlar los riesgos laborales, tanto para la evaluación inicial de riesgos como de las realizadas con posterioridad.

4.3.2.1 Planificación de la actividad preventiva

1. **Objetivo**

   Es el instrumento esencial para la gestión y aplicación del Plan de PRL que se materializa en un documento en el que se establece:

   − ¿Qué medidas preventivas hay que llevar a cabo para eliminar o reducir y controlar los riesgos laborales?

   − ¿Quién debe tomarlas?

   − ¿Cuándo se tomarán?

   − ¿Cómo se controlará que se han tomado?

   Dentro de las medidas preventivas también se recoge:

   − La Información y Formación en materia de PRL.
   − La Vigilancia de la Salud.
   − Las Medidas de Emergencia

   Al planificar la actividad preventiva debe indicarse para cada una de las acciones, y en función de la magnitud de los riesgos y el número de trabajadores expuestos, la prioridad considerada. Varía del valor *1 = prioridad máxima*, a valor *4 = prioridad mínima*, y ha de servir a la Empresa como orientación para determinar los plazos de implantación de las medidas a adoptar.

2. **Desarrollo**

   La elaboración de la planificación de la actividad preventiva se efectúa a partir de:

   − Evaluación de riesgos.
   − Investigación de accidentes.
   − Revisiones/inspecciones de seguridad.

   − Observaciones del trabajo.
   − Controles médicos.
   − Controles de riesgos higiénicos.
   − Controles de riesgos ergonómicos/psicosociales.
   − Comunicaciones de riesgos.
   − Auditorías.

- La Planificación de la Actividad Preventiva (PAP), una vez elaborada, será presentada al Comité de Seguridad y Salud y formará parte del Plan de PRL.

- La Unidad de PRL o el Servicio de Prevención de Riesgos constituido en la Empresa deberá comprobar la efectiva implantación de la PAP prevista e informará periódicamente a la dirección. El objeto es poner de manifiesto las acciones preventivas ejecutadas, el estado de las que estén en curso y, de forma especial, las no ejecutadas, proponiendo, en su caso, y si procedieran, actuaciones al objeto de subsanar dichos incumplimientos.

- En términos generales, el seguimiento de la implantación del PAP se deberá realizar comparando, mediante registros, las medidas previstas para una determinada fecha y las efectivamente realizadas.

4.3.2.2 Actuación frente a cambios y sucesos previsibles

En la Empresa suelen producirse actuaciones que podrían alterar o modificar los procesos de trabajo, así como supondrían riesgos al personal.

- Cambios previsibles
- Sucesos previsibles

1. **Actuación frente a cambios previsibles**

En ocasiones se producen situaciones impredecibles y, por tanto, no se puede tomar ninguna medida preventiva.

Pero en su mayoría son previsibles, en cuanto generen nuevos riesgos o modifiquen los existentes. Además, deben ser objeto de actividad preventiva por parte de la Empresa para su control y eliminación.

El Reglamento de Servicios de Prevención exige que deberán volver a evaluarse los puestos de trabajo que puedan verse afectados por cambios respecto a la situación evaluada inicialmente, y cita los siguientes:

- La elección de equipos de trabajo, sustancias o preparados químicos, introducción de nuevas tecnologías o modificación en el acondicionamiento de los lugares de trabajo.

- El cambio en las condiciones de trabajo.

- La incorporación de un nuevo trabajador, cuyas características personales o estado biológico conocido lo hagan especialmente sensible a las condiciones del puesto de trabajo.

La mejor forma de controlar los riesgos que estas situaciones pueden generar o modificar, es teniendo prevista la forma de actuar ante las mismas.

Esto se consigue mediante una correcta planificación de procedimientos en los que se determine quién, cuándo y cómo actuar.

Algunas de las situaciones más comunes que pueden provocar riesgos:

– Nuevos proyectos y modificación de instalaciones, procesos o sustancias.

– Adquisición de maquinaria, equipos de trabajo y sustancias químicas.

– Consignación de instalaciones y equipos, circunstancialmente fuera de servicio.

– Perfiles profesionales en cuanto a contratación de personas.

– Contrata y subcontrata de trabajos, personas y equipos.

– Acceso a personas y vehículos foráneos a los centros de trabajo.

– Seguridad en los residuos.

2. **Actuación frente a sucesos previsibles**

Ante sucesos relevantes se deben adoptar procedimientos encaminados a su control, bien para evitar los riesgos que ocasionen, bien para optimizar los recursos disponibles, a fin de que los daños sean mínimos.

También es conveniente aprovechar las experiencias de situaciones pasadas, como lecciones para aprender.

Las actuaciones que se emprendan ante estos sucesos son de carácter general, afectan a la práctica totalidad de los trabajadores del centro de trabajo y son de obligado cumplimiento en la Empresa.

4.3.2.3 Recomendaciones de autoprotección

1. **Objetivo**

Asegurarse de que los conceptos recibidos en la formación inicial sobre PRL en general, y en el Puesto de Trabajo en particular, han sido entendidos, y los trabajadores han adquirido los conocimientos suficientes para actuar en caso de un siniestro que pudiera provocar riesgo de daños.

Para que la Empresa tenga la seguridad de que la actuación de los trabajadores en caso de riesgo será la correcta, propondrá después del proceso de formación la cumplimentación del siguiente cuestionario:

COD.	MODELO	SÍ	NO
01	¿Conoce lo suficiente la Empresa y la distribución por unidades funcionales?	O	O
02	¿Conoce la política preventiva y los objetivos establecidos en esta materia?	O	O
03	¿Conoce los riesgos existentes: incendio, químico, higiénico, eléctrico, etc.?	O	O
04	¿Conoce las normas básicas de seguridad de la Empresa?	O	O
05	¿Conoce el procedimiento de comunicación de riesgos y sugerencias de mejora?	O	O
06	¿Sabe qué tiene que hacer en caso de accidente?	O	O
07	¿Sabe manejar un extintor?	O	O
08	¿Sabe qué tiene que hacer si suena la alarma de emergencia?	O	O
09	¿Conoce qué equipos de emergencia hay y donde están situados en su área?	O	O
10	¿Sabe cómo dar la alarma de emergencia y cuándo debe hacerlo?	O	O
11	¿Conoce la señalización de seguridad: obligación, recomendación, prohibición, etc.?	O	O
12	¿Conoce la señalización de productos químicos: etiqueta, ficha de seguridad, etc.?	O	O
13	¿Sabe cómo obtener más información sobre los productos que maneja?	O	O
14	¿Sabe qué debe hacer si encuentra una situación de riesgo grave?	O	O
15	¿Conoce sus derechos y obligaciones establecidos en la Ley de PRL?	O	O

4.3.3 Plan de autoprotección

El Plan de Autoprotección es un documento básico, cuya finalidad es prevenir cualquier emergencia no deseable que atente contra la seguridad de las personas y bienes materiales; fundamentalmente el riesgo de incendio, y en el caso de que se produzca, proteger y actuar, neutralizándolo en el menor tiempo posible, reduciendo sus consecuencias y garantizando la evacuación del personal.

4.3.3.1 Manual para la disposición del Plan

El procedimiento para la elaboración del Plan de autoprotección constará de las siguientes fases:

- Primera: recogida de información previa.
- Segunda: elaboración del Plan.
- Tercera: implantación del Plan.

a. **Recogida de información previa**

La información y documentación relativa a los centros, personal e instalaciones servirán de marco para estructurar el Plan y, en su caso, actualizarlo.

Los órganos directivos de las unidades funcionales, los responsables de las instalaciones y estructura del edificio y el departamento de RR.HH., han de prestar ayuda y facilitar los medios necesarios y la información requerida por los técnicos de prevención encargados de la elaboración del Plan.

b. **Elaboración del Plan**

1. **Objetivo**

Consiste en la redacción del Plan.

2. **Implicaciones y responsabilidades**

Intervendrán los responsables de la confección de los planos que deben adjuntarse al Plan.

El servicio de mantenimiento tendrá un papel importante por ser el responsable de las instalaciones industriales y de protección contra incendios.

3. **Contenido**

Todos los planes de autoprotección tendrán la siguiente estructura:

- Introducción

  Se desarrolla el objeto y se expone el contenido general.

- Documento nº 1. Evaluación del riesgo
  - Se analiza el edificio y su entorno.
  - Se describen el edificio y las instalaciones industriales.
  - Se realiza el análisis y la evaluación de riesgos, al igual que la evacuación.

- Documento nº 2. Medios de protección

  Analiza los medios humanos y materiales disponibles y define los equipos que han de crearse para la prevención y posible respuesta ante un siniestro.

- Documento nº 3. Plan de Emergencias

  Define y clasifica las emergencias, el personal implicado, el centro de control y los planes de alarma, evacuación y extinción.

- Implantación del Plan de Emergencias

  Desarrolla el programa de implantación, las responsabilidades, la organización y el programa de mantenimiento.

- Anexos

  Apartado de anexos con los planos, los componentes de cada equipo, los teléfonos y aquellos otros que se consideren oportunos.

4. **Indicaciones para la elaboración del Plan**

El titular de la actividad que tenga la obligación de disponer del Plan de autoprotección deberá aportar información en función de la actividad, así como de su envergadura y disponibilidades, pudiendo contemplar todos o algunos de los aspectos que, a título orientativo se enumeran a continuación y que podrían constituir el manual práctico para la disposición del Plan de autoprotección:

MANUAL PRÁCTICO PARA LA DISPOSICIÓN DEL PLAN DE AUTOPROTECCIÓN

1. IDENTIFICACIÓN DE LOS TITULARES Y DEL EMPLAZAMIENTO DE LA ACTIVIDAD

1.1. Dirección postal del emplazamiento de la actividad
1.2. Identificación de los titulares de la actividad
1.3. Nombre del director del Plan de autoprotección

2. DESCRIPCIÓN DE LA ACTIVIDAD Y DEL MEDIO FÍSICO EN EL QUE SE DESARROLLA

2.1. Descripción de cada una de las actividades desarrolladas, objeto del Plan
2.2. Descripción del centro e instalaciones donde se desarrollan dichas actividades
2.3. Clasificación y descripción de usuarios
2.4. Descripción del entorno urbano, industrial o natural en el que consten los edificios, instalaciones y áreas donde se desarrolla la actividad
2.5. Descripción de los accesos, condiciones de accesibilidad para la ayuda externa

3. INVENTARIO, ANÁLISIS Y EVALUACIÓN DE RIESGOS

3.1. Descripción y localización de los elementos, instalaciones, procesos de producción, etc., que puedan dar origen a una situación de emergencia o incidir de manera desfavorable en el desarrollo de la misma
3.2. Identificación, análisis y evaluación de los riesgos propios de la actividad y de los riesgos externos que pudieran afectarle
3.3. Identificación, cuantificación y tipología de las personas, tanto afectas a la actividad como ajenas a la misma, que tengan acceso a los edificios e instalaciones de la actividad
3.4. Identificación de los trabajadores, cualificación y tipos de contrato laboral

4. INVENTARIO Y DESCRIPCIÓN DE LAS MEDIDAS Y MEDIOS DE AUTOPROTECCIÓN

4.1. Inventario y descripción de las medidas y medios, humanos y materiales que dispone la Empresa para controlar los riesgos detectados, enfrentarse a las situaciones de emergencia y facilitar la intervención de servicios externos
4.2. Las medidas, y los medios humanos y materiales, disponibles, en aplicación de disposiciones específicas en materia de seguridad

5. PROGRAMA DE MANTENIMIENTO DE INSTALACIONES

5.1. Descripción del mantenimiento preventivo de las instalaciones de riesgo que garantiza el control de las mismas

5.2. Descripción del mantenimiento preventivo de las instalaciones de protección que garantiza la operatividad de las mismas

5.3. Realización de las inspecciones de seguridad, de acuerdo con la normativa

6. PLAN DE ACTUACIÓN ANTE EMERGENCIAS

6.1. Identificación y clasificación de las emergencias

6.2. Procedimientos de actuación frente a emergencias

6.3. Identificación y funciones de las personas y equipos que llevarán a cabo los procedimientos de actuación en emergencias

6.4. Identificación del responsable de la puesta en marcha del Plan de actuación ante emergencias

7. INTEGRACIÓN DEL PLAN DE AUTOPROTECCIÓN EN OTROS DE ÁMBITO SUPERIOR

7.1. Protocolos de notificación de emergencia

7.2. Coordinación entre la dirección del Plan de autoprotección y la dirección del Plan de Protección Civil donde se integre el Plan de autoprotección

7.3. Formas de colaboración de la organización de autoprotección con los planes y actuaciones del Sistema Público de Protección Civil

8. IMPLANTACIÓN DEL PLAN DE AUTOPROTECCIÓN

8.1. Identificación del responsable de la implantación del Plan

8.2. Programa de formación y capacitación para el personal con participación activa en el Plan de Autoprotección

8.3. Programa de formación/información a todo el personal sobre el Plan

8.4. Programa de información general para usuarios

8.5. Señalización y normas para la actuación de visitantes

8.6. Programa de dotación y adecuación de medios materiales y recursos

9. MANTENIMIENTO DE LA EFICACIA Y ACTUALIZACIÓN DEL PLAN

9.1. Programa de reciclaje de formación e información

9.2. Programa de sustitución de medios y recursos

9.3. Programa de ejercicios y simulacros

9.4. Programa de revisión y actualización de la documentación del Plan

9.5. Programa de auditorías e inspecciones

c. **Implantación del Plan de autoprotección**

1. **Objetivo**

   Organizar los recursos humanos y los medios técnicos para la prevención de los riesgos que pudieran provocar una emergencia. La intervención, en su caso, coordinando los medios internos y externos, para una posible evacuación coordinada, que evite daños humanos y materiales.

2. **Implicaciones y responsabilidades**

   La dirección de la Empresa será responsable de la implantación del Plan de autoprotección, estando obligados (tanto el personal directivo como los mandos intermedios, técnicos y trabajadores), a participar para conseguir la implantación.

   En cada centro se establecerá la forma de designar los equipos de emergencia, su formación y la realización de simulacros periódicos, en su caso.

3. **Simulacros**

   La realización de un simulacro deberá ser autorizada por la dirección de la Empresa y se informará del mismo a las autoridades competentes: Protección Civil y Policía Local.

   Sobre el simulacro, una vez efectuado, se generará un informe con los resultados.

4.3.3.2 Plan de evacuación de edificios

Realmente, la evacuación no está dirigida a la lucha contra el fuego, sino a la preservación de la vida, en caso de vernos sorprendidos por el humo.

El conjunto de medidas tendentes para facilitar la salvación de personas y equipos de un incendio incontrolado constituyen las condiciones de evacuación de un edificio.

El número de salidas, su anchura, la distancia desde el punto más desfavorable a una salida, los dispositivos de cierre, la verticalidad del edificio, la formación del personal y el número máximo de personas en un local, son factores fundamentales que inciden en las consecuencias de un siniestro.

Una serie de casos han demostrado que la dotación suficiente de condiciones de evacuación evitan la gravedad de las consecuencias del incendio.

Necesariamente, cualquier local con riesgo de incendio deberá estar dotado de dos salidas ubicadas en puntos opuestos y de anchura suficiente para el número desfavorable de personas.

Ningún punto de un local deberá estar a más de 25 metros de una salida.

1. **Nociones básicas de autoprotección de edificios**

   Uno de los objetivos del Plan de autoprotección consiste en facilitar la evacuación de un edificio en caso de emergencia.

   Su misión es manifestar en qué condiciones de seguridad se encuentra la instalación físicamente, de que medios técnicos de prevención y extinción dispone, con qué medios humanos entrenados cuenta y cuál es el planteamiento de actuación frente a situaciones de emergencia, esencialmente por incendio.

   Realmente los incendios son la amenaza constante de los edificios, ya que son innumerables las pérdidas ocasionadas por este motivo.

   Todo esto, principalmente, es debido a la falta de un sencillo factor: **Prevención**.

   Existen dos tipos de prevención de incendios:

   a. Instalaciones de protección contra incendios: el montaje de equipos de extinción ya se ha tenido en cuenta en la construcción del edificio y en las instalaciones de la actividad de la Empresa.

   b. Prevención derivada de la actividad en el interior del edificio: se refiere a la prudencia que deben adoptar los ocupantes del edificio para reducir al mínimo la posibilidad de actuación de un incendio.

2. **Simulacros**

   Los simulacros a realizar en un edificio suelen ser, por lo general, de tres tipos:

   – de emergencia.
   – de evacuación.
   – de comunicación.

   Esta clase de ejercicios tiene gran importancia para lograr una buena formación en situaciones de emergencia y prevención, así como para conocer la capacidad de reacción y actuación. De este modo podremos comprobar el grado de capacitación conseguido en las personas, la eficacia de los medios técnicos y recursos disponibles, verificar el tiempo de respuesta y la coordinación de los servicios internos.

3. **Evacuación**

   Si se anuncia la evacuación del edificio, directrices y consejos a seguir por el personal:

   – Abandone su puesto de trabajo si no tiene una misión asignada dentro del Plan de evacuación.

   – Cierre inmediatamente todas las puertas, colocando toallas o ropa, preferiblemente húmeda, en las rendijas de la puerta para evitar el humo.

   – Salga de manera pausada, NO CORRA.

- No evacúe con objetos voluminosos ni retorne a buscar personas o cosas.

- No mire hacia atrás.

- La evacuación siempre debe hacerse en sentido descendente, nunca hacia las plantas superiores, pues el humo tiende a subir. La única excepción es en los aparcamientos o sótanos, en los que se avanzará hacia las plantas superiores.

- No utilice nunca el ascensor.

- Si la escalera o vía de evacuación se encuentra afectada por el humo, no intente salir a través de la misma, busque una salida alternativa.

- Una vez en la escalera, descienda lo más próximo posible a la pared.

- En presencia de humo, tápese la nariz y la boca con un pañuelo, a ser posible, húmedo.

- En un incendio muévase agachado, los gases y el calor ascienden y la respiración es tanto más difícil, cuánto más alta tenga la cabeza.

- Si se le prenden las ropas, no corra, tírese al suelo y ruede.

- Antes de atravesar una puerta, tóquela con la palma de la mano, si está caliente, aléjese de ella.

- Si se encuentra atrapado en una habitación, cierre todas las puertas, hágase ver a través de los cristales agitando un trapo o un papel y tape con trapos, a ser posible húmedos las juntas de las puertas y ventanas.

- Abandone el edificio y diríjase al punto de reunión, confirme su presencia a los responsables.

4. **Consignas en caso de incendio o explosión**

Si descubre un incendio:

- Mantenga la calma y no grite.

- Evalúe la importancia del fuego y comuníquelo inmediatamente a los responsables del edificio, indicando: identificación personal, lugar exacto del incendio, materiales implicados y magnitud del incendio. No cuelgue hasta que su interlocutor le haya repetido los datos.

- En caso de tratarse de un conato de incendio, intente apagarlo con los medios de primera intervención.

- Sitúese entre el fuego y la puerta para evitar que le rodeen las llamas y le impidan la salida, no actúe nunca solo.

- Utilice el agente extintor apropiado al tipo de incendio.

- Intente dotarse de medios de primera intervención procedentes de otras zonas del edificio.

- Si el fuego es de origen eléctrico, corte la corriente antes de usar el extintor, que en ningún caso deberá ser de agua o espuma.

- No abra las puertas ni ventanas, la aportación de oxígeno podría provocar un avance súbito del incendio.

- Evacúe el edificio según las consignas establecidas.

4.3.3.3 Plan de emergencia

Es el objeto del Plan de autoprotección (documento n.º 3 de su estructura) y comprende la organización de los medios humanos y materiales disponibles para la prevención del riesgo de incendio o de cualquier otro equivalente, así como para garantizar la evacuación y la intervención inmediata.

El Plan de Emergencia debe definir la secuencia de las acciones a desarrollar para el control inicial de las emergencias que puedan producirse, respondiendo a las preguntas: ¿qué se hará? , ¿quién, cuándo, cómo y dónde se hará? Todo planificando la organización humana con los medios necesarios que la posibilite.

El Plan de emergencia persigue optimizar los recursos disponibles, por lo que su implantación implica haber dotado previamente al edificio de la infraestructura de medios materiales y técnicos necesarios, en función de las características propias del edificio y de la actividad que en el mismo se realiza.

Ello, a su vez, comporta haber realizado previamente una identificación y análisis de los riesgos o deficiencias del edificio, imprescindible para conocer la dotación de medios de prevención y protección que se precisan en él.

Solo en este momento, cuando el edificio esté correctamente equipado, cabe hablar de la implantación de un Plan de emergencia, si queremos tener la certeza de que éste será operativo y eficaz.

1. **Introducción**

    Según el Artículo 20 de la Ley de Prevención de Riesgos Laborales el empresario, teniendo en cuenta el tamaño y la actividad de la Empresa, así como la presencia de personas ajenas a la misma, deberá analizar las posibles situaciones de emergencia y adoptar las medidas necesarias en materia de primeros auxilios, lucha contra incendios y evacuación de los trabajadores.

    Para hacer posible todo esto deberá designarse al personal encargado de poner en práctica todas estas medidas y comprobar periódicamente que las mismas funcionan correctamente.

La organización de la Empresa deberá prever pautas de actuación para conseguir minimizar los posibles daños a persona, instalaciones y medio ambiente.

Habrán de incluirse las pautas de actuación a desarrollar en caso de una situación de emergencia, incluyendo todo aquello que no debe hacerse.

Según sea el tamaño y la actividad de la Empresa deberán desarrollarse acciones más o menos complejas.

La legislación vigente exige a determinadas empresas elaborar un Manual de Autoprotección. Las empresas pequeñas, o que no estén obligadas, deberán garantizar la seguridad del trabajador y de terceras personas previendo las actuaciones mínimas ante una situación de emergencia, así como un mínimo de información y formación al trabajador.

Siempre se ha de organizar la colaboración de los recursos externos: protección civil, policía, bomberos, servicios sanitarios y otros.

Las situaciones de emergencia dentro de una empresa se presentan, fundamentalmente, cuando tienen lugar accidentes graves, incendios, explosiones, nubes tóxicas, escapes nocivos, amenazas de bomba, inundaciones

2. **Clasificación de las situaciones de emergencia**

Las situaciones de emergencia se pueden clasificar de menor a mayor magnitud en:

a. **Conato de emergencia**

Situación que puede ser neutralizada con los medios contra incendios y emergencias, disponibles en el lugar donde se ha producido, por el personal que se encuentre en el lugar del incidente.

b. **Emergencia parcial**

Situación de emergencia que no puede ser controlada de inmediato, como un conato y obliga al personal a solicitar ayuda a un grupo de intervención especializado.

c. **Emergencia general**

Situación que supera la capacidad de los medios humanos y materiales contra incendios y emergencias, disponibles en el centro de trabajo y exige la solicitud de ayuda externa.

d. **Evacuación**

Situación de emergencia que obliga a desalojar total o parcialmente el centro de trabajo, de manera ordenada y controlada.

3. **Situaciones a considerar**

Normalmente, se considera el incendio como la emergencia de referencia para realizar el Plan de Emergencia, ya que se trata de una situación que puede darse en todas las empresas. Sin embargo, no es la única emergencia que puede presentarse, por eso se deben tener en cuenta otras como: explosiones, inundaciones, fugas, avisos de bomba, accidentes con lesiones

Podemos definir la emergencia como aquella situación que es lo suficientemente grave como para ocasionar daños a las personas, a las instalaciones, a los bienes y al medio ambiente.

En general las situaciones que crean un estado de emergencia son:

- Accidentes graves
- Riesgo grave e inminente
- Incendios
- Explosiones
- Fugas tóxicas de gases
- Derrames de sustancias tóxicas y vertidos incontrolados
- Fenómenos naturales

a. **Accidentes graves**

El R.D. 1254/1999 define los riesgos inherentes a los accidentes graves como cualquier suceso, tal como una emisión en forma de fuga o vertido, incendio o explosión, que sea consecuencia de un proceso no controlado durante el funcionamiento de cualquier establecimiento al que se aplique el R.D. que suponga una situación de grave riesgo inmediata o diferida.

b. **Riesgo grave e inminente**

El Artículo 4 de la Ley de PRL lo define como "*aquel que resulte probable racionalmente, que se materialice en un futuro inmediato y pueda suponer un daño grave para la seguridad y salud de los trabajadores*".

En el riesgo grave tenemos un tiempo: el que transcurre entre el momento en que lo advertimos y su materialización, tiempo que debemos utilizar para tomar las medidas oportunas.

Ante un riesgo grave e inminente, la Ley de PRL, en su Artículo 21 establece:

- La obligación del empresario de adoptar las medidas adecuadas y dar las instrucciones precisas para actuar en caso de emergencia de manera rápida y eficaz.

- El derecho individual del trabajador a interrumpir su actividad y, en caso necesario, a abandonar su puesto de trabajo.

c. **Incendios**

El incendio es la más frecuente de las emergencias.

Para que se produzca un incendio es necesario que se den conjuntamente estos tres factores (Teoría del Triángulo de Fuego):

- Combustible.
- Comburente.
- Energía de activación.

Los riesgos que provocan los incendios en las personas son originados por:

- Gases tóxicos (CO, CO2...).
- Humos y gases calientes.
- Falta de oxígeno.
- Calor.
- Pánico.

Los criterios para la prevención y protección de incendios son:

- **Protección activa**

  Control y actuación sobre los factores del fuego.

  Se trata de una medida de prevención propiamente dicha, ya que su objetivo es evitar el fuego actuando sobre alguno de los factores que lo producen.

- **Protección pasiva**

  Para intentar controlar el incendio y que éste no se propague de una manera limitada.

  Dentro de ésta hay que considerar la protección estructural, el comportamiento de los materiales frente al fuego, la sectorización y confinamiento y las salidas y vías de comunicación.

- **Detección de incendios**

  Para actuar de modo inmediato antes de que se produzcan consecuencias mayores.

- **Extinción**

  Cuando no hemos podido evitar el incendio debemos luchar contra él, con los medios de los que disponemos, o recurriendo a la ayuda externa.

d. **Explosiones**

Una explosión se define como la liberación brusca de gran cantidad de energía, normalmente encerrada en un volumen pequeño, producida por un incremento violento y rápido de la presión, con desprendimiento de calor, luz y gases.

Se distinguen dos clases de explosión:

- **Física**

  Producida por cambios bruscos en las condiciones de presión o de temperatura.

  El principal peligro es la onda expansiva y la proyección de partículas y sustancias.

  En la prevención y protección de las explosiones físicas, es importante tener en cuenta prescripciones básicas, como:

  - Comprobar que el diseño, la construcción y los materiales ofrecen condiciones de seguridad.

  - Realizar inspecciones periódicas de las instalaciones.

  - Situar la caldera en lugares donde la gente no trabaje.

- **Química**

  Se dan tres casos:

  - Deflagración o detonación de gases y vapores.

  - Deflagración o detonación de polvos.

  - Descomposición de sustancias explosivas.

  Teniendo en cuenta que para producirse una deflagración o detonación es necesaria la presencia de una energía de activación, es fundamental alejarlas de estos posibles focos de ignición (chispas eléctricas, operaciones de soldadura, cerillas, cigarros, fricciones, etc.).

e. **Fugas tóxicas de gases**

   Son emisiones no controladas de gases tóxicos.

f. **Derrames de sustancias tóxicas y vertidos incontrolados**

   Los derrames y vertidos, así como las fugas tóxicas de gases (además de los efectos propios de su toxicidad), pueden provocar incendios y explosiones.

g. **Fenómenos naturales**

   Contra la aparición de este tipo de incidentes nada podemos hacer.

   Los esfuerzos se dirigirán a prevenir sus efectos mediante técnicas de construcción, emplazamiento y ubicación del lugar, sistemas de detección y alarmas

4. **Organización de emergencias**

Para cada situación de emergencia debería existir un Plan de actuación, una organización y unos medios de lucha.

a. **Plan de evacuación**

Es un plan de actuación que exige a los trabajadores dirigirse, de forma ordenada y controlada, hacia lugares seguros, interiores o exteriores al centro de trabajo.

Puede darse una evacuación total o parcial.

Este plan trata de proteger a las personas.

b. **Plan de emergencia interior**

Es la organización y conjunto de medios y procedimientos de actuación en una empresa, para prever accidentes de cualquier tipo y mitigar sus efectos, en el interior de las instalaciones.

c. **Plan de emergencia exterior**

Es un plan de emergencia que agrupa:

- Planes de emergencia interior de empresas cercanas.
- El Plan de Actuación Municipal.
- El Plan Básico de Emergencia Municipal.
- Otros.

d. **Organización**

En la organización de cualquier situación de emergencia se debería definir la ubicación de un **Centro de Control de Emergencias** (CCE) en un lugar seguro.

Dentro de la organización de emergencias se establecen los siguientes equipos de actuación:

- Equipos de Primera Intervención (EPI)

  Son grupos de un mínimo de dos trabajadores con conocimientos básicos de lucha contra incendios y emergencias que actúan directamente contra las causas que han producido la emergencia, y en su zona correspondiente.

- Equipos de Segunda Intervención (ESI)

  Son grupos de trabajadores con conocimientos y entrenamiento intensivo suficiente para luchar contra cualquier tipo de emergencia. Son los bomberos de la Empresa.

- Equipos de Primeros Auxilios (EPA)

Son grupos de trabajadores con conocimientos de enfermería suficientes para realizar los primeros auxilios.

- Equipos de Alarma y Evacuación (EAE)

Son grupos de dos o tres trabajadores que deberán dirigir ordenadamente a las personas hacia las salidas de emergencia, verificando que no quede nadie sin evacuar.

5. **Actuaciones en un Plan de Emergencia Interior**

Para cada grado de emergencia debe aplicarse un plan de actuación:

a. **Conato de emergencia**

Cualquier trabajador deberá poder realizar las siguientes actuaciones:

- Usar los medios contra incendios y emergencias.
- No arriesgarse inútilmente, ni provocar un riesgo mayor.
- Iniciar la alarma.
- Pedir ayuda.
- Informar al CCE.

Estas actuaciones básicas corresponderían principalmente a los EPI.

b. **Emergencia parcial**

Cualquier trabajador ante una emergencia que se considera más importante que un conato deberá:

- Comunicar el incidente al CCE y comprobar que le ha transmitido correctamente la información.

- Estar alerta de cualquier otra comunicación sobre la emergencia que sea transmitida por el CCE mediante los medios establecidos:

  - Megafonía o sonidos codificados de alarma.

  - Los trabajadores que forman parte de los equipos de segunda intervención, ESI, entrarán en acción alertados por el CCE.

- Los trabajadores de los EPA y EAE estarán alerta ante una posible intervención.

c. **Emergencia general**

Es la situación que supera la capacidad de los medios humanos y materiales contra incendios y emergencias, establecidos en el centro de trabajo y obliga a recurrir a medios externos.

La declaración de emergencia general debe ser realizada por personas autorizadas. Esta situación será comunicada por el CCE a todos los trabajadores. Cualquier trabajador debe integrarse en el grupo que le corresponda.

En esta situación de emergencia los trabajadores integrados en los EPI, ESI y EAE actuarán en colaboración con los recursos exteriores de Protección civil y bomberos.

d. **Evacuación**

En caso de evacuación parcial, cada persona ha de dirigirse, sin correr y en grupo, por las vías de evacuación señalizadas hacia los puntos de reunión.

En caso de evacuación total, cualquier trabajador actuará de forma similar a la anterior, pero prolongará el itinerario de evacuación hasta un punto de reunión en el exterior del recinto.

e. **Simulacros**

Para que las actuaciones en una situación de emergencia puedan ser las correctas, es conveniente hacer ensayos al menos una vez al año, según las posibles situaciones de emergencia.

Estos ensayos programados se denominan simulacros de emergencia y tienen como objetivo:

- Conseguir hábitos de actuación por emergencias.
- Mejorar las actuaciones.

4.3.4 Coordinación de actividades profesionales

4.3.4.1 Contratas y subcontratas

1. **Protocolo**

   Establecer un procedimiento de actuación en materia de coordinación de actividades empresariales, así como montar un sistema de supervisión y control eficaz de los trabajos que realicen las contratas y subcontratas, en los centros de trabajo de la empresa contratante.

2. **Normativa**

   En todos los trabajos que se desarrollen por las contratas y subcontratas en la Empresa titular, se deberá dar cumplimiento a lo establecido en el R.D. 171/2004, que desarrolla el Art. 24 de la Ley de PRL, en materia de coordinación de actividades empresariales, que cuando en un mismo centro de trabajo desarrollen actividades trabajadores de dos o más empresas, éstas deberán cooperar en la aplicación de la normativa sobre PRL.

A tal fin, aportarán los medios de coordinación que sean necesarios en cuanto a la prevención y protección de riesgos laborales y la información sobre los mismos a sus respectivos trabajadores.

Otras disposiciones que regulan la coordinación son:

- R.D. 39/1997: aprobación del Reglamento de los servicios de Prevención.
- R.D.1215/1997: disposiciones mínimas de Seguridad y Salud para la utilización de equipos de trabajo.

3. **Procedimientos**

- Solicitud de la oferta

  La empresa concursante deberá contemplar en el pliego técnico de contratación, además de las tareas a realizar y los materiales y equipos a utilizar, el compromiso de aportar la documentación que se le solicite en el caso de resultar adjudicataria, así como cumplir con las obligaciones derivadas de la coordinación preventiva con la empresa contratante.

  Se acompañarán a la oferta los documentos:

  - Certificado del cumplimiento de los requisitos exigibles en la contratación de empresas de servicios.
  - Registro del cumplimiento de la Ley de PRL por la empresa contratada.

- Adjudicación

  La empresa contratante deberá valorar la adecuación de la empresa contratada, a los requisitos que, en materia de Seguridad y Salud Laboral, y Prevención de Riesgos, contiene el pliego técnico.

  Esta condición constará en una cláusula específica del contrato.

  Una vez formalizado el contrato la empresa adjudicataria entregará a la empresa contratante, además de los señalados, los siguientes documentos:

  - Relación de trabajadores y otras personas autorizadas para acceder al centro de trabajo.
  - Información sobre los equipos de trabajo que se utilizarán en la actividad contratada.
  - Acta de nombramiento del Coordinador de Prevención.

- Coordinación de la actividad preventiva

  - Medios de coordinación

    Las contratas utilizarán como medio de coordinación con la Empresa titular, cualquiera de los siguientes:

    - Intercambio de información y comunicación por escrito.
    - Celebración de reuniones periódicas o puntuales, con personal de las Unidades de Riesgos Laborales.
    - Impartición de instrucciones, si fuera necesario, en razón a los servicios contratados.

  - Personas encargadas de la coordinación

    La designación de una o más personas encargadas de la coordinación se hará tanto por la empresa contratante como por la contratada.

  - Identificación de los trabajadores

    La contrata entregará a sus trabajadores una tarjeta identificativa con fotografía, nombre, apellidos y DNI.

    Esta tarjeta deberá exhibirla permanentemente el personal durante su actividad en el centro de trabajo.

- Obligaciones de la empresa titular

  - Entregar a la contrata, con acuse de recibo:

    - Plan de autoprotección del centro de trabajo donde realiza la actividad.
    - Información sobre riesgos, medidas preventivas y de emergencia.

  - Facilitar EPI para evitar riesgos en las instalaciones, que no son propios del trabajo a realizar por la contrata.

  - Aportar lugares para vestuario y aseo.

  - Control de identificación de los trabajadores de la contrata, verificando que:

    - Están relacionados en el documento entregado por la contrata donde constan los trabajadores que ejercerán la actividad, objeto del contrato.
    - Llevan la tarjeta identificativa.
    - Realizan la actividad objeto del contrato.

- Obligaciones de la empresa contratada

  Presentación del Manual de Gestión de PRL, conteniendo:

* Acciones a realizar en materia de prevención de riesgos y los medios previstos para su ejecución.

* Estudio y control de la siniestralidad de la empresa, a fin de verificar la eficacia de la organización en PRL, al menos en el último año, y estadísticas de siniestralidad de un período más amplio.

* Documentos[1]

    * 1.c Certificado del cumplimiento de los requisitos exigibles para la contratación de empresas de servicios en materia de PRL.

    * 2.c Certificado del cumplimiento de las disposiciones legales y normativa vigente de PRL.

    * 3.c Relación de trabajadores y otras personas autorizadas para acceder al centro de trabajo.

    * 4.c Información sobre equipos de trabajo que se utilizarán en la actividad contratada.

    * 5.e Acta de nombramiento de los representantes de la Empresa para participar en la coordinación de la actividad preventiva.

    * 6.c Acta de nombramiento de la persona encargada por la Contrata de la coordinación de la actividad preventiva.

    * 7.c Tarjeta identificativa para los trabajadores de la contrata.

    * 8.e Información sobre riesgos, medidas preventivas y de emergencia en el centro de trabajo.

    * 9.e Normas básicas de Seguridad Social.

    * 10.e Normas básicas de actuación en emergencias.

    * 11.e Registro de transmisión de documentos.

4.3.4.2 Obras de construcción

1. **Objetivo**

   Establecer las actuaciones necesarias que garanticen que los servicios de obras de construcción se ejecutan bajo las medidas de Seguridad y Salud dispuestas por la legislación vigente y las normas propias de la Empresa.

2. **Ámbito de aplicación**

   Cualquier obra hecha por empresas contratistas, subcontratistas y trabajadores autónomos, en espacios propiedad de la empresa contratante de la misma.

---

1   c= Documento de la contrata para la empresa.
    e= Documento de la empresa para la contrata.

3. **Desarrollo**

En obras de construcción será de aplicación la normativa y procedimientos que rigen para la generalidad de servicios contratados por una empresa (titular) a otra empresa (contrata), que ésta, a su vez, puede subcontratar parte de la obra contratada a otras empresas (subcontratas).

Las obras de construcción pueden clasificarse en dos grupos:

– Obras con proyecto técnico.
– Obras sin proyecto técnico.

Los procedimientos en ambas son similares, salvo excepciones que tienen escasa repercusión en materia de PRL.

a. **Coordinación de la actividad preventiva**

Las empresas concurrentes en la obra utilizarán como medio de coordinación cualquiera de los siguientes:

- Intercambio de información y comunicaciones.

- Celebración de reuniones periódicas de los Comités de Seguridad y Salud o de otro órgano que rija en las empresas afectadas.

- Impartición de instrucciones.

- Establecimiento conjunto de medidas específicas de prevención de los riesgos existentes en la obra que puedan afectar a los trabajadores, o de procedimientos o protocolo de actuación.

- La presencia de los recursos preventivos (en trabajos de especial peligrosidad) de las empresas concurrentes será obligatoria siempre en obras de construcción.

- La designación de una o más personas encargadas de la coordinación de las actividades preventivas.

b. **Obligaciones de la empresa titular**

- Hacer que, en la fase de redacción del proyecto, se elabore un documento de *Normas Básicas de Seguridad*, el cual contemple instrucciones, recomendaciones y obligaciones sobre los siguientes temas:

  ◆ Accesos y vías de comunicación.
  ◆ Equipos de protección individual.
  ◆ Riesgos especiales.
  ◆ Herramientas manuales.
  ◆ Máquinas.
  ◆ Trabajos en altura.
  ◆ Elevación y transporte.
  ◆ Instrucciones para emergencias.
  ◆ Medidas preventivas básicas.

- Nombrar al Coordinador en materia de Seguridad y Salud.

- Realizar el aviso previo a la autoridad laboral antes del inicio de obra.

- Cumplir la normativa en PRL y, especialmente, sus obligaciones sobre coordinación desarrolladas en el RD 171/2004, que desarrolla el Art. 24 de la Ley de PRL.

- Informar a la contrata de las medidas que hayan de adoptarse en lo que se refiere a su seguridad y salud en la obra, para la elaboración del Plan de Seguridad y Salud.

c. **Obligaciones de la contrata**

- Elaborar el Plan de Seguridad y Salud en aplicación al estudio del Proyecto de Ejecución de Obra.

- Aplicar, durante la ejecución de la obra, los principios generales en materia de Seguridad y Salud desarrollados en el Art. 10 del RD 1627/1997.

  Del mismo modo debe aplicar los principios de acción preventiva contemplados en el Art.15 de la Ley de PRL.

- Cumplir y hacer cumplir a su personal lo establecido en el Plan de Seguridad y Salud.

- Cumplir la normativa de PRL y, especialmente, sus obligaciones sobre coordinación desarrolladas en el RD 171/2004, por el que se desarrolla el Art. 24 de la Ley de PRL.

- Informar a los subcontratistas y autónomos de las medidas que hayan de adoptarse en lo que se refiere a su seguridad y salud en la obra, entregando el Plan de Seguridad y Salud, o la parte que proceda.

- Informar a los trabajadores de sus riesgos laborales en función de las tareas de su puesto de trabajo.

- Proporcionar a los trabajadores los EPI necesarios para el desempeño seguro de sus actividades y controlar su correcto uso.

- Comunicar por escrito al Coordinador de Seguridad y Salud, en la fase de ejecución, cualquier modificación al Plan de Seguridad y Salud aprobado para que, si procede, dé su visto bueno.

- Velar para que los trabajadores a su cargo cumplan sus obligaciones en materia de PRL, contempladas en el Art.29 de la Ley de PRL.

- Garantizar la presencia de recursos preventivos durante la duración de la obra.

d. **Obligaciones del Coordinador de Seguridad y Salud**

- Interlocutor válido entre contratistas y subcontratistas en la obra, con el titular de la misma.

- Coordinar la aplicación de los principios generales de prevención y de seguridad.

- Coordinar las actividades de la obra para garantizar que los contratistas y, en su caso, los subcontratistas y trabajadores autónomos apliquen de manera coherente y responsable los principios de la acción preventiva que se recogen en el Art. 15 de la Ley de PRL.

- Aprobar el Plan de Seguridad y Salud elaborado por el contratista y, en su caso, las modificaciones introducidas en el mismo.

- Organizar la coordinación de actividades profesionales prevista en el Art. 24 de la Ley de PRL.

- Coordinar las acciones y funciones de control de la aplicación correcta de los métodos de trabajo.

- Adoptar las medidas necesarias para que solo las personas autorizadas puedan acceder a la obra.

La Dirección Facultativa asumirá estas funciones cuando no fuera necesaria la designación de coordinador.

e. **Contrato administrativo**

Debe contener la obligatoriedad del contratista a cumplir con lo requerido en materia de Seguridad y Salud, tanto por la legislación aplicable, como por las normas internas.

El contrato debe especificar claramente la facultad de la empresa titular, para su rescisión en caso de incumplimiento grave o incumplimientos repetidos de las normas de seguridad establecidas y consensuadas.

Debe incluir el Pliego de Prescripciones Técnicas:

"Cláusulas en materia de PRL para la contratación de obras con proyecto".

La contrata se compromete a entregar antes del inicio de la actividad, la siguiente documentación preventiva:

- Relación de trabajadores propios, que participan en la obra.

- Escrito de designación de encargado de obra y de interlocutor ante el órgano de la Administración.

- Copia de los contratos de los trabajadores propios.

- Copia de los contratos de los trabajadores de las subcontratas en el momento en que los mismos inician las partidas correspondientes de obras.

- TC1 y TC2 de los trabajadores asociados a la obra.

- Relación de subcontratas que participan en la ejecución de la obra.

- Copia del Plan de Seguridad y Salud de la obra.

- Copia del impreso de comunicación de apertura de la actividad.

- Plan de PRL, Evaluación de riesgos y certificado de actividad preventiva.

- Copia de la documentación de entrega de EPI a los trabajadores.

- Fotocopia de los certificados de formación básica y específica de seguridad y salud en construcción de los trabajadores.

- Relación de equipos de trabajo previstos que se emplearán en la obra, justificando su puesta en conformidad o marcado CE en los mismos.

- Certificado de aptitud médica en vigor de los trabajadores que participan en la obra.

4.4 NORMATIVA Y GUÍAS PARA LA SEGURIDAD Y SALUD DE LOS TRABAJADORES

4.4.1 Manual de SST

El objetivo consiste en analizar y explotar el campo de actuación en Seguridad y Salud en el Trabajo y en la interrelación entre las distintas técnicas preventivas.

Para hacer frente a los riesgos inherentes al Puesto de Trabajo, para la SST existen una serie de técnicas que van a garantizar su protección.

a. **Las técnicas preventivas**

La diferente naturaleza de los factores de riesgo conlleva que su análisis no puede ser realizado por un único profesional.

Para poder intervenir frente a estos factores de riesgo, y adoptar las medidas preventivas necesarias, se requiere la actuación conjunta y programada de profesionales pertenecientes a distintas especialidades.

Las técnicas específicas de PRL son cinco:

- Seguridad en el trabajo
- Higiene industrial
- Medicina del trabajo
- Psicosociología
- Ergonomía

1. **Seguridad en el trabajo**

   Dirige sus actuaciones a evitar la aparición de accidentes de trabajo.

   Fundamentalmente, su actividad es la prevención de riesgos, derivados de las condiciones de seguridad, buscando el origen de dichos riesgos y eliminándolos mediante normas, diseños y medidas de seguridad.

2. **Higiene industrial**

   Se centra en el medio ambiente físico, en el trabajo y en los contaminantes químicos y biológicos, buscando la identificación, valoración y corrección de estos factores de riesgo.

3. **Medicina del trabajo**

   Tiene como objetivo la prevención y curación de las patologías derivadas del trabajo.

   Busca soluciones sanitarias que eviten posibles daños a la salud de los trabajadores, centrando su actuación en los ámbitos de: prevención, curación y rehabilitación.

4. **Psicosociología**

   Su objeto es el control de los riesgos psicosociales, es decir, aquellos derivados de las características organizativas y de la estructura de la Empresa, evitando situaciones de estrés, insatisfacción, depresiones, etc.

5. **Ergonomía**

   Por su propia concepción, engloba a las demás ramas de la prevención e incide sobre todos los riesgos profesionales, ya que su objetivo es conseguir un trabajo más eficiente, confortable y seguro.

   La ergonomía diseña los medios materiales y métodos, buscando adaptar el trabajo a las capacidades de las personas que lo realizan.

b. **Las técnicas de seguridad**

La Seguridad en el trabajo es el conjunto de conocimientos, técnicas y actuaciones, no médicas, encaminados a eliminar o, al menos, reducir los riesgos de daños materiales y lesiones personales.

La intervención de esta disciplina preventiva se centra en los factores de riesgo relativos a las condiciones de seguridad de:

- Lugar y superficie de trabajo.
- Maquinaria y equipos.
- Riesgo eléctrico.
- Riesgo de incendio.
- Manipulación y transporte.

En la actuación preventiva de la SST, se debe evitar, por este orden:

- La generación del riesgo.
- La emisión del riesgo.
- La transmisión del riesgo.
- La recepción del riesgo.
- Las consecuencias del riesgo.

Las técnicas de seguridad se desarrollan en dos campos de actuación, según el objetivo que se persiga.

Por un lado, **técnicas analíticas**, cuyo cometido es la detección y evaluación de los riesgos. Por otro lado, **técnicas operativas**, que tratan la eliminación o reducción del riesgo una vez conocido.

4.4.2 Directrices del sistema de gestión de la SST

El efecto positivo resultante de los sistemas de gestión de la SST, introducidos en la Empresa, tanto respecto a la reducción de los peligros y los riesgos como a la productividad, está reconocido por los gobiernos de la UE, los empresarios y los trabajadores.

Las recomendaciones prácticas de estas directrices se han establecido para uso de los responsables de la gestión de la SST.

El empresario tiene la obligación de rendir cuentas y el deber de organizar la SST.

Estas directrices se han elaborado como instrumento práctico que ayuda a las empresas a mejorar continuamente la eficacia de la SST.

4.4.2.1 Objetivos del sistema de gestión de la SST

El sistema establecido, siguiendo las directrices propuestas, debería contribuir a proteger a los trabajadores contra los peligros y a eliminar o reducir los riesgos.

Las directrices deberían:

a. Servir para crear un marco para el Sistema de Gestión de la SST que, preferentemente, cuente con el apoyo de la legislación.

b. Facilitar orientación para el desarrollo de iniciativas, a fin y efecto de reforzar el cumplimiento de los reglamentos y normas con vistas a la mejora continua de los resultados de la SST.

c. Facilitar orientación sobre el desarrollo, tanto de directrices nacionales como de directrices específicas sobre sistemas de gestión de la SST, a fin de responder de modo apropiado a las necesidades reales de la Empresa de acuerdo con su tamaño y la naturaleza de sus actividades.

d. Facilitar orientación sobre la integración de los elementos del Sistema de Gestión de la SST en la Empresa, como un componente de las disposiciones en materia de Política de Gestión.

e. Motivar a todos los miembros de la Empresa, incluidos trabajadores y sus representantes, para que apliquen los principios y métodos adecuados de la gestión de la SST para la mejora continua de sus resultados.

4.4.2.2 Marco del sistema de gestión de la SST

El marco nacional del Sistema de Gestión de la SST debería servir de base para su implantación en las empresas, adaptado a sus características.

1. **La política nacional en materia de Sistemas de Gestión de la SST**

   Debería establecer principios generales para:

   a. Promover la aplicación y la integración de los Sistemas de Gestión de la SST, como parte de la gestión general de la Empresa.

   b. Facilitar y mejorar las iniciativas privadas para la identificación sistemática, la planificación, la aplicación y el control de las actividades relativas a la SST a nivel de Empresa.

   c. Promover la participación de los trabajadores y de sus representantes en el nivel de decisiones, en materia de SST, de la Empresa.

   d. Poner en práctica la mejora continua, evitando, al mismo tiempo, los trámites administrativos y gastos innecesarios.

   e. Asegurar que a los contratistas y a sus trabajadores, y a los trabajadores eventuales, se les aplica el mismo nivel de exigencia en materia de SST que a los trabajadores empleados directamente por la Empresa.

f. Evaluar y hacer pública a través de los medios adecuados la eficacia de los sistemas y las prácticas de la gestión de la SST en el marco nacional.

2. **Las directrices específicas**

Debería existir coherencia entre las directrices de la OIT, las directrices nacionales y las directrices específicas, con la suficiente flexibilidad para permitir la aplicación directa o la aplicación específica a nivel de Empresa.

Las directrices específicas, al tiempo que reflejan los objetivos de las directrices de la OIT, deberían contener los elementos genéricos de las directrices nacionales y deberían, así mismo, diseñarse de forma que reflejen las condiciones y necesidades específicas de empresas teniendo en cuenta:

a. Su tamaño e infraestructura.

b. El tipo de peligros y el nivel de riesgos.

4.4.2.3 El sistema de gestión de la SST en la empresa

La Seguridad y la Salud en el trabajo, incluyendo el cumplimiento de los requerimientos de la SST, conforme a las leyes y reglamentos nacionales, son la responsabilidad y el deber del empresario.

El empresario debería mostrar su liderazgo y compromiso firme con respecto a las actividades de SST en la Empresa y debería adoptar las disposiciones necesarias para crear un Sistema de Gestión de la SST que incluya los principales elementos de política, organización, planificación y aplicación, evaluación y acción, en pro de mejora continua.

1. **Política en materia de SST**

El empresario, en consulta con los trabajadores y sus representantes, tendría que exponer por escrito la política en materia de SST, que podría:

a. Ser específica para la Empresa y apropiada a su dimensión y a la naturaleza de sus actividades.

b. Ser concisa, estar redactada con claridad y hacerse efectiva mediante la firma del empresario.

c. Ser difundida y fácilmente accesible a todas las personas en el lugar de trabajo.

d. Ser revisada para que siga siendo adecuada.

e. Ponerse a disposición de las personas interesadas.

La política en materia de SST debería incluir, como mínimo, los siguientes principios y objetivos fundamentales, de los cuales la Empresa expresa su compromiso en:

a. La protección de la Seguridad y la Salud de todos los miembros de la Empresa, mediante la prevención de las lesiones, dolencias, enfermedades profesionales, accidentes e incidentes relacionados con el trabajo.

b. El cumplimiento de los requisitos legales pertinentes en materia de SST de los programas expuestos voluntariamente, de la negociación colectiva en SST y de otras prescripciones que suscribe la Empresa.

c. La garantía de que los trabajadores y sus representantes son consultados y alentados a participar activamente en todos los elementos del Sistema de Gestión de la SST.

d. La mejora continua en el desempeño del Sistema de Gestión de la SST.

2. **Participación de los trabajadores**

La participación de los trabajadores en el Sistema de Gestión de la SST es un elemento esencial en la Empresa.

a. El empresario debería asegurar que los trabajadores y sus representantes en materia de SST, Delegados de Prevención, son consultados, informados y capacitados en todos los aspectos de la SST relacionados con su trabajo, incluidas las disposiciones relativas a situaciones de emergencia.

b. El empresario debería adoptar medidas para que los trabajadores y sus representantes dispongan de tiempo y de recursos para participar activamente en los procesos de organización, planificación y aplicación, evaluación y acción para perfeccionar el Sistema de Gestión de la SST.

c. El empresario debería asegurar, si procediera, el establecimiento y funcionamiento eficiente de un Comité de SST, y el reconocimiento de los representantes de los trabajadores en materia de SST, de acuerdo con la legislación y la práctica nacional.

3. **Responsabilidad y obligación del empresario**

El empresario debería asumir la responsabilidad general de la protección de la Seguridad y Salud de los trabajadores y el liderazgo de las actividades de SST en la Empresa.

El empresario y los directivos de la Empresa deberían delegar la responsabilidad, la obligación de rendir cuentas y la autoridad necesarias al personal encargado del desarrollo, aplicación y resultados del Sistema de Gestión de la SST, así como el logro de los objetivos estimados, y deberían establecerse estructuras y procedimientos a fin de:

a. Garantizar que la SST se considere una responsabilidad directa del personal directivo y que es conocida y aceptada en todos los niveles.

b. Definir y comunicar a los miembros de la empresa la responsabilidad, la obligación de rendir cuentas y la autoridad de las personas que identifican, evalúan y controlan los riesgos y peligros relacionados con la SST.

c. Disponer de la supervisión efectiva para asegurar la protección de la Seguridad y Salud de los trabajadores.

d. Promover la cooperación y la comunicación entre los miembros de la Empresa, incluidos los trabajadores y sus representantes, a fin de aplicar los elementos del Sistema de Gestión de la SST en la Empresa.

e. Cumplir los principios de los sistemas de gestión de la SST, que figuran en las directrices nacionales pertinentes, en los sistemas específicos o en programas voluntarios que suscriba la Empresa.

f. Aplicar una política clara en materia de SST, con objetivos medibles.

g. Adoptar disposiciones efectivas para identificar, eliminar o reducir y controlar riesgos y peligros relacionados con el trabajo, y cuidar la salud de los trabajadores.

h. Definir programas de prevención y promoción de la Salud.

i. Asegurar la adopción de medidas efectivas que garanticen la plena participación de los trabajadores y sus representantes en la ejecución de la política de la SST.

j. Proporcionar los recursos adecuados para garantizar que las personas responsables de la SST, incluido el Comité de SST, si estuviera constituido, puedan desempeñar satisfactoriamente su cometido.

k. Asegurar la adopción de medidas efectivas que garanticen la plena participación de los trabajadores y de sus representantes en el Comité de SST, cuando exista.

De ser necesario, debería nombrarse a una o varias personas de alto nivel directivo con la responsabilidad, la autoridad y la obligación de rendir cuentas para:

a. Desarrollar, aplicar, examinar periódicamente y evaluar el Sistema de Gestión de la SST.

b. Informar periódicamente a la dirección sobre el funcionamiento del Sistema de Gestión de la SST.

c. Promover la participación de todos los miembros de la Empresa.

4. **Competencia y capacitación**

El empresario debería definir los requisitos de competencia necesarios y adoptarse y mantenerse disposiciones para que todas las personas en la organización sean competentes en los aspectos de sus deberes y obligaciones relativos a la Seguridad y Salud.

El empresario debería tener la suficiente competencia, o tener acceso a la misma, para identificar y eliminar o controlar los peligros y los riesgos relacionados con el trabajo y para aplicar el Sistema de Gestión de la SST.

De conformidad con las disposiciones mencionadas los programas de capacitación deberían:

a. Hacerse extensivos a todos los miembros de la Empresa, según sea pertinente.

b. Ser impartidos por personas competentes.

c. Ofrecer, cuando proceda y de manera eficaz, una formación inicial y cursos de actualización a intervalos adecuados, gratuitamente y cuando sea posible, organizarse durante las horas de trabajo.

d. Incluir una evaluación por parte de los participantes de su grado de comprensión y retención de la capacitación.

e. Ser revisados periódicamente con la participación del Comité de SST, cuando exista, y ser modificados según sea necesario para garantizar su pertinencia y eficacia.

f. Estar suficientemente documentados y adecuarse al tamaño de la Empresa y a la naturaleza de sus actividades.

5. **Documentación**

En función de la dimensión y la naturaleza de las actividades de la Empresa, debería elaborarse y mantenerse actualizada una documentación sobre el Sistema de Gestión de la SST, que comprenda:

a. La política y los objetivos de la Empresa en materia de SST.

b. Las principales funciones y responsabilidades que se asignen en materia de SST, para aplicar el Sistema de Gestión.

c. Los peligros y riesgos más importantes para la SST, que conllevan las actividades de la Empresa, así como las disposiciones adoptadas para su prevención y control.

d. Las disposiciones, procedimientos, instrucciones y otros documentos internos que se utilicen en el marco del Sistema de Gestión de la SST.

La documentación debería:

a. Estar redactada con claridad y presentarse de una manera que puedan comprenderla los que tienen que utilizarla.

b. Estar sujeta a exámenes regulares, ser revisada según sea necesario, difundirse y ponerse a disposición de todos los miembros apropiados o involucrados de la Empresa.

6. **Registros**

Los registros de SST deberían establecerse, archivarse y conservarse a nivel local, de conformidad con las necesidades de la Empresa.

Los datos recopilados tendrían que clasificarse en función de sus características y origen, especificándose el tiempo durante el cual han de conservarse.

Los trabajadores deberían tener derecho a consultar los registros relativos a su medio ambiente de trabajo y su salud, a reserva de que se respeten los requisitos de confidencialidad.

Los registros de SST podrían comprender:

a. Registros relativos al funcionamiento del Sistema de Gestión de la SST.

b. Registros de lesiones, dolencias, enfermedades profesionales, accidentes e incidentes relacionados con el trabajo.

c. Registros basados en legislación y reglamentación nacionales, relativos a SST.

d. Registros relativos a los niveles de exposición a contaminantes de los trabajadores, la vigilancia del medio ambiente de su trabajo y de su salud.

e. Los resultados de la supervisión activa y reactiva.

7. **Comunicación**

Deberían establecerse y mantenerse disposiciones y procedimientos para:

a. Recibir, documentar y responder adecuadamente a las comunicaciones internas y externas relativas a la SST.

b. Garantizar la comunicación interna de la información relativa a la SST entre niveles y funciones de la Empresa, que sean apropiados.

c. Cerciorarse de que las inquietudes, las ideas y las aportaciones de los trabajadores y de sus representantes sobre SST se reciban, consideren y atiendan.

4.4.2.4 Conclusiones sobre las directrices de la SST

Las directrices pueden aplicarse en dos ámbitos:

1. **Nacional**

   En el ámbito nacional, facilitan la creación de un marco nacional para los sistemas de gestión de la SST que, de preferencia, cuente con el apoyo de la legislación.

   Así mismo, proporcionan información precisa sobre el desarrollo de iniciativas voluntarias a fin y efecto de reforzar el cumplimiento de los reglamentos y las normas que, a su vez, dan lugar a la mejora continua de los resultados de la SST.

2. **De la Empresa**

   En el ámbito de la Empresa las directrices fomentan la integración de los elementos del Sistema de Gestión de la SST como un componente importante de las disposiciones generales en materia de política y de gestión.

   Motivaría a los empresarios, directivos, trabajadores y a sus representantes a aplicar los principios y métodos adecuados de gestión de la SST para la mejora continua de sus resultados.

   Los empresarios e instituciones nacionales competentes, tienen la obligación de rendir cuentas y el deber de adoptar las medidas destinadas a garantizar la seguridad y salud en el trabajo.

BIBLIOGRAFÍA

CAPITAL HUMANO

- Human Capital.- Gary S. Becker
- El Capital Humano.- Theodore Schultz
- El Capital Humano como creador de valor en la Empresa.- Juan Carlos Valda
- El valor del Capital Humano en la Empresa.- Francisco Fernández Reguero
- Sociología del Currículum.- Apple
- Capital Humano. Concepto e Intermediación.- Rafael Alhama Belamaric

GESTIÓN DE MARKETING

- Dirección de Mercadotecnia.- Philip kotler
- Entreprise et Organisation.- A. Barrere et autres
- Marketing.- Arnaud Dayan et autres
- Administración de Empresas. Una visión actual.- Juan José Renaud Piqueras
- La Decision Commerciale face a l´incertain
- Marketing. Conceptos y Estrategias.- Miguel Santesmases Mestre

CONTROL DE GESTIÓN

- Memento Práctico Contable.- Francis Lefebvre
- Control de Gestión.- S.A.Tucker
- El Control Integrado de Gestión.- Francisco Blanco Iglesias
- Le Budget de l´Entreprise.- Paul Loeb
- Gestion Financiere-Analise Statique et Dynamique.- Patrice Vizzavona
- Cash Flow-Estado de Origen y Aplicación de Fondos y el Control de Gestión.-
- Pedro Rivero Torre
- De los Ratios al Cuadro de Mando.- P.Lauzel- A. Cibert
- Control de Gestión.- Jonio-Plaindoux-Leleu

PREVENCIÓN DE RIESGOS LABORALES

- Ley de Prevención de Riesgos Laborales
- Ley General de la Seguridad Social
- Otras disposiciones y normas en materia de PRL y SST
- Normativa y Directrices de la UE sobre PRL y SST

SÍGUENOS EN INSTAGRAM Y ACCEDE GRATIS A NUESTRA BIBLIOTECA DIGITAL DURANTE 30 DÍAS.

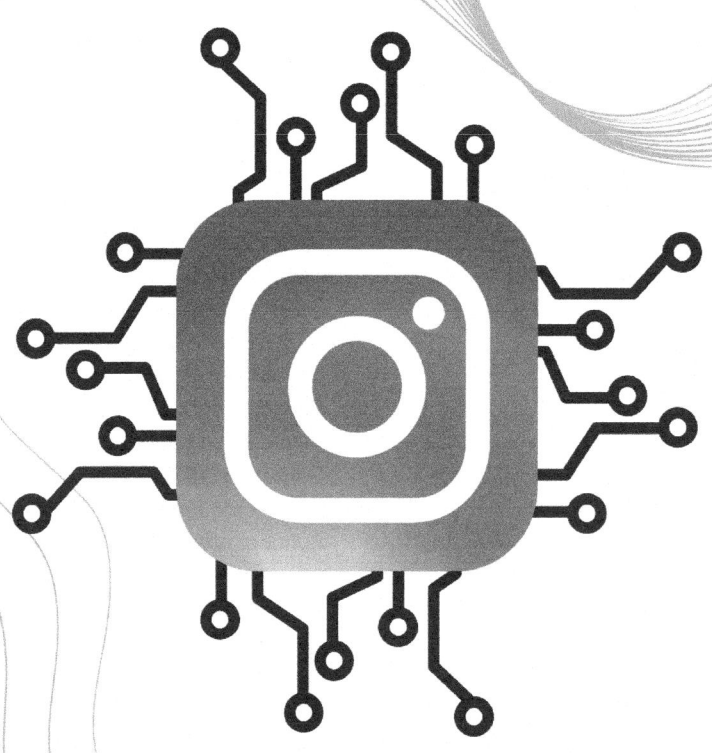

@grupoeditorialrama

¡ENVIANOS TU MAIL POR PRIVADO!

 Grupo Editorial
ra-ma 40 ANIVERSARIO